第1章 春友さんたちの「春活」の軌跡

カラーグラビア

三浦春馬 死を超えて生きる人 Part 5

月刊『創』編集部編

第1章

春友さんたちの「春活」の軌跡

築地本願寺に眠る三浦春馬さん（海扉アラジン・作）

【2023年4月】三浦春馬さんの誕生日4・5を全国で春友さんが祝った！

あの悲しい日から3年目

2020年7月18日の悲しい出来事から3年目。三浦春馬さんの誕生日4月5日を全国、いや台湾のファンたちも含めて祝うという取り組みは、2023年も大規模に行われた。

その日、春馬さんの最後の主演映画『天外者』が全国277館で特別上映。これだけでもすごいことだが、それにとどまらず、出身地の土浦を始め、各地に「春友」

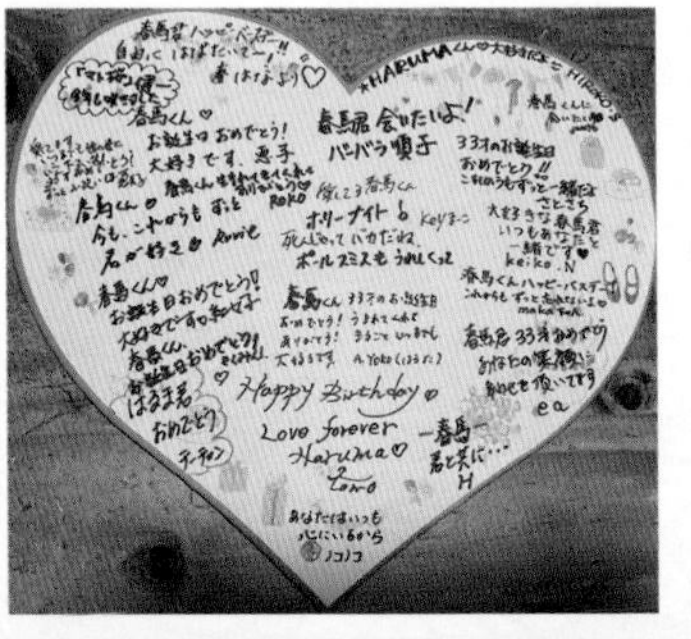

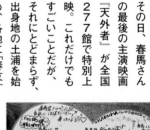

さんたちが集まった。
最初に紹介するのは、YouTube配信「ほっこりカフェ」が主催した5日夜の「Birthday Night」（右ページ写真上・中）と翌日の春馬さんゆかりの地を訪ねたツアー。

右ページ下写真は『天外者』で知られる本法寺だ。詳細はP72に主宰者の堀内圭三さんと参加者の報告を載せたので参照してほしい。

このページ左の写真は土浦で4月1日に行われた「バルーンリリース」と「生誕祭デコレーションと展示」。また4日の東京湾クルーズ「HARUMA号」での誕生会の写真も次ページに掲載。それぞれに参加した脇屋恵子さんの報告を以下に掲載しよう。

《春馬さんの33歳birthday企画として

①4月1日「バルーンリリース」＆「生誕祭デコレーション展示」（土浦）と、②4月4日の「東京湾クルーズ〝HARUMA号〟での誕生会」に参加しました。

バルーンリリース企画では、SNSで知り合った九州からご参加された春友さんと初めてお会いすることができ、びっくり！ 台湾からの参加者もいらっしゃいました。

「東京湾クルーズ」では驚きの事実もありました！

クルーズに参加された春友さんのお一人がキャプテン（船長さま）と当日、雑談したときにたまたま分かったのですが、このクルーズ船、今年で春馬さんと同じ33歳とのこと!!参加者一同、この偶然に感動して涙、涙でした》（脇屋恵子）

さらに春馬さんが映画「アイネクライネナハトムジーク」の撮影で約1カ月滞在した仙台では4月5日に「三浦春馬Birthday花火大会in仙台」が大規模に開催された。その前後3日間は大勢の春友さんたちが仙台を訪れたようだ。

【2023年4月4〜6日】

春馬くん気配探し旅
築地本願寺から土浦へ

「春旅」報告1

洋子

築地本願寺の桜

思えば2020年7月の悲しい夏のあとの秋口に春馬くんのことを偲ぶために東海地方から上京。それからもう2年半が経ちました。それまでに何回も気配探しの旅を続けているけれど、ほぼいつも一人で2泊3日の旅。2021年も2022年も4月5日前後に計画しました。

初めは都内と土浦をまわる1泊2日の予定でしたが、急遽京都まで足を伸ばし、2泊3日に変更。というのも京都で、春馬くんの生誕を祝う会があると知ったから。たまたま歌詞を見て、これは春馬くんのことを想う歌のようだと気がついたユーミンの「春よ、来い」を皆で歌うということをツイッターでつながっていた方に教えてもらい、私も参加することを決めました。初めは知らなかったけど、それは「ほっこりカフェ」の堀内圭三さんの企画でした。

というわけで、1日目は都内散策。2日目は土浦巡り。3日目は春馬くんのためのバースデーナイトと翌日は京都のロケ地巡りと、2泊3日の旅へ。

最初に築地本願寺にご挨拶

◎1日目。まず築地本願寺にご挨拶。昨年7月から、ここに春馬くんがいると思い、上京するたびに挨拶に来ています。本堂にあがり、いつもは家の春馬くんコーナーに置いてある「おりん」を持参してお参りする時に鳴らしています。家でも、出かける時、帰ってきた時に鳴らしますが、響き渡ると春馬くんが音につられて来てくれるんじゃないかという気になります。美しいものや音が好きだったよね。

本堂でお参りした後はしばらく椅子に座り、心を落ち着かせました。昨年から上京するたびにここに来ているけど、春に来たのは今回が初めて。歩道橋から見える本願寺と桜の写真の景色が素敵でした(上写真)。また来る

豊洲駅最寄りの公園から見た海

ね！と語りかけ次の場所へ。

美術は特に勉強したことはないけれど、国立近代美術館でちょうど開催されている展示会を前もって予約して観に行きました。

ゆっくり観た後は、昨年の春も行った田町駅最寄《もよ》りのイタリアンのお店へ。かおる先生が出してくれた『春馬くんとの未来の雑談』を読んで、私はかおる先生が話す言葉の一つひとつに、エピソードに、春馬くんへの大きな愛を感じ取っていました。春馬くん！ボイストレーナーの先生としてだけでなく、いろいろなことを教えてもらったり、その先生の文化に触れることにより、人生までも広がったのではない？と思うことができました。

その話の中で、先生と待ち合わせで入ったイタリアンのお店がそこかも？と思ったり、そこまで自転車で来ていた春馬くんが横断歩道を渡る時は自転車をひいて渡る姿を見て、その礼儀正しさにまるでイギリスにいる紳士のようだね、と言われたり……。だからその界隈《かいわい》をもう一度歩いてみたかったのです。

お店では昨年とおなじウニパスタを。ここで春馬くんが、先生や友人と食事をしたと思うだけで嬉しくなります。同じ空間にいる！

その後、ＪＲで田町駅から新橋駅まで行き、今度はゆりかもめで豊洲へ。『ＴＷＯ ＷＥＥＫＳ』のロケ地、豊洲のぐるり公園に行きたかったから。終点まではゆっくりの走行なので遠い気がしました。降りて公園の名前は違っていたけど、公園のお花や木々の芽吹きが美しかった。ここに来てドラマ撮影していたんだよね！コロナ禍の前の２０１９年の夏だからもう３年半前？写真をいっぱい撮って、またゆりかもめに乗りました。

今日はこの後、昨年のヒロ氏の写真展を見に行った時に偶然出会った春馬くんのファンの方と夕食をご一緒することになっていました。常磐線を途中下車した柏駅に午後６時に待ち合わせ。まだ２時30分だから時間のゆとりがあったため、ゆりかもめに乗り芝浦ふ頭駅へ。マンション街をぐるりと歩き、いつも立ち寄るイートインのできるコンビニに入りました。30分ぐらい休んだ後は外に出て眩《まぶ》しいくらいの青空や海岸通りの木々の芽吹きやお花を写真に収めて、またゆりかもめで新橋へ。

新橋駅に着いたらロッカーから大荷物のスーツケースなどを取り出し上野駅へ。ほんとは世田谷のパン屋さんキャッスルへも行きたかったけれど、今回は２泊するから諦め、また次回に。

ということで大荷物を携え常磐線に乗り、春友さんとの待ち合わせの柏駅へ。改札を出たところで待ち合わせ。その友人とは意気投合して昨年、イコッカさんの焼肉ランチにもご一緒させてもらったり、私は『キンキーブーツ』のチケット一枚は自分で購入していたけれど、余分にあると聞いてもう一枚定価で譲ってもらったり、時々交流をしていました。今回は柏駅の高島屋の中のピッツァ用の窯《かま》もあるイタリアンのお店へ。入る直前真っ赤な夕焼けと富士山？が見えて写真を！（次ページに掲載）二人で春馬くんのことを中心にたくさんお話ができました！

その後二人で常磐線に乗り、友人は自宅へ、私はいつも泊まる土浦駅に隣接しているホテルへ。一日いっぱい歩いたからシャワーの後は駅で買ったパイナップルの酎ハイを飲んで休みました。

夕焼けと富士山

土浦へ、そして京都へ

◎2日目。土浦駅のロッカーに大きな荷物を預け散策開始！　バスで真鍋小学校の桜を見に行きました（左ページ写真）。まだ少し桜も残ってくれていてほんのり桜色の真鍋桜。春馬くんが話していたことを思い出しました。

その後はバスもすぐに来ないから駅の方のセントラルシネマズさんまで歩きました。11時からの『森の学校』までには時間があったので、すぐ近くの「まちかど蔵」へ。そこでツイッターで話したことのある方との偶然の出会いが！　驚きながら少しお話しできました。映画は予定より遅れて始まったので、途中まで見てあわてて出て駅へ向かい、東京行きの特急に乗りました。東京からは新幹線で、いつもなら降りる名古屋駅はとばして京都へ。

京都には5時前に到着。タクシーで春友さんの待つ場所へ全荷物を持って移動。会場に着くとみな春馬くんファンということで、とても初めて会ったとは思えませんでした。今回は堀内さんだけでなく想い想いの演奏や歌をということで、堀内さんの歌から始まり、私もアルトリコーダーを少し演奏させてもらいました。「春よ、来い」の歌を歌ったり、春馬くんの歌を歌う人、作品由来の曲のメドレーをピアノ演奏する人、自作の歌をギターで唄う人、替え歌にして春馬くんへの想いを入れて歌う人。堀内さんの「4月5日」の歌…。

春馬くんのバースデーにふさわしいほっこりした夜になりました。皆さんの優しさと春馬くんへの想いがあふれる夜でした。きっと春馬くんも聞きに来てくれたよね！　でも全国にそんな方々がたくさんいるから忙しい夜だったかしら？

会が終わり挨拶をして、私は春馬くんが京都ロケの時に泊まったとされるリノホテル京都へ。ここに春馬くんが泊まったと思うと感慨深かった。下のコンビニでも買い物したのかな？　土浦駅近くの花屋さんで買えたお誕生日用の赤いバラをホテルの部屋で撮りました♥（右下写真）

◎3日目。ロケ地巡りだから帰りのことを考えて早朝に京都駅に行き、大きな荷物をロッカーへ。朝食をおがわ珈琲で食べて、ゆっくりと集合場所の同志社大学へ。皆さん集合したあと、まるで先生のように引率してくださる堀内さん。英字新聞を読んでいた場所や、はるさんを見つけて階段を降りる場所などを教えてもらい回りました。若者がはしゃいでいるすぐ近くで、ある程度歳を重ねた私たちも同じようにはしゃげる幸せを感じたりした。〝推し〟はいくつになっても大切！

次は歩きながら紫式部のお墓を案内してもらったり、お寺の桜などを見たり、本法寺見学（写真はＰ6）のあとはレトロな喫茶店で食事。ロケ地巡りの道中は色々な方とお話しできてよかった！　その後大徳寺瑞峯院で過ごす（写真はＰ73）。春馬くんが10年ぐらい前に写真集『ふれる』で、抹茶を飲んだり着物を着て

誕生日用の赤いバラ

撮影した場所。写真集を見ながらこの顔が素敵！とかこのポーズがいい！とか、もうみんな乙女でした！　その後、抹茶とお菓子をいただき門から出ようとしたら。でかけていたその当時の御住職さんが帰宅。大勢の私達にあったかい言葉をいっぱいかけてくださいました。

　その後は、これで帰る人と四条のパブに行く人に分かれました。私はまだ新幹線のチケットは買っていなかったからパブに寄り、名残り惜しくみなさんとお話をしました。

三浦春馬さんが通った真鍋小学校校庭の桜

　今日のロケ地巡りは、堀内さんの案内のもと、下見してくれた方や春友さん同士で大変そうな方の荷物を持って歩いてくださったり、春馬くんが差し入れしたらしい御稲荷さんを買いに行ってくれたりと、とても気持ちのいい行動にあふれていました。きっと春馬くんもいたら、そんなさり気ない優しいふるまいをするんだろうな～と思えました。

　いつか春馬くんに逢ったら恥ずかしくない生き方をしていたい。どこかで思いやりをいただいたら、その人だけにということもなく、誰かにその優しさを！ということを心がければ皆幸せになるのではないかと思えました。そんな生き方を春馬くんはしていたよね。

　ロケ地のお天気は雨模様と覚悟をしていたけど、歩くにはちょうどいい天候でした。きっと春馬くんを想う私たちを応援してくれたんだと思いました。ありがとうございます

✧春馬くん✧この2年半、一人で気配探し旅をしてきたけど、春馬くんを想う人との合流はほんとに心が休まり楽しかった！　お世話になった堀内さん！　春友さん！　ほんとにありがとうございます！

（いつまでも春馬くんのことが大好きな洋子より）

【2023年6月】「ほっこりカフェ」銀座ライブ、そして春馬さんを訪ねるツアー

上と左の写真は、2023年6月24日に銀座で行われた「ほっこりカフェ」堀内圭三さんのライブでの、小笠原恵子さんの家族と春友さんたちの交流シーンだ。聴覚障害の元プロボクサーで、映画『ケイコ 目を澄ませて』のモデルにもなった恵子さんが右から2人目、その右は妹の聖子さん、左は母親の喜代美さん、そして左端が堀内さんだ。恵子さんも聖子さんも聴覚障害で、当日は母親が手話通訳した。実は映画のもととなった小笠原さんの自伝『負けないで！』は創出版刊で、『創』編集長・篠田が編集したもの。その縁からこの日は「ほっこりカフェ」との交流が実現した。

この日も堀内さんは、本誌投稿がきっかけとなって生まれた楽曲「み・う・ら・は・る・ま」などを熱唱（右写真）。全国から集まった春友さんの中には聞きながら涙を流す人もいた。

さて堀内さんは翌日も中野でライブを開催

し、26日には春馬さんゆかりのスポットを回る春友さんたちのツアーも行われた。

上段写真はおなじみ、春馬さんが納骨されている築地本願をバックに撮影。

中段は『僕のいた時間』のロケ地、井の頭公園で撮影。春馬さん扮する拓人が浜辺美波さん演じるすみれちゃんとブランコに乗っておしゃべりした場所だ。そして下段は拓人が就職試験の採用のメールを受け取る、ベンチに座っているシーンを撮った場所。堀内さんは「一番印象深いシーンだ」という。

これ以外の「ほっこりツアー」の写真と堀内さんが書いたレポートは本文P72をご覧いただきたい。


「『僕のいた時間』は春馬さん主演ドラマの中でも大好きなドラマですが、実際にロケ地に足を運ぶと、そのシーンでの台詞《せりふ》も不思議なくらい思い出してきて、ここであの素敵なシーンを撮られていたんだと、10年近く前に撮られた瞬間のことを、みんなで思い起こしていました」（堀内さん）

【2023年6月】

「三浦春馬応援プロジェクト」の素晴らしいモザイクアート

4月5日の三浦春馬さんの誕生日にCandleNight0405の企画を続けている「三浦春馬応援プロジェクト」が2023年も6月にその画像をネットで公開した。モザイクアートという技術を使ったものだが、上写真の春馬さんの映像を拡大すると、それがたくさんの写真をモザイク状に集めたものであることがわかる。その年は春友さんたちから集まった写真は347枚。それらをモザイク状にして春馬さんの映像に仕上げた。

百聞は一見にしかず。ぜひネットで「三浦春馬応援プロジェクト」と検索して画像を見ていただきたい。素晴らしいアートだ。同プロジェクトはこのCandleNight以外にも様々な春活を行っている。

「春馬君と向き合う時間」「和ごころ」さんの鉛筆画

三浦春馬さんを描いた鉛筆画といえば、ｄｅｋｏさんこと銀屋純子さんが有名だが、今回紹介するのは「和ごころ」さんの作品だ。ご本人がこう語る。

「絵に関してはまったくの素人でしたが、春馬君に会いたくて会いたくて…その想いだけで気づいたら鉛筆を握っていました。描きあげた春馬君を見てとても嬉しかったし、そばにいてくれるような…そんな気がしたんです。そんな想いをおすそ分けできればなと思い、SNSでアップしたところ、皆さんに喜んでいただいて、嬉しく思うとともに励みにもなっています。春馬君と向き合ってる時間は一番幸せで、私の宝物です」

【2023年7月】今年もその日が…

7・18めぐる春友さんたちの様々な「春活」

あの日から3度目の7・18がやってきた。春友さんたちのその前後の「春活」を報告しよう。

左の写真2枚は堀内圭三さん主宰「ほっこりカフェ」の春友さんたちが2023年7月18日午後に行った『太陽の子』ロケ地めぐり。

金戒光明寺と谷川住宅群での写真だ。詳しい説明は堀内さんと、参加したノコノコさんの報告がP80に掲載されている。

左は7月13～16日の靖国神社「みたままつり2023」に飾られた「日本製普及会」などの提灯だ。この写真は黒猫さんが昼間に撮ったものだが、夜になると提灯に灯がともって圧巻だ。

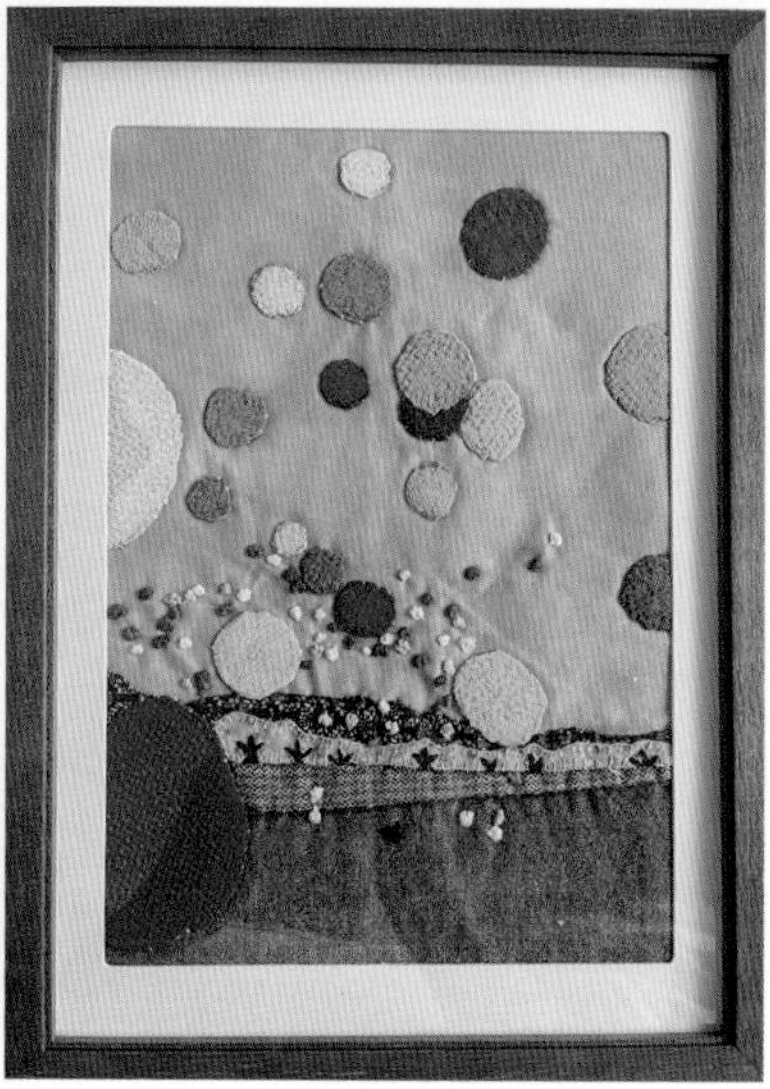

左の2枚は、ほっこりカフェファミリーおふたりの作品。右が鹿児島県の五月さんの切り絵で、４月５日の春馬さんのバースデーイベントであるバルーンリリースをテーマに作ったもの。左は別の春友さんのステンドグラス作品だ。

　中段左は、その「ほっこりカフェ」主宰者・堀内圭三さんが最近出したアルバム『ほっこりカフェⅡ』のジャケットだ。ジャケット画の元になったイラストは、西尾市在住の似顔絵師きえさんが描いたものだ。

　そして下段右は、京都在住ノコノコさんによる春馬さん陶磁器。「映画『太陽の子』の鴨川を走るシーンのオフで春馬さんが鴨川を見つめるところを描きました」とのことだ。

　最後に、左下の冊子は、７・18三回忌に春友さんたちが自分たちで作った『MEMORIAL MESSAGE FOR HARUMA MIURA2022』。あずきさんら何人かの春友さんが自費出版した非売品で、２０２３年６月24日の堀内圭三さんの東銀座でのライブに持参した。非売品で希望する春友さんに渡しているそうだが、既に増刷も行ったという。

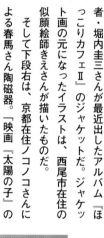

部屋に飾られた様子は圧巻

ゆきひょうさんが描いた春馬さん鉛筆画

ここに掲げたのは茨城県在住のゆきひょうさんの作品。それらの作品を飾った部屋の写真（左ページ）は圧巻だ。どういうきっかけで描き始めたのかゆきひょうさんに伺った。

《私が鉛筆画を描くキッカケになったのは2022年6月に趣味のない私に夫が「春馬くんの絵でも描いたらどう?」と言ったことです。「え〜そんなの無理だよ」と言うと「鉛筆画なら検索すれば初心者の描き方とか出てくる」と言われました。夫にネットで必要な画材を頼んでもらいましたが、せっかちな私は思い立つとすぐに描きたくなり、自己流で勝手に始めてしまいました。

それからは1週間から10日程に1枚のペースで描き上げ、終わるとすぐにスマホで撮ってはツイッターに上げ、次に描く春馬くんの写真をネットで選び夫に印刷してもらい、すぐに描くのを繰り返しているうちに、いつの間にか結構な数になっていました。居間の春馬くんコーナーや壁に飾るうちに増えていき、気がつけば30枚ほどになっていました。

大好きな春馬くんの写真を見ながら描いている時は心穏やかにしていられます。私にとっては本当に素敵な時間を過ごせているし、春馬くんと出逢えて本当に良かったと心から思える瞬間でもあります。》

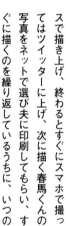

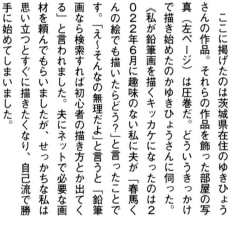

▲ゆきひょうさんの居間

相変わらずすごいdekoさんの鉛筆画

『日本製届け隊』全国制覇、そしてハワイ進出

dekoさんの鉛筆画（左ページも）

鉛筆画で知られるdekoさんこと銀屋純子さんが続けてきた「日本製届け隊」、全国の図書館に三浦春馬さんの著書『日本製』を寄贈するという活動が、ついに全国の都道府県を網羅し、完結した。計404冊の『日本製』を寄贈したという。お疲れさま、銀屋さん。

以下はご本人の報告だ。

《1冊目の寄贈をした日から1年半が経ち、気づけばお願いの電話をした図書館は600カ所を超えていました。

そして、ようやく北は北海道の稚内市から南は沖縄県の与那国島まで、計409冊の『日本製』を図書館に届けることができました。時間はかかりましたが、一冊一冊丁寧に思いを込めて届けられたと思っています。図書館の方からも、有難い言葉をたくさんいただきました。

特に「三浦春馬さんは俳優として大変活躍されていましたが、亡くなられて、今も喪失感に苦しんでおられる方が多いことと思います。町内には図書館が二館あるので、できれば二冊頂けたら大変嬉しいです。春馬さんの素敵な人柄や、素晴らしい本を残されたことをたくさんの人に知ってもらい読んでいただきたいと思います」と言ってもらえたときには、嬉しくて涙が出そうになりました。

届け隊の活動を通して、本当にたくさんの優しさに触れることができました。感謝の気持ちでいっぱいです。

「10冊できればいいね」と始めた届け隊が、ここまで続けられたのは、数えきれないほどの春友さんが協力し励ましてくださったお陰です。有難うございました。

『日本製』は何度も読み返して、読めばそこへ行ってみたくなり、体験してみたくなります。そして、知りたいことが益々増えていき、日本人であることを誇りに思えるような本です。届け隊としての活動は終わりますが、春馬さんが残してくれた宝物のようなこの『日本製』を、これからも大切に広め伝えていけるように努力したいと思っています》

寄贈はその後435冊に増え、何とハワイの図書館にも寄贈したという。ご本人の報告は以下だ。

《❀『日本製』ハワイへ❀

先月ハワイに行かれたTさんが、図書館に

『日本製』を寄贈してきてくださいました。

Tさんは寄贈する方法等の情報を調べ、ハワイ在住の方にアドバイスをもらい、2人で考えた推薦文を英訳してもらい、現地では限られた時間の中で届けられる図書館を探すなど大変な努力をしてくださいました！

最終的には、このことを知ったツアー会社の現地スタッフが「私でよければ代理でお預かりして必ず届けます」と、親切に本と推薦文を預かってくださったそうです。

本当にたくさんの春友さんの努力で『日本製』が日本中、世界中に広がっていますね。

これからも、コツコツ少しずつですが、続けていきたいと思います😊》

銀屋さんの最近の作品も紹介しよう（写真上と左）。クオリティの高さは既に知られている通りだが、いつ見てもすばらしい。随時、ご自身でインスタグラムにアップしているというから関心のある方はご覧いただきたい。

【2023年9月】「奥なな商店」訪問
「三浦春馬提灯」が作られた奇跡のようなイイ話

「三浦春馬提灯」誕生をめぐる驚くべき経緯が話題になっている。まずはお馴《な》染《じ》みの脇屋恵子さんからの報告を紹介しよう。

伝統を繋ぐ人
弘前の笑顔を忘れな
三浦春馬

《2023年9月16日、吉祥寺の「奥なな商店」さんを訪問しました。

私を含む春友さん5名で11時の開店30分後くらいに行ったのですが、私たちの前にも4人の春友さんたちが来ていたとのことでした。

オーナーの奥山さんの快諾をいただき、写真を何枚か撮影しました。顔出しの赤いエプロンの女性が奥山さんです》

なぜこのお店に「春馬提灯」が飾られているかというと、その経緯が何ともすごい。

《春馬さんが青森県・弘前市の老舗アイス店「小山内冷菓店」さんの危機を救った、ということを5月にX（旧Twitter）で知りました。

そこで紹介されていた新聞記事によると、テレビCMで春馬さんは小山内冷菓店さんのバナナアイス（バナナの形を模したアイス）を作る姿を披露していたとのことでした。春馬さん効果からか、バナナアイスは地元の方だけではなく、北海道から九州まで注文がある人気商品になったそうです。

しかし4月、小山内冷菓店さんはバナナアイスを製造していたフリーザーが突然動かなくなってしまうというアクシデントに見舞われました。小山内さんが業者に相談したところ、壊れてしまったフリーザーは50年以上前のもので、今となってはフリーザーを作ったメーカーもすでに存在していませんでした。

新品を購入するにしてもお金が掛かり過ぎる…。一時はバナナアイスの販売を諦めた小山内さんでしたが、ここで奇跡が起きたのです。

4月8日、バナナアイスを求めて小山内冷

小山内冷菓店様
奥なな商店様
「アイスだけど温かい。」
令和五年八月 春馬ファンより

伝統を繋ぐ人
弘前の笑顔を忘れない
三浦春馬

菓店さんを訪れた春友さんが事情を聞き、Twitterで拡散したのです。

すると、そのことが弘前の製造業の方の目に留まり、バナナアイスは地元でも愛されているアイスということで、その製造業者さんは小山内冷菓店さんを訪問。そして店内にかつて防空壕として使用していた地下の空間があることがわかり、そこで使わなくなっていた冷蔵庫のモーターを発見！

まさに奇跡。数十年前のモーターはまだ動き、故障したフリーザーのスペックとほぼ同じだったのです！　修理には時間がかかりましたが、廃業まで考えていた小山内冷菓店さんは持ち直したのです。

そして、その小山内冷菓店さんからバナナアイスを仕入れているのが、吉祥寺に期間限定で店舗を構える青森県のアンテナショップ「奥なな商店」さんです。

このたび、春友さんたちでお金を集め、小山内冷菓店さんと奥なな商店さんに、春馬さんの名前が入った提灯を置いてもらいました。提灯は、福井県の提灯職人さんが作ってくださいました。

青森出身のオーナーの奥山さんは春馬さんのCMのことは御存じなかったそうですが、春友さんから送られた『日本製』を通じて春馬さんのお人柄を感じて頂けたようです。

奥なな商店さんで春馬さんの名前の入った提灯を眺め、バナナアイスを楽しんだ後は、吉祥寺に詳しい春友さんに案内していただき、吉祥寺近辺の春馬さんゆかりのお店をいくつか巡りました。

春友さんの言葉が印象に残っています。

「春馬さんは今でもそこかしこで生き続け、お店まで助けて周りを幸せにしているんだよね」

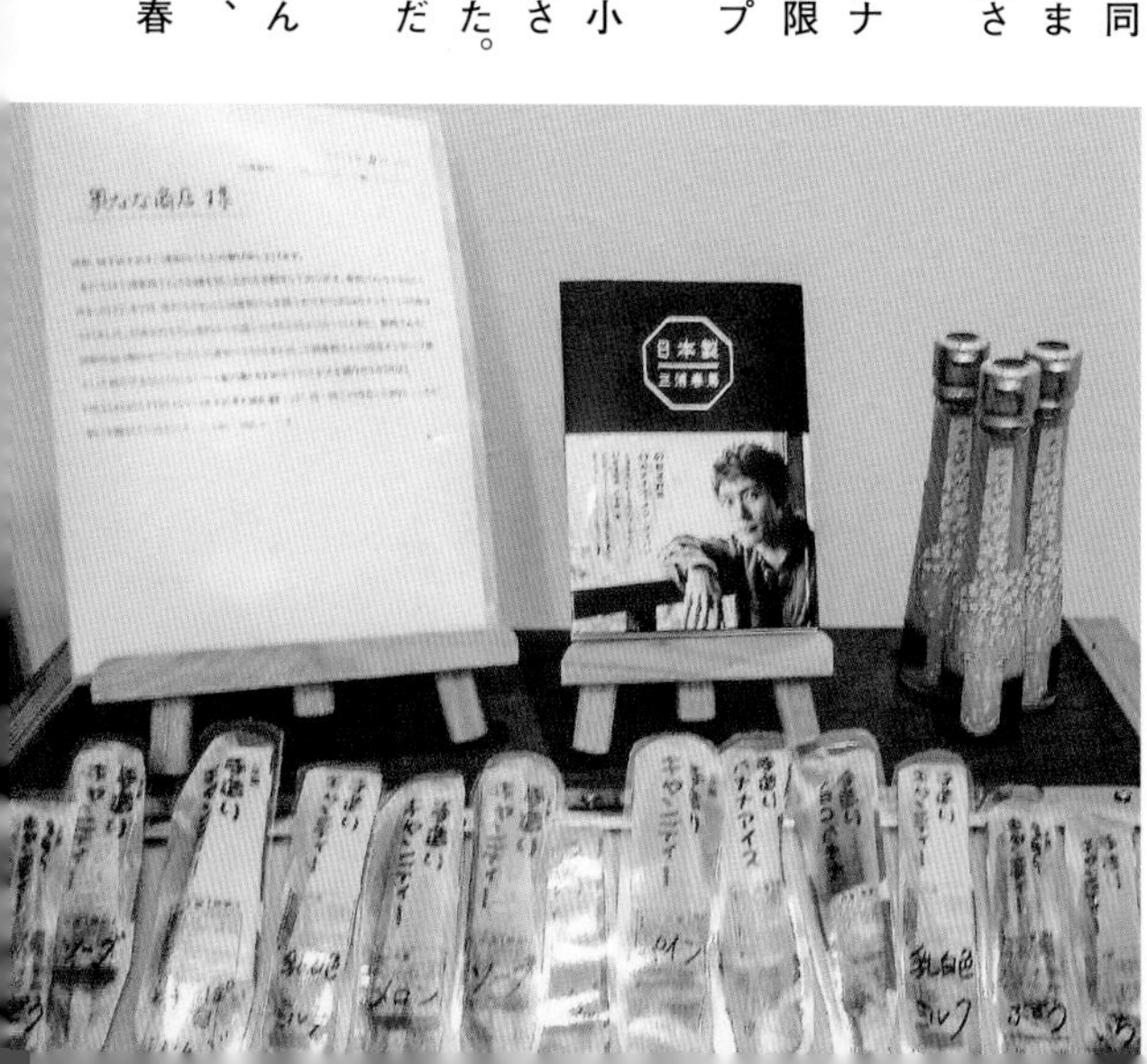

【23年9月～24年4月】

春馬君の足跡をたどって 東京～神戸～京都

「春旅」報告2

tunami

●2023年9月23日

Instagramで知り合った東京の春友さんと「春活」しました。東京に用事があるので月島に行こうと思ってたら、春友さんが同行してくれることになりました。

　春馬君が『ラストシンデレラ』撮影中にお誕生日を迎え、お祝いに訪れたもんじゃ焼きの店「はざま」。こぢんまりしたお店で、最初は通り過ぎてしまいました。

「はざま」には『ラストシンデレラ』撮影中に迎えた誕生日に訪れた際の春馬君のサインも

　私は大阪から飛行機で東京に来たのですが、飛行機の離陸時間が少し遅くなり、待ち合わせ時間より遅れてお店へ到着。春友さんと連絡を取っていたので、あらかじめ春馬君が食べたミックスもんじゃを注文してくれていて、お店に着いた時、ちょうど食べられる状態でした。春友さんに感謝。

『日本製』で紹介された「丸久」

　お店は満席で忙しそうだったので春馬君の話は聞けませんでしたが、春馬君を感じることができました。お店には春馬君のサインもありました。

　その「はざま」を後に『日本製』で紹介さ

「丸久」店内の春馬君コーナー。思い出の品の数々

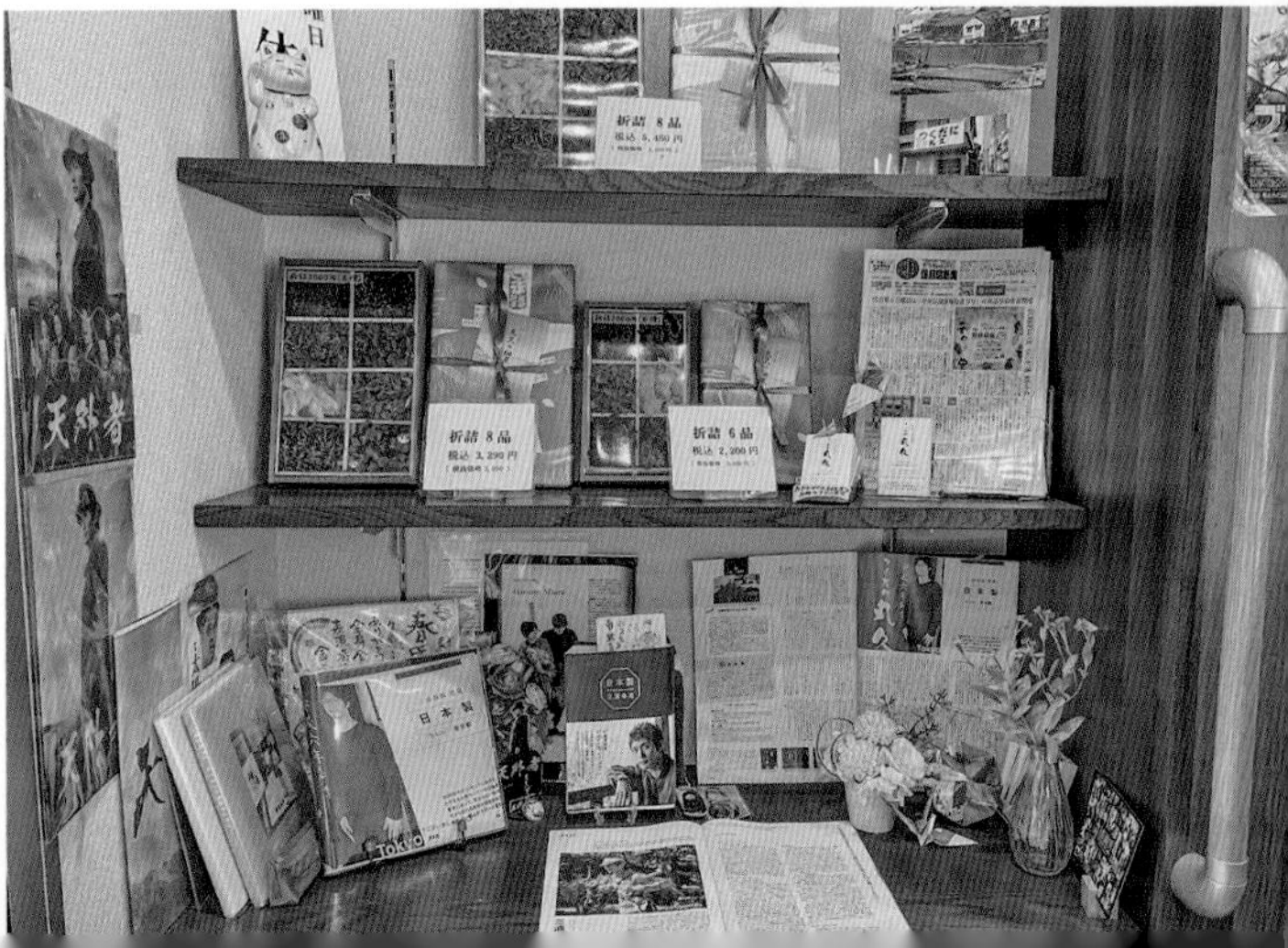

れた佃煮の「丸久」さんへ行きました。こちらもこぢんまりしたお店で、一角に春馬君コーナーがありました。

春馬君が食した、あさり、あみ、しらす、きゃらぶき、わかさぎを購入しました。店主の八木さんにサインをいただきました。ここでも、他にお客様もいらしたので、春馬君の話は聞けませんでした。

その後、月島を後にして渋谷へ。『せかほし』で紹介された「グローブスペック」（眼鏡屋）へ。『せかほし』に出演された店主の方がいらしたんですが、接客中だったので話を聞くのは遠慮しました。

3階に『せかほし』で紹介した眼鏡があると事前に知っていたので、見せていただきました。春馬君は何度か来店されて眼鏡を購入されてます。

素敵な「春活」ができました。

●11月4日

今年3回目の東京。3度目の正直で『ラス♡シン』のロケ地へ。セントグレース大聖堂。土曜日だったので結婚式をしてました。

娘がブライダル会社に勤めていて、後から聞いたのですが、娘の勤める会社も会場として使ってるとか。結婚式の邪魔にならないように写真を撮りました。

『ラス♡シン』ロケ地、セントグレース大聖堂

セントグレース大聖堂の前に『ラス♡シン』でさくらさんが勤めている美容室の階段も写真撮りました。ここで撮影されてたんだと春馬君を感じることができました。

表参道を後に神楽坂へ。こちらも『ラス♡シン』のロケ地。赤城神社前、さくらさんのマンションも写真撮りました。

あかぎカフェ。撮影の合間に食事したりお茶したりしてたんでしょうね。

『ラス♡シン』美容院の階段

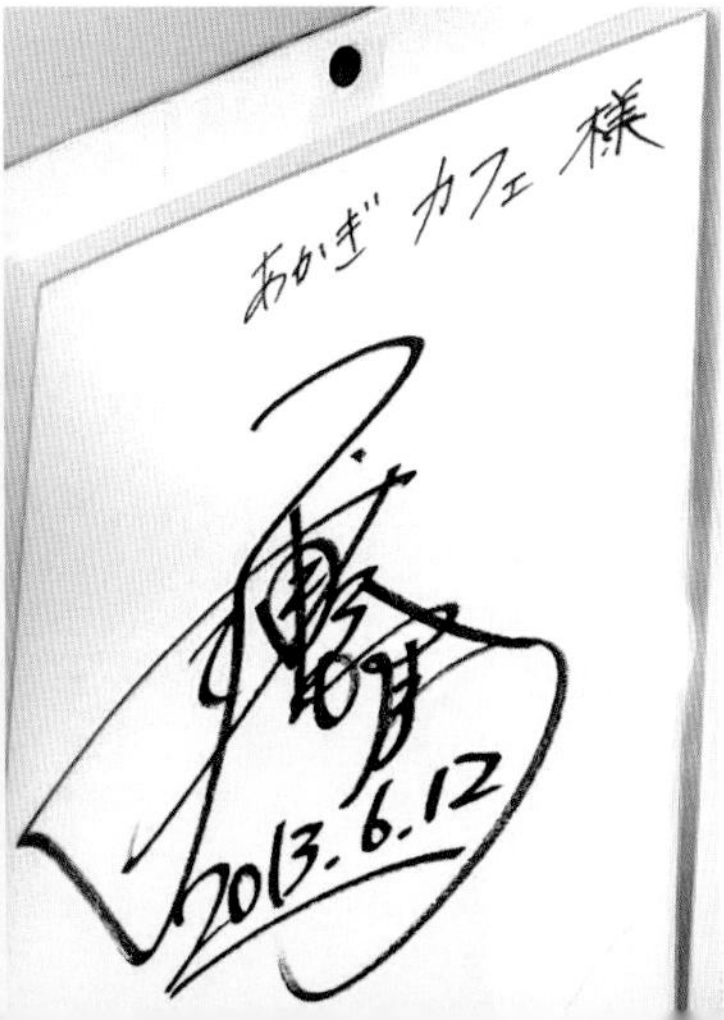

あかぎカフェの春馬くんのサイン

春馬君、篠原さん、藤木さんのサインがありました。

●11月5日

せかほしミュージアムへ。セットがそのまま。春馬君のいた場所で写真を撮ってもらいました。

残念ながら椅子は鈴木亮平君ので、春馬君の椅子はなかったような。テーブルは初回から変わってないのでスリスリして春馬君を感

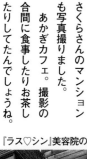

せかほしミュージアムでのtunamiさん

じてきました。

●11月13日

春友さんと「糀《こうじ》屋雨風」さんへお味噌作りに行きました。春馬君が裏日本製で紹介されているお店で、春馬君も堺味噌を作られてます。

以前から春馬君が購入されてた麹《こうじ》を購入して、自宅で甘酒を作ってます。今回はお正月用の白味噌を作りたくて、春友さんをお誘いしました。春友さんは、堺味噌、赤味噌を作られたので、仕込みが終わったらわけることにしました。

お味噌作りに集中してたので、春馬君の話を聞くのを忘れましたが、春馬君もお味噌作りを楽しまれたのだと思います。

お味噌作り体験ができて良かったです。

●11月18日　神戸春活

春友さんに誘われて、幸福のチョコレート講座を受けました。フェリシモ・チョコレートバイヤーの木野内美里さんの講座。『せかほし』に出演されたバイヤーさんです。

チョコレート講座を少し。美里さんはチョコレートを食べたら何処の国のチョコレートと言えるくらいの方。昔はチョコレート修行に行かないと学べなかったけど、今はネット社会で誰でも学べるようになりました。

小規模な工房がたくさんあり、自信のあるショコラティエは田舎に工房があり、そのショコラティエのチョコが欲しければどんな所でも買いに来る。

『せかほし』で春馬君が食べたオーストラリア・コールリバーファームのベリーココナッツチョコ。春馬君が「絶対コレ!」と言われたくらいおいしかったのでしょうね。

残念ながら今回の講座の試食にはありませんでしたが、お取り寄せしました。来年のバレンタインデーあたりに届く予定です。

「糀屋雨風」さんで味噌作り

『せかほし』の収録が終わって、一緒に写真撮ってとお願いしたら、快く撮ってくれたとか。その時に着用されてたワンピース、今回の講座でも着用されてました。春馬君が食べたチョコ、届くのが楽しみです。

幸福のチョコレート講座が終了してから神戸税関へ。こちらは『天外者』の撮影に使われました。前の年はライトアップで訪れたのに、残念ながら撮影に使われた部屋は公開されていませんでした。年1回公開日があると聞き、今年は観ることができました。

ここで春馬君が演技してたんだと、春馬君

を感じることができました。

●11月25日

『せかほし』で紹介されたベツレヘムパールの販売があると聞いて、買いに行きました。春馬君が触れたのより小ぶりなのを購入。

北浜だったので、御堂筋をお散歩。イルミネーションの企画でメッセージを載せることができ、春馬君へのメッセージがいくつかありました。

御堂筋は春馬君への愛であふれている。

●2024年3月18日

『日本製』兵庫の取材の時、春馬君が有馬温泉♨へ行きたいと前のりして、有馬温泉で宿泊されたそうです。その宿泊されたという宿で、娘とランチしました。

レストランの方に春馬君のサインはないのかと尋ねたら「ありません」。残念。春馬君はレストランを利用されたか不明ですが、素敵なひと時を過ごせました。

かつて、2021年2月21日に、娘と赤穂海浜公園の海洋科学館・塩の国を訪れ、春馬君も体験した塩作りを体験したことがあります。こちらはサインなどもありました。

18日は春馬君の月命日。春馬君を感じることができ、有馬温泉♨も堪能できました。

●4月5日

春馬君の誕生日。生きていれば34歳。

春友さんが「もう年を数えなくてもいいんじゃない⁉」と。

永遠の30歳。

午前中に『天外者』を観に行きました。

観に行った映画館は残念ながら、ポスターなどを貼っていませんでした。チケットも紙ではなく、携帯のQRコード。なんか悲しい。

『モデルプレス』の4月産まれの芸能人という記事。春馬君の名前がない。なんで⁉

午後から、近くの乗馬センターまでお散歩。行きつけのケーキ屋でデコって貰いました。馬の絵は、春馬君が描いた馬を真似ていただきました。ひっそりと、お祝い❀

行きつけのケーキ屋で

●4月12日、京都プチ春活。

急遽、京都に行きたくなり、JR京都駅ビルの「はしたて」というご飯屋へ。こちらは和久傳の店舗。春馬君が差し入れに購入した和菓子屋の店舗。まさかの1時間待ち。何回か行ってるので諦めました。

JR京都からバスで高台寺へ。金網つじさん。こちらも何度も行ってますが、辻さんがいらしたので、『日本製』にサインして貰い、一緒に写真も撮ってきました。春馬君とは『日本製』の取材前からの知り合いだったらしい。

春馬君との思い出、聞かせて下さいとお願いしましたが、「あまり語りたくない」と。

春馬君との約束で制作された指輪を購入。1カ月か2カ月後の完成と。またその時、辻さんとお話しできたら嬉《うれ》しいです。

高台寺も近いので、お散歩しました。

こちらは2015年に発売された写真集『ふれる』のロケ地です。何度か訪れてますが、桜の時期は初めて。係の方が出勤される時、春馬君とすれ違ったとか。早朝の撮影だったみたいです。

京都は何度行っても新しい発見があり、また行きたいと思います。

【23年10月～24年2月】「春旅」報告3　脇屋恵子

三浦春馬さんを訪ねる旅
――桐生、高崎、銀座、渋谷

『君に届け』ロケ地のラーメン店「五十番」。店内には春馬さんのサインも（右上）

●2023年10月

「あれ、食べないの?」

「私…寄り道するの初めてで…」

『君に届け』の黒沼爽子と風早翔太の声が聞こえて来そうな、映画のロケ地となった桐生のラーメン店「五十番」さんに足を運んだ。

店内には『君に届け』のポスターや、春馬さんのサイン、写真が丁寧に飾られていて、食べる前からお腹と胸が一杯になった。ポスターの日焼けが、過ぎ去りし年月を感じさせる。

春馬さん席に座ってラーメンを注文。13～14年前に春馬さんはここで笑っていたのだなと思うと切ない。

そしてラーメン屋さんを後にして『日本製』群馬の舞台、高崎だるまの「大門屋」さんへと歩を進める（ラーメン屋さんの最寄りの桐生駅から「大門屋」さんの最寄りの群馬八幡駅までは高崎駅で乗り換えて1時間と少し）。

赤い大きなだるまさんが目印。

『日本製』群馬の舞台、高崎だるまの「大門屋」さんで

「三浦春馬さんの『日本製』を見て来ました！」と、お店の方にご挨拶をしたところ、「ああ、先ほどお電話くださった！」と満面の笑顔で出迎えてくださった。

あら？　私は電話していないわよ。

お店の方に「いえ、私は電話してません。桐生の春馬さんゆかりのロケ地からこちらへ、連絡せずに来てしまいました」と伝えると、

何とお店の方が対応した電話の向こうの方も

高崎だるまと筆者

先ほど、桐生から「大門屋」さんに向かうとのことだったと。

　同じ日の近い時間に同じルートで「春活」をしている方がいるのだと思うと、会ったことのないその方に勝手に親近感を覚えた(もしかしたら顔見知りの春友さんだったりして)。

「大門屋」さんでは春馬さんが選んだ紫色のだるまに〝春馬〟と名前を入れてもらった。感無量。声にならない感動。

　そしてこのあと、『僕のいた時間』のロケ地の一つとなった草津温泉に向かった。

　拓人とメグが歩いた足跡を辿るために。

●2023年11月

　2008年放送の『ブラッディ・マンデイ』は春馬さんの初単独主演ドラマ。春馬さん、そして共演者の吉瀬美智子さん、芦名星さん、吉沢悠さんのサインが(その他の有名人の色紙もズラリと)並ぶ東銀座の焼肉店「天壇」さんを、春友さんと訪れた。

　店内に飾られているサインの日付は『ブラッディ・マンデイ』season2が終了した翌年の1月。そんな色紙を眺め、当時のスタッフ・キャストさんがこのお店で〝お疲れ様～!〟と焼き肉に舌鼓を打っていたのかなあ、と思いを馳《は》せた。

　東銀座にはこの他にも春馬さんがテレビ番組で紹介した、大正三年創業の京粕漬「魚久」さんがあり、「天壇」さんで食事を楽しんだ後、そちらへ。

「魚久」さんで接客の女性に、春馬さんもこちらにいらっしゃったのですよね、と何気なく問い掛けたところ、その女性の顔は花が水を得たかのようにそれまで以上の笑顔になり、そうなんです! 二階でお食事もされましたよ!と明るく答えてくださった。

　春友さん各々でニコニコと粕漬《かすづけ》を購入した後は、地下鉄で月島に移動。『日本製』東京の「丸久」さんへ。ここで春馬さんが買い求めた佃煮を購入し、ここでも春友さんの笑顔が溢れた。すると店主さん。今日は午前中に、春馬さんの大きなイベントを主催する会の方が来店されましたよ、と。

　春馬さんゆかりのお店を訪れると、つい先ほどまで同じお店を訪れていたという春友さんの、目に見えないご縁を(勝手に)感じてしまいます。

　そして「丸久」さんを後にし、月島のもんじゃ「はざま」さんに向かった。

　春馬さんが紹介したお店、春馬さんが訪れたお店は春友さんの来店が後を絶たない。お店にとっても春友さんにとっても幸せを届けているのだなあ、と心が温かくなった。
※この後の2023年12月の春旅は本文P84参照。

「肉のあさひ」店内（本文p84参照）

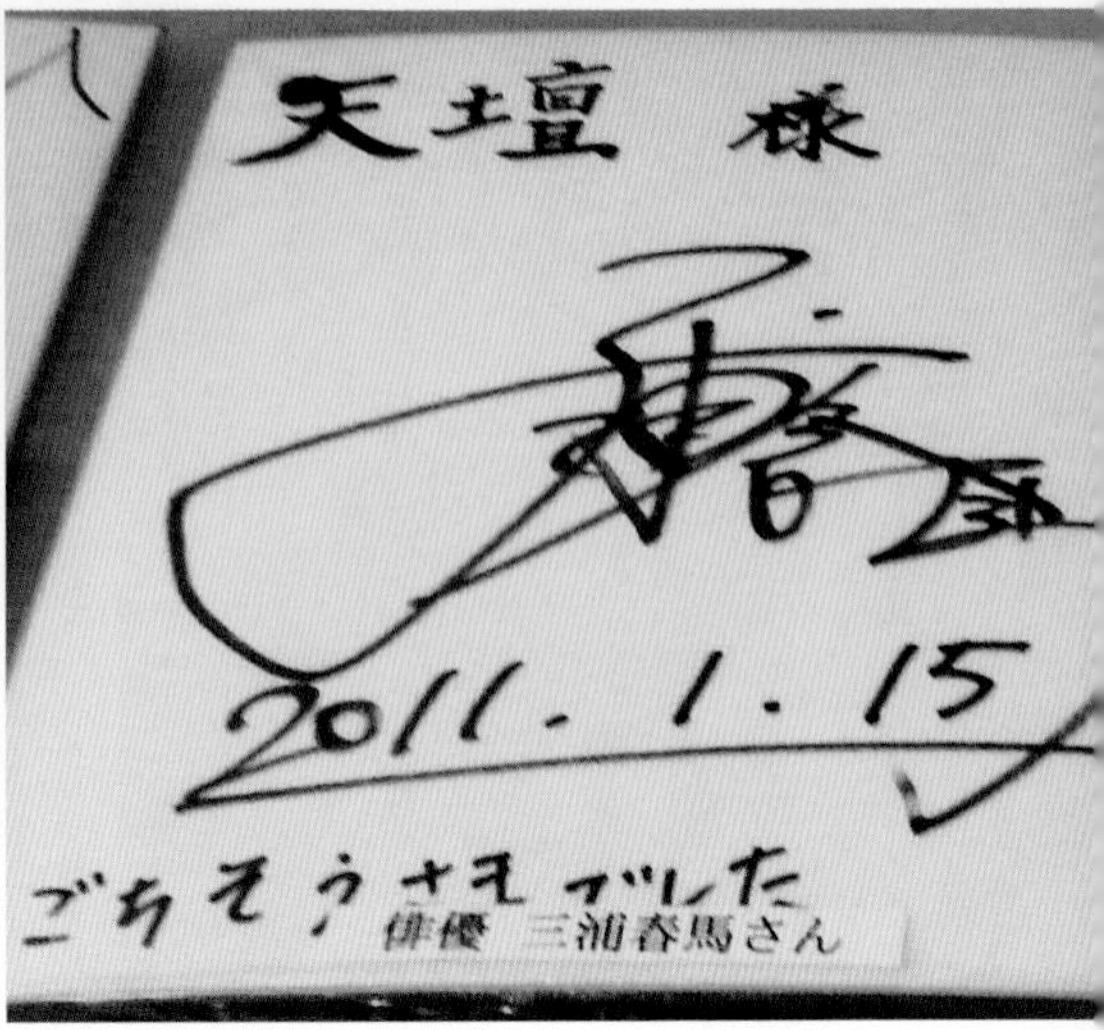

▲「天壇」に飾られた春馬さんのサイン入り色紙

●2024年1月

1月の春活は渋谷からスタート。讃岐うどんの「麺㐂 やしま」さんを春友さん3人と訪れた。1936年に香川県で創業した老舗で、現在の店主さんは4代目とのこと。渋谷駅から徒歩10分足らず。こじんまりとした店内、昭和レトロなポスターや懐かしいキャラクターグッズが私たちを出迎えてくれた。

所狭しと並んでいるポスターやチラシの中には春馬さんが出演した『SUNNY 強い気持ち・強い愛』や『こんな夜更けにバナナかよ』『太陽の子』、そして『天外者』もあり、一気にテンションが上がる！

そして店内の一角にも圧倒された。春馬さんのサインがすぐには見つけられないほどの多くの有名人のサインが飾られていたからだ。春馬さんの色紙の日付は2019年12月30日だった。

NHKのスタジオも近いし、春馬さんは番組収録後に訪れたのかな？ それとも年末は仕事もOFFで忘年会で訪れたのかな？…等々、いろいろと想像してしまう。春馬さんはここで海藻うどんを注文したというネット上での情報有り。やしまさんのお店のロゴ作成者は岡本太郎さんという情報も。

やしまさんを後にして、次は東急プラザ渋谷店でイベント中の、映画『コンフィデンスマンJP ロマンス編』で実際に使用されたパープルダイヤをこの目に焼き付けるべく歩を進めたのだが、イベントは終わっていた…と思いきや、実は私がイベントのある階を勘違いしていた。不覚。ごめんなさい。またの機会に行きましょう！

めげずに次に向かった先は春馬さんが〝白石ちゃん〟役で出演した『貧乏男子ボンビーメン』のロケ地、「クア・アイナ」渋谷宮益坂店（ハンバーガー1品1300円超え！）。店内にはサーフボードが壁に鎮座《ちんざ》しており、サーフィンが好きだった春馬さんを連想してしまう。そして16〜17年前、この空間に春馬さんがいたのだなと思うと切なくなる。

しかし、春馬さんが新たな活躍の場を残すことが出来ない以上、私達は春馬さんの軌跡をたどるしかない。

小雨が降る渋谷を後にした。

●2024年2月

春馬さんのサインを見ることができるお店、今回は赤坂の〝韓国本場の味〟「兄夫食堂《ヒョンブ》」さんを訪れた。

入口からあふれんばかりに目に飛び込んでくるサインの数々に心が躍る。店内には春馬さんのサインもある！ 早く見たい。お店は

「麺㐂やしま」店内に飾られた色紙やポスター

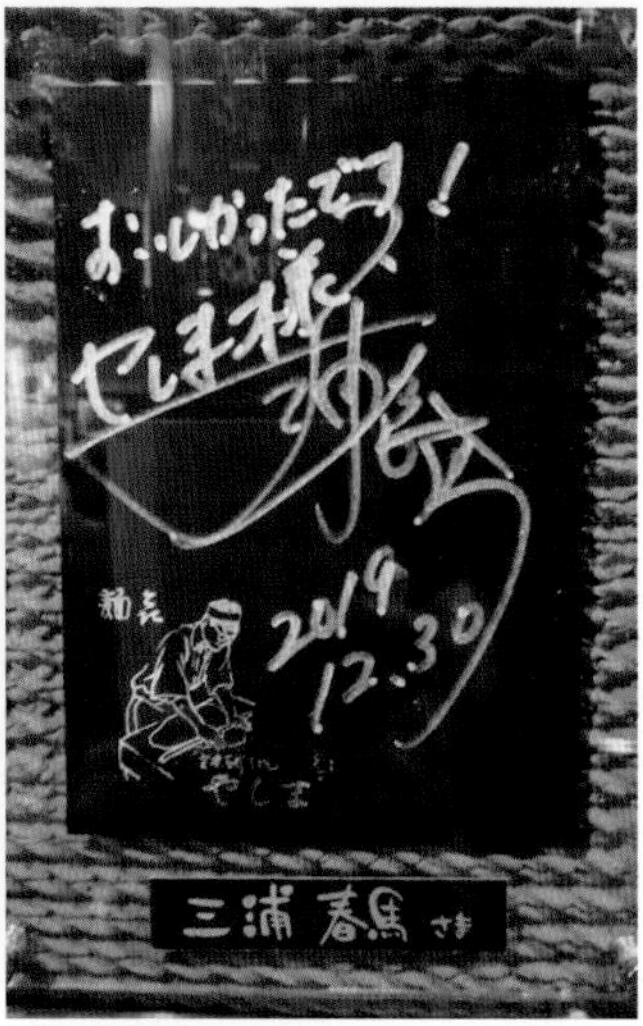

三浦春馬さんのサイン

予約制ではなかったため、春馬さんのサインのそばの席に座ることができるかどうかドキドキしていたのだが、入店したのが平日の開店直後だったためか、無事、春馬さんのサインのそばの席を確保することができた。

サインの日付は2013年5月5日、今から約11年前。ドラマ『ラスト♥シンデレラ』放送の真っ最中。そしてこの年には映画『キャプテンハーロック -SPACE PIRATE CAPTAIN HARLOCK-』『永遠の0』が公開されている。

当時の春馬さんを知らない私だが、目をつぶらなくても彼の活躍ぶりが脳裏に浮かぶ。

次に目指すは、春馬さんが『僕のいた時間』のヒット祈願で訪れた日枝神社。

赤坂の高層ビルの狭間に厳《おごそ》かに鎮座する姿は圧巻だ。ドラマ出演者4人で撮影された場所を背景に、私もパチリ。『僕のいた時間』は10年前の1月~3月に放送された。

しばし神社に敷き詰められた小石を踏みしめながら10年前の彼に想いを馳せたあとは、かつて放送されていたトークバラエティー番組『誰だって波瀾爆笑』で、春馬さんが2010年に訪れた「赤坂 金舌」さんを目指す。ここで春馬さんが食した〝牛タンカレー〟は今も健在のよう(店頭メニューより)。

そして最後は赤坂見附が最寄り駅となる「Bar Tiare」。春馬さんが『ダイイング・アイ』のバーテンダー役のために修行したお店とのこと。

今回、営業前に訪れたので、看板のネオンもひっそりとしていたが、この店内で春馬さんがシャカシャカとシェイカーを振る練習をしていたのかと思うと、私の胸もシャカシャカと揺れる。

何も言わないBarの扉を後にして、久しぶりに『ダイイング・アイ』を観たいと思った。

「兄夫食堂」店内の春馬さんのサイン

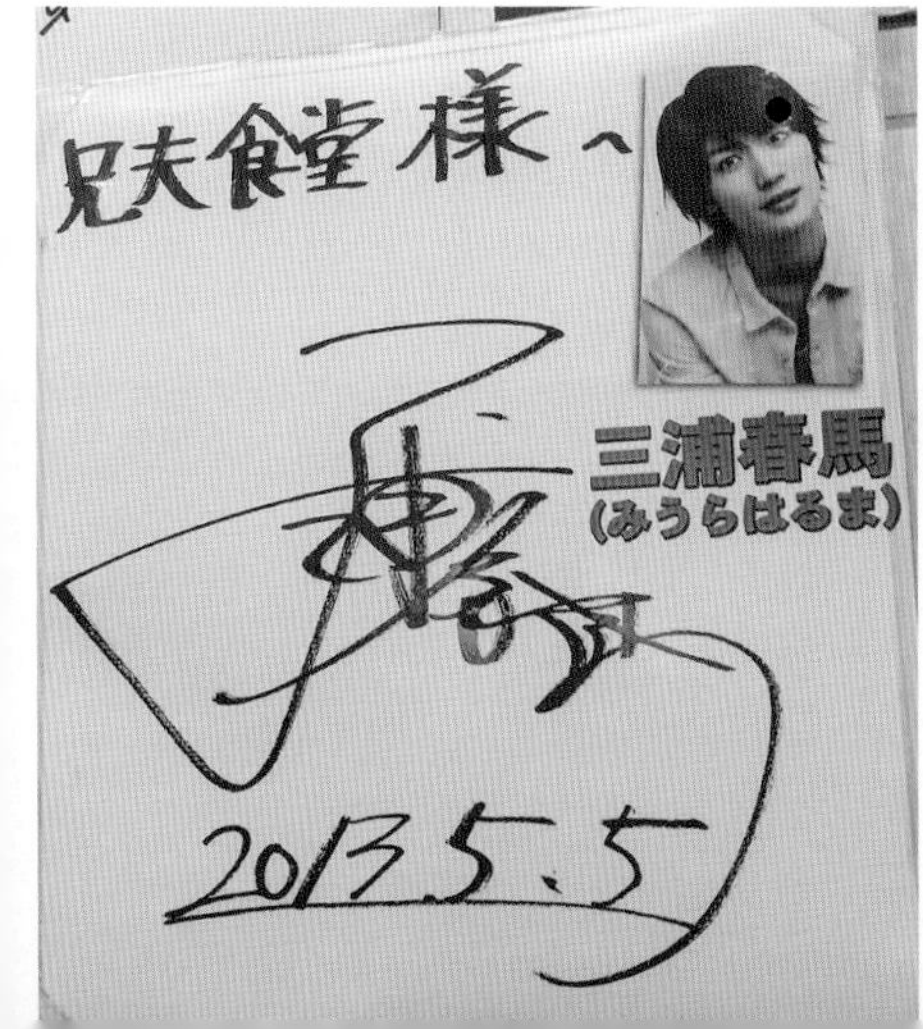

赤坂見附駅近くの「Bar Tiare」

【2023年10月】第1回京都映画賞で「太陽の子」が1位に！

京都市役所前で野外上映

「いつも映画館で観ている感覚と違い、静まった夜の街に春馬さんの声が響きわたったのです」

そう語るのは京都在住のノコノコさんだ。三浦春馬さんの映画『太陽の子』が第1回京都映画賞1位に選ばれ、2023年10月11日に京都市役所前で野外上映された。

「海のシーンの波の音もスピーカーが近かったせいか、すごい迫力でした。野外なので風を体感することもできました」

上の写真は夕方、映画上映前の会場だが、上映が終わるころには夜も更けていた。「とても貴重な体験でした」とノコノコさんは語る。

10月17日の神戸みなと花火大会で流れる使用曲に春馬さんのnightdiverが選ばれるなど、春馬さんに関わるいろいろな動きが各地で続いている。春馬さんの作品を推薦する春友さんたちの活動のたまものと言える。

左はアメリカ・ロサンゼルス在住の春友さんが今年も送ってきた写真だ。メキシコの風習にあわせて10月末を「死者の日」として祈る。日本のお盆にあたる風習で、魂が帰ってきて愛する人と一緒に過ごすのだという。祭壇に飾られた春馬さんの魂はその日、春友さんのもとへ帰ってきたのだろうか。

空羽ファティマさんと海扉アラジンさん
2023年11月、春馬さんを訪ねて京都旅行

空羽《くう》ファティマさんと海扉《カイト》アラジンさんたちの京都への旅。上段は安井金比羅宮の縁切り縁結び石にお札を貼るアラジンさん（右）と、お札を持ち穴をくぐるファティマさんの娘さん（左）。

中段左は京都で法観寺八坂の塔を背に春馬さんと同じポーズを決めた写真。その右は『太陽の子』撮影地。母が息子の耳に触れるシーンを再現した。右下は『ふれる』撮影地の大徳寺瑞峯院での春馬さんと同じポーズ。そしてその左は『天外者』撮影地のクラーク館前でのファティマさん（左）とアラジンさんだ。

【2023年11月】新潟の映画館シネ・ウインドの「春馬まつり」に全国の春友さんが

2023年11月11〜17日に新潟の市民映画館「シネ・ウインド」で「秋の春馬まつり2023」が開催された。企画したのは地元で春馬さんを応援する「Nはるるん会」で、春馬さんの映画『森の学校』など3作品の上映やトークが行われた。

企画がネットで拡散され、月刊『創』やヤフーニュースでも紹介されたこともあって、開催中は何と全国各地から春友さんたちが訪れた。さらに春馬提灯（右上）や、春馬さんが『日本製』で紹介した壱岐の鬼凧《おんだこ》（上左）など各地の春友さんからプレゼントも届いたという。全国の春友さんたちの連帯と交流がいかに強固に続いているかを示す出来事だった。

中段写真は会場に置かれたメッセージノート、下段はメッセージボード。また左ページ上が「シネ・ウインド」で、中段は「春馬まつり」当日の会場での交流の様子。下段は送られてきた花だ。

井上経久支配人の言葉はこうだ。

「私の知る限りでも関東や岩手、福井そして広島と、新潟のみならず本当に各地からファ

ンが訪れた上映企画になり、大変うれしかったです」

企画した「Nはるるん会」メンバーのメッセージも紹介しよう。

「初対面の6人がNはるるん会を結成するところから始まり、シネ・ウインドさんからのご指導のもと、このような企画で映画を上映させていただけたことを心より感謝しています。他県からのお客様にもご来館いただけたこと、全国からプレゼントが届いたことを嬉しく思います。

今回の上映でお越しくださった方々から直に感想を聞くことができ、たくさんの三浦春馬さんファンが映画の上映を望んでいることがわかりました。

今後も新潟のみならず、まだ知らなかったという全国の方々にも届くように発信できたらと思っています」（Nはるるん会　あき）

「おかげさまで、新潟県内のみならず、全国から大勢の春馬くんファン、作品ファンの方にご来場いただき、無事に終えることができました。新潟のミニシアターから全国に、春馬くんの輪が広がっていることを改めて実感しました。3作品の春馬くんを見比べることができる機会、そしてスクリーンで出逢える春馬くんはいかがでしたか？　本当にありがとうございました」（Nはるるん会　ひろみ）

「春馬さんファンの90歳のMさんは全作品を見る為に3日間通い、ノートに感想も書いてくださいました。盛岡から来られたEさんはNはるるん会のトークが聴きたかったのと、3本立てというので駆けつけてくださいました。初対面のEさんから色々お話を伺い楽しい時間を共有しました。2002年作品『森の学校』の春馬くんの表情に、大人の春馬くんをみつけたことも大きな収穫でした」（Nはるるん会　ともこ）

シネ・ウインドでは2024年5月18日からも「春の春馬まつり2024」を開催。ここでも『永遠のゼロ』など春馬さんの作品3本が上映された。

京都の自宅で作られた作品

春馬さんをイメージした
ノコノコさんの陶磁器

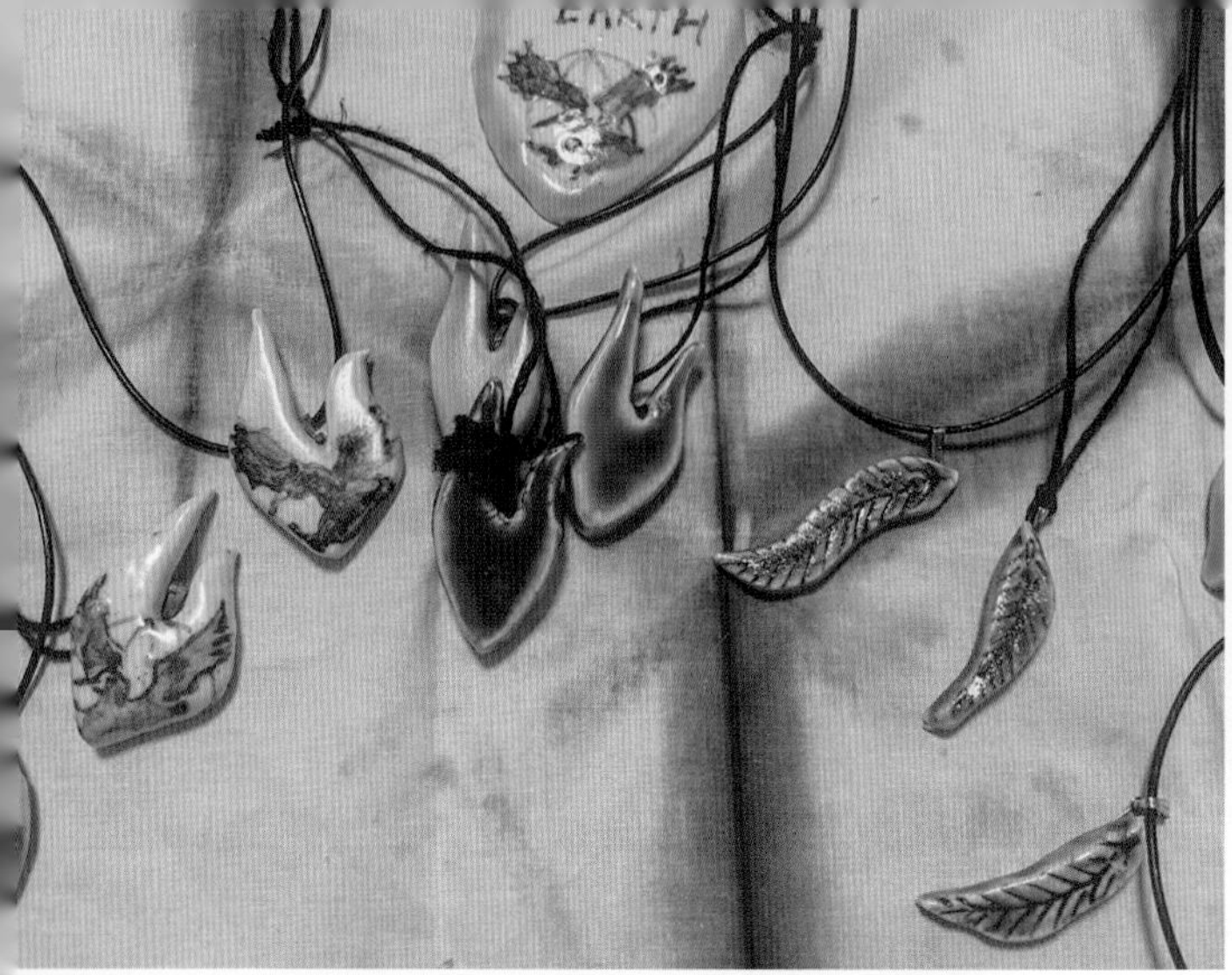

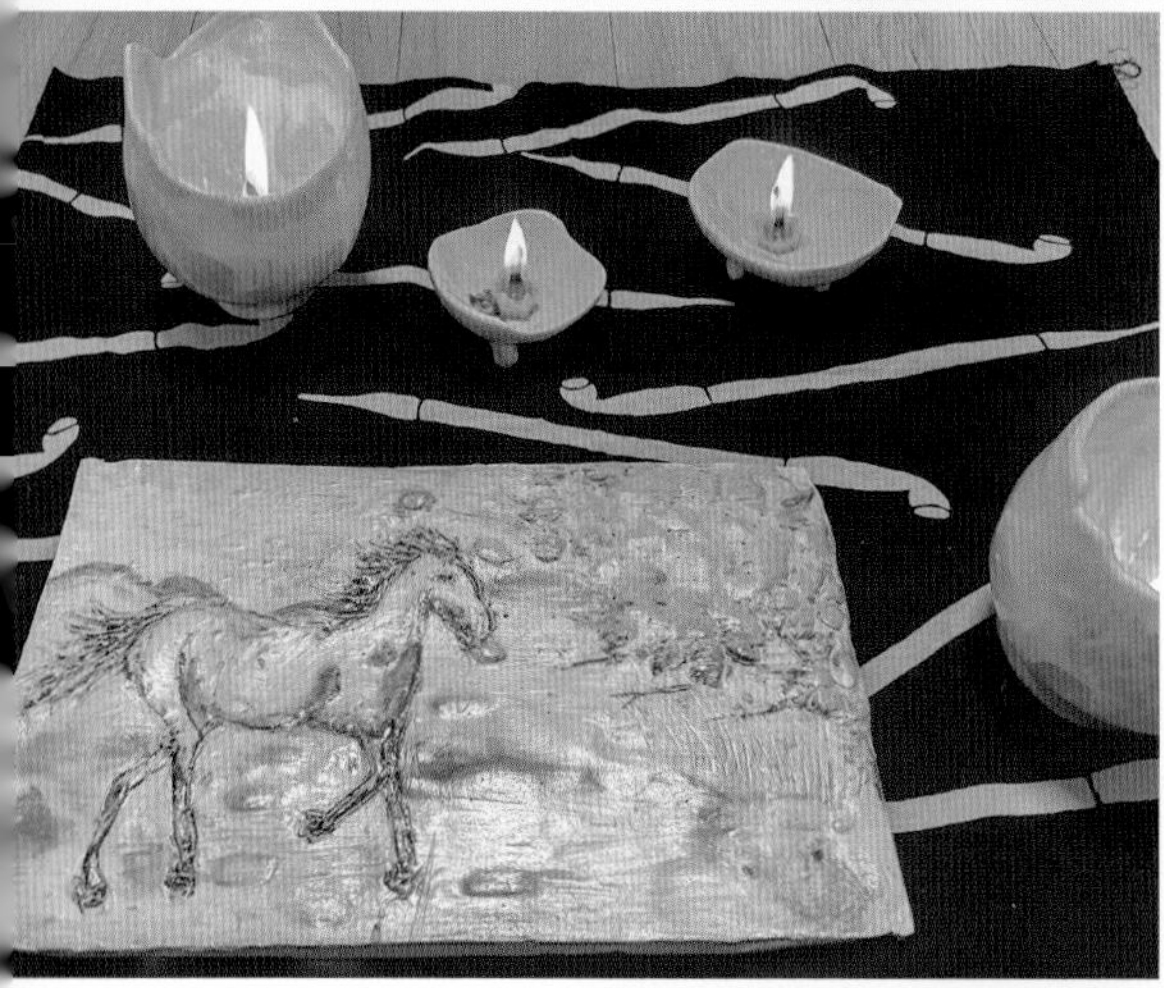

京都在住のノコノコさんは自宅が陶磁器屋さんだ。ご自身もこの間、春馬さんをイメージした作品を数多く作ってきた。右下写真は彼女が2024年3月に『創』編集部を訪ねてきた時のもの。右がノコノコさん、左が『創』編集長・篠田だ。

その彼女の作品をここに掲げた。上のアクセサリーは「ハワイアンジュエリーで幸せを釣り上げるという意味でサーファーや海に入る人が付けるお守り。『ブラッディーマンデ

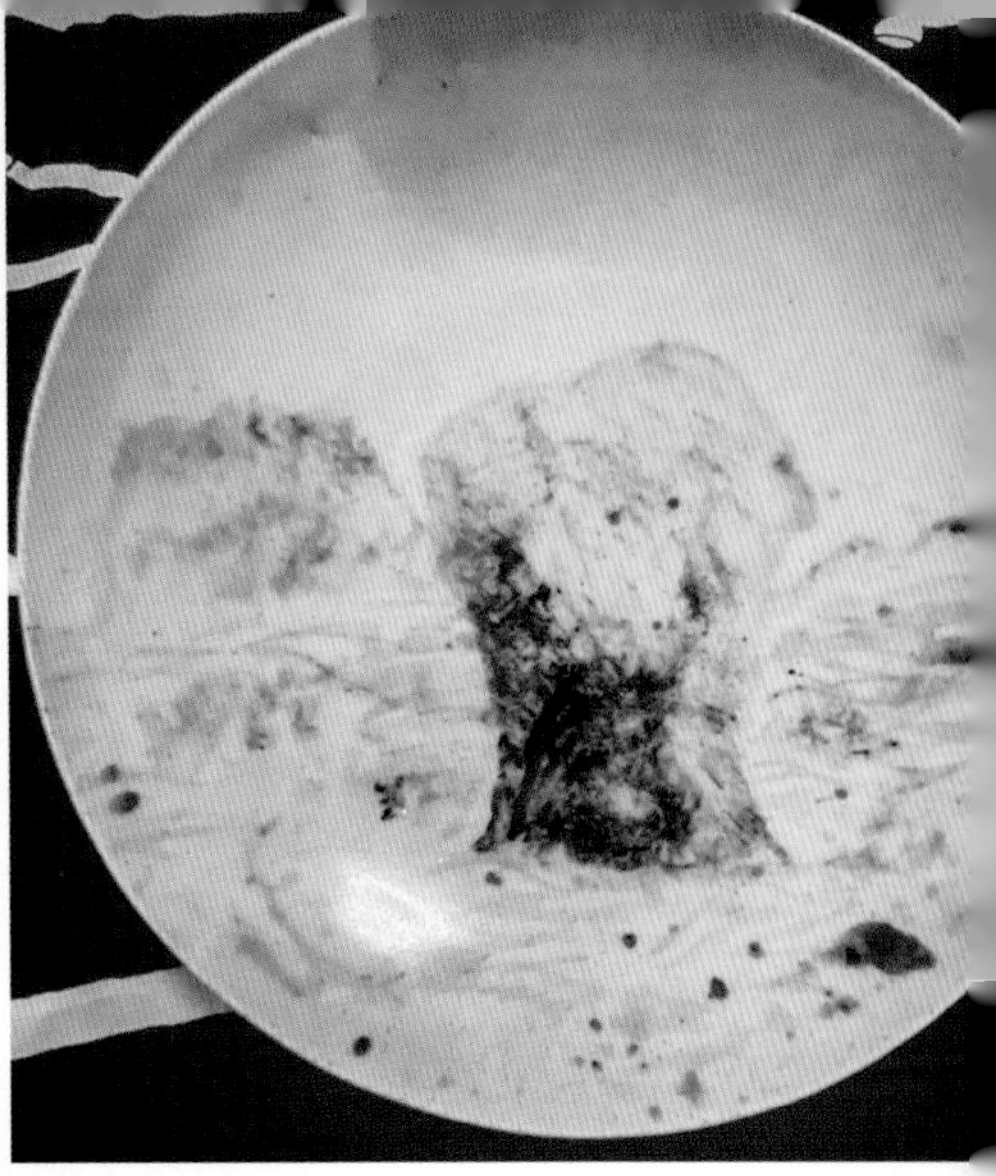

イ』で春馬さん演じた藤丸が付けていた羽のネックレスとファルコンはやぶさを描きました」という。

中段は桜に馬の陶ばん皿。後ろは『日本製』で春馬さんが紹介した和蠟燭を載せた土浦の蓮《はす》をイメージした器だという。下段中は桜をちりばめた春の馬。

このページは、上段右が『太陽の子』のロケ地の平海岸の岩の絵、その左が『天外者』の湯飲み。中段は『天外者』のロケ地の殿村邸の松の絵。下段右は『君に届け』で春馬さんが演じた風早くんを描いた花器。左は2024年5月に作られた馬のお皿だ。

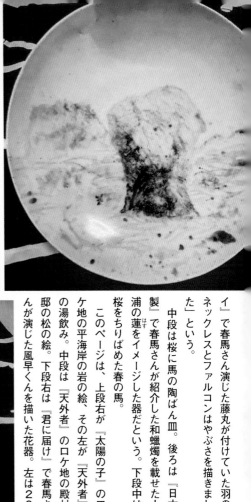

【2024年3月】三早希さんから届いた春馬さん宅やフィギュアなど

10代だった若き春友さん

2023年に大学に進学した三早希《みさき》さんが高校時代に作った春馬さんについての作品の写真を送ってきた。紹介しよう。

《今回送らせていただくのは、2021年、高校2年生の「住宅空間設計」という授業で作った住宅の模型🏠と提案書📄です！

▲春馬さん一家を想定して作成した住宅の模型

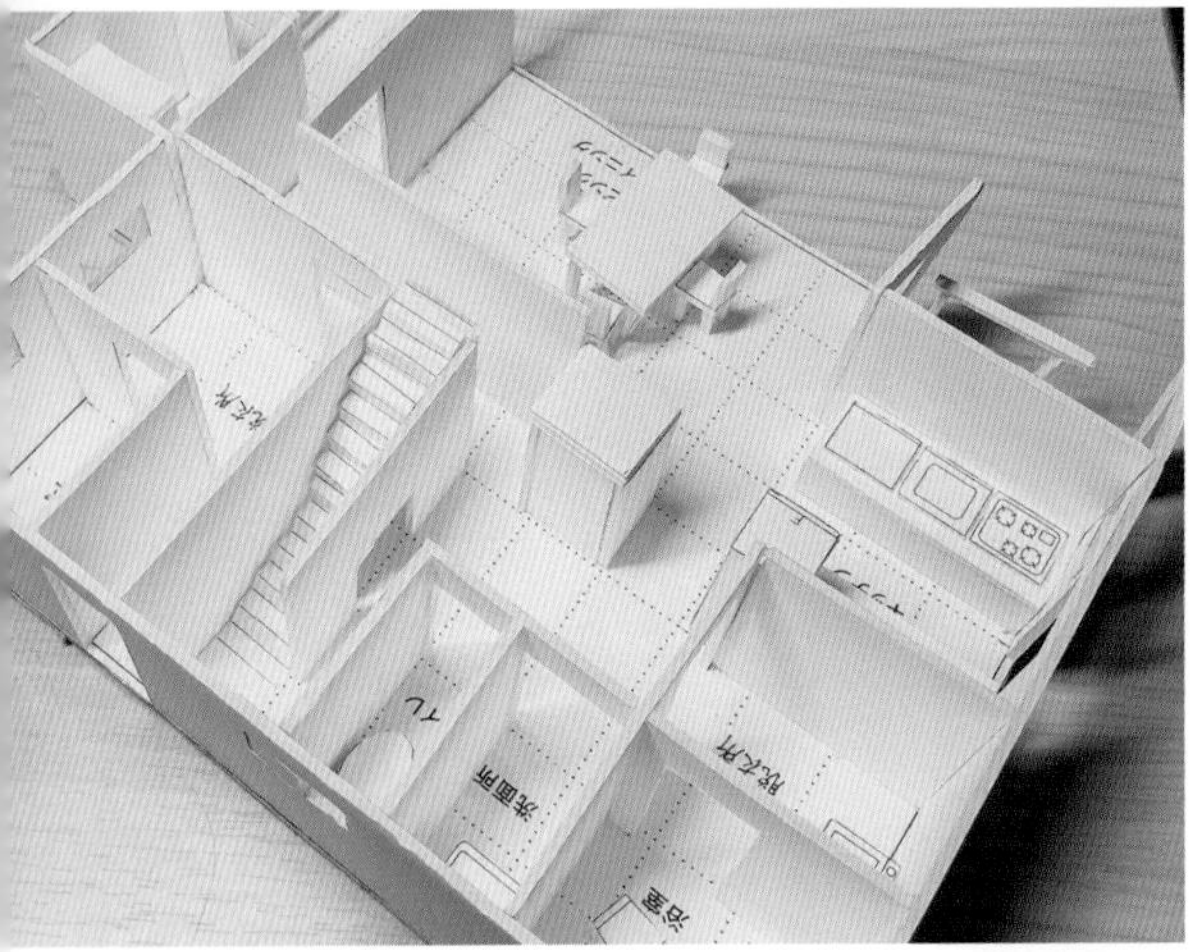

▲左下に更衣室やシャワー室が…

「もしも、春馬さんがご家庭を持ち、マイホーム🏠を建てるなら…」ということを想像して、密かに、春馬さん一家に提案することを想定した住宅デザインにしました。

『こんな夜更けにバナナかよ』🍌の田中役の春馬さん一家を想定した提案にしました。

田中役である春馬さんのお相手役の高畑充希さんの役名が私の名前の読み方と同じ「みさき」だったという理由もあり、この家族構

オリジナルキーホルダー

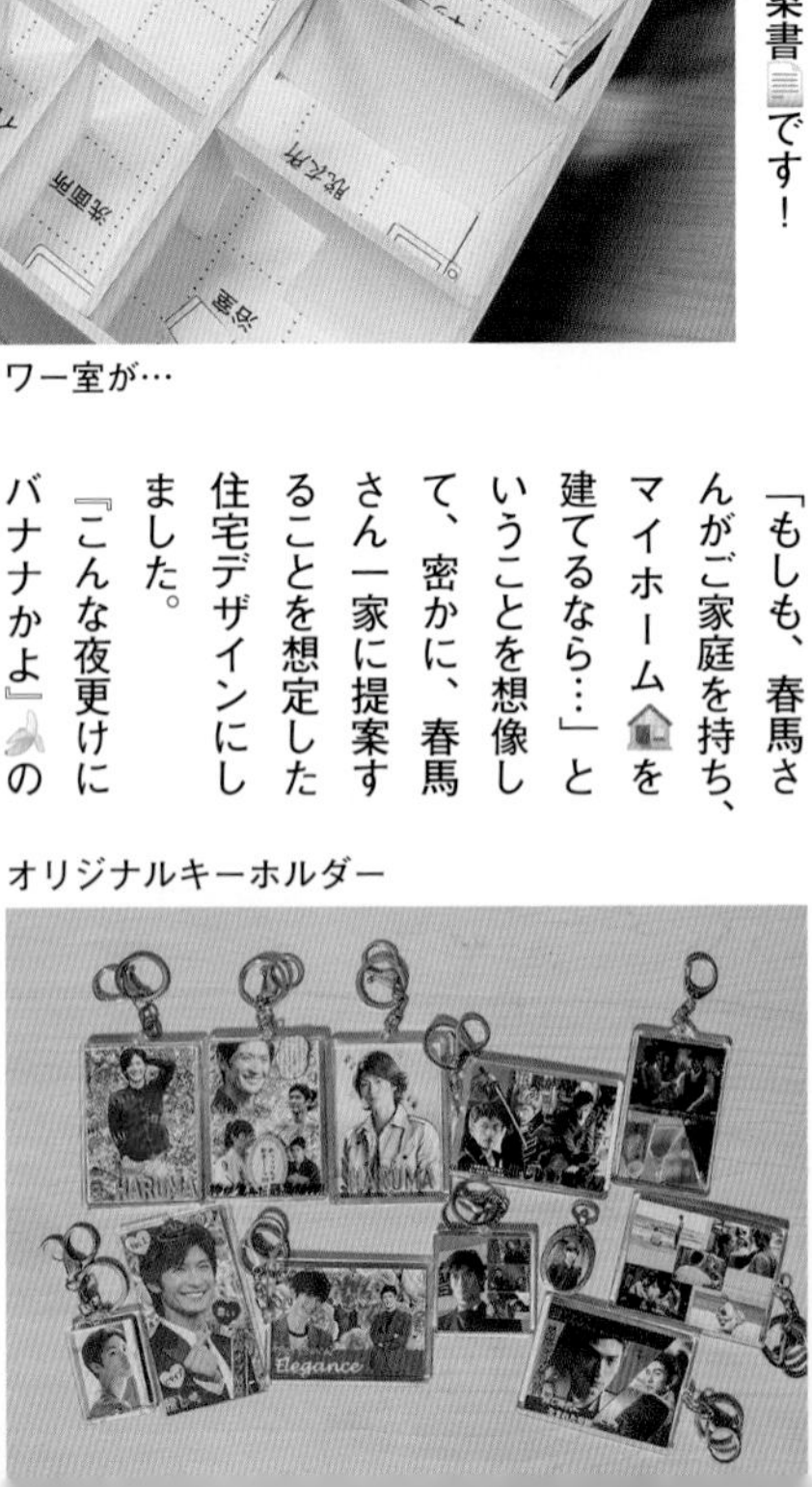

岐阜県の緑化運動ポスター

成にしてみました♡
この住宅は春馬さんのご出身である茨城県の土浦に建てることを想定として、方角や間取り、窓の位置に考慮して、家のどこからでも美しい海🌅が見えるように設計しました。
そして、春馬さんの趣味に合わせて、サーフィン🏄をより快適に楽しむため、浴室とは別に、外からでも家の中からでも入ることができる広々としたシャワー室🚿を設計しました。家の中に収納スペースやサンルームを設置してより良い住宅空間になるようにしてみました。春馬さんならどんな家に住みたいのかなぁ♡と妄想を膨らませながら設計しました🥰

次に🌸🐎春馬さんのオリジナルキーホルダーコレクション🐎🌸です！（右ページ下左）
100円ショップのキーホルダーメーカーを使って作りました🌸🐎雑誌や本の切り抜き、コピーしたもの、風景カレンダーの使えそうな部分を切り取って、ケースの上からシールでデコレーションしました♡世界に一つだけのオリジナルキーホルダーになりました😊✨

▲▼春馬さんフィギュアの数々

さらに2021年の高校2年の時、夏休みの課題で描いた岐阜県の緑化運動ポスターです🍀🌿（同下右）。タイトルはこの時期に公開された春馬さんが出演している映画『太陽の子 GIFT OF FIRE』にちなんで「GIFT OF GREEN」と名付けました😊少しでも春馬さん要素を入れたくて…🌸🐎
そして、岐阜県の主催コンテストなので、「岐阜」と「GIFT」を掛けてみたり……。こちらの作品では優秀賞を頂きました！ 本当に嬉しかったです！✨✨
私は今でも、春馬さんのことが本当に大好きで、春馬さんご自身の考え方や、仕事や周りの人への想いなど…とても尊敬しています。
テレビなどを見ていても、春馬さんと同年代の俳優さんを見ると、どうしても「この役が春馬さんだったらどんな演じ方をされていただろう…」と思ってしまいます。
しかし、今は春馬さんが穏やかな気持ちで過ごされていることを願っています。それが、唯一、彼のファンとしてできることなのではないかと思いまして…🍀そして、今でも、私の部屋では春馬さんの作品を飾っています。
これからも、大好きな春馬さんの作品を想いながら作品を作り続けていきたいと思います》

【2024年4月】4・5春馬さんの誕生日を春友さんたちはどう祝ったか

2024年4月5日、三浦春馬さんの誕生日を全国の春友さんたちはどうお祝いしたのか。

まずこのページの写真はクルーズ船「HARUMA号」で行われたイベントだ。詳しくはP88の脇屋恵子さんの投稿を見てほしい。春馬さんと交流のあったシンガーソングライターの天道清貴さんがスペシャルゲストとして訪れておおいに盛り上がったという。中段写真は天道さんの了解を得て脇屋さんが送っ

てきたものだ。

このページ上段左は、堀内圭三さん主宰の「ほっこりカフェ」のバスツアー。4月6日に『森の学校』のロケ地を訪れ、マト桜の前で記念撮影。その右は参加したノコノコさんが作った陶器のマトくんを桜の木の下に置いた写真だ。中段は5日夜、京都・祇園ジョニーエンジェルで開催されたBirthday Nightでの誕生ケーキだ。

下段左はれいりんさんの写真で、春馬さんの出身小学校の桜。今年は開花が遅く、訪問した時は満開でなかったという。そしてその右は土浦の花火大会。詳細はP90の投稿をご覧いただきたい。

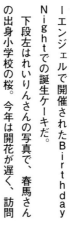

【２０２４年４月】ベラドンナ・アート展

人形作家・月乃光さんの作品 何と三浦春馬さんが光源氏に

三浦春馬さんをイメージした人形「星空を見上げる少年」（写真右下）で春友さんたちに大きな話題を提供した人形作家の月乃光さんが、２０２４年も４月に東京都美術館で開かれるベラドンナ・アート展に作品を出展した。今回は何と！ＮＨＫ大河ドラマ『光る君へ』のイメージで、春馬さんが光源氏を演じるという人形だ。

作品名は「光の君」。月乃光さんが写真とともに送ってきたメッセージはこうだ。「三浦春馬さんに想いを馳せながら製作いたしました。春馬さんが平安貴族の装束をまとい光源氏の役を演じる姿を想像しながら作らせていただきました」

同展の受賞作品を展示した7月の「ベラドンナアート受賞記念展」では「星を見上げる少年」の別バージョンも展示された（右写真）。

【2024年5月】キャメルングループの本拠地 群馬県を訪れた

空羽ファティマ／海扉アラジン／他

２０２４年５月15日、『創』編集長・篠田が、キャメルングループの本拠地・群馬県を訪れた。上段はファティマさんの住まいで、中段はすぐ近くのアラジンさんの家の1階。『創』などが置かれ、愛犬ルイナの姿も。ルイナは２０２１年３月号の表紙切り絵で春馬さんのフードにそのモフモフの毛を提供してくれた。左下写真で抱かれているのがルイナとポロンだ。

下段右写真はその15日、インスタライブを配信したホテルのフロントで、右からアラジン、ファティマ、篠田だ。このほか『三浦春馬死を超えて生きる人』でのマンガでおなじみのもっこも合流した。

【2024年6月】三浦春馬さんのサインと台湾「城市草倉」閉店

2024年6月、春馬さん主演のドラマ『ツーリスト』の台湾ロケの舞台となったお店「城市草倉」、通称「倉」（上段写真）が閉店した。

ドラマ撮影後、春馬さんが撮影に使われた絵にサインをして店にプレゼントしたのだが、それを見ようと春友さんたちが日本からもたくさん訪れていた。そして今回、台湾出身の許芬媛《キョブンエン》さん経由で同店のオーナーから春友さんたちへのメッセージが寄せられた。中段は店のオーナーの陳さん、王さんと許さん（右）が絵を背にして写した写真、下段右は春馬さんのサインだ。

左ページ上段の写真は絵が置かれた店内だ。そして中段は絵そのもの。下段は、何と『ツーリスト』撮影の合間に三浦春馬さんが自分で描いた似顔絵だという。

以下、店のオーナーからのメッセージだ。

《三浦春馬さんの訃報はニュースで知りましたが、今でも本当に信じられない気持ちです。

近年、春馬さんの悲報を惜しむファンが相次いで訪れて、彼を偲びます。毎年、台湾と

日本のファンが彼の誕生日を祝いに来ます。

時には日本人のお客さんが一人で来て、彼のサイン入りの絵を見ながら静かに泣いていたことも、ありました。春友さんたちのグループが来て、とても喜んでくれて、改めて三浦さんとのつながりを感じたと話してくれたこともありました。

数年経った今でも、言葉や距離の壁を乗り越えて、ファンが彼に会いたいと、わざわざ遠く離れたこの場所に来て、彼を偲んでいます。

きっと三浦さんは皆さんにたくさんの力と感動を与えてくれたのだと思います！

多くのファンは絵が売られるのではないかと心配していますが、心配しないでください。この絵は私たちにとってとても大切な贈り物です。

私たちは、この絵を大切に収蔵します。今後、もし機会があれば、またこの絵を皆さんに会わせてあげることがあるかもしれません。

謝謝　三浦春馬
遠方から来てくれた日本の友達、本当にありがとう！　お元気で！》

オーナーのメッセージはもっと長いもので、『創』２０２４年８月号に全文掲載した。

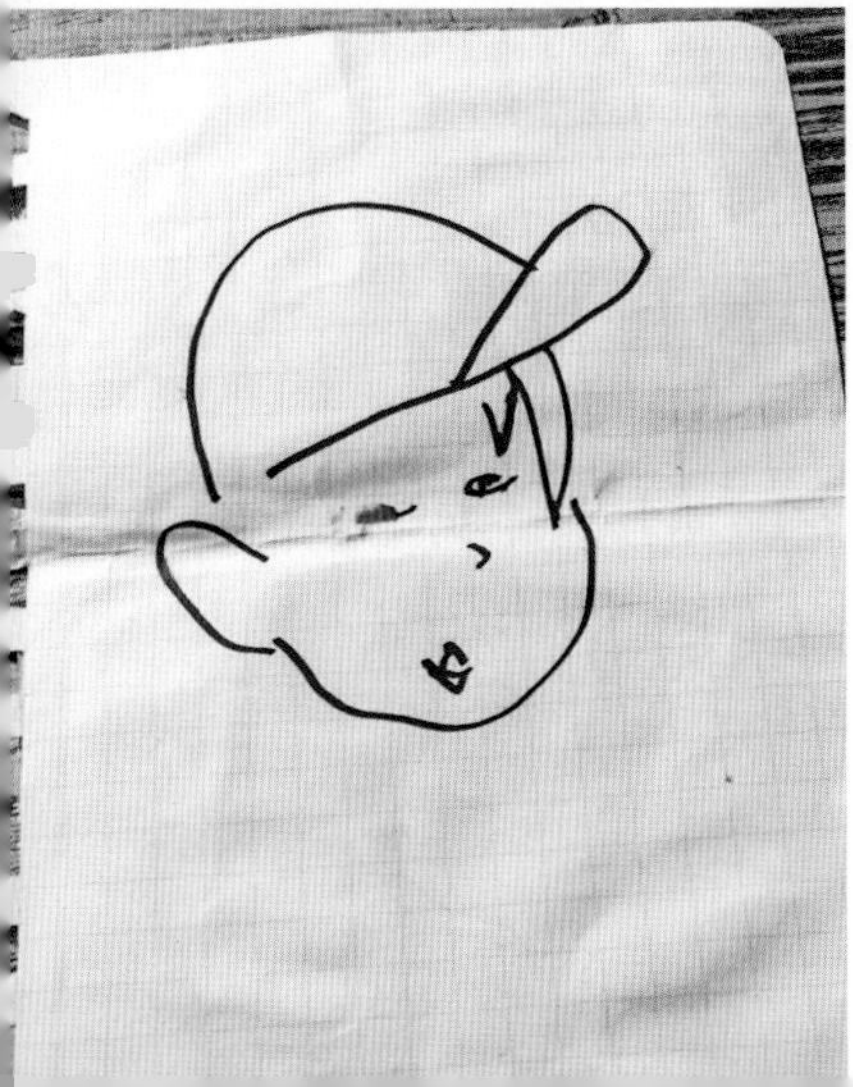

三浦春馬さん　死を超えたその先に

最後に選んだ〃去り方〃は、本当に悲劇だったのか？

4年の月日が流れて改めて、その死を自分の中に問いてみた。

空羽《くう》ファティマ［絵本作家］

命の延長線上にある死

助産師カカフグさんの紹介で前橋にある緩和ケア萬田診療所の萬田緑平さんと知り合ったことは、彼がこの世を去った7／18のことを改めて別の角度から考えるきっかけになった。

〈ただ、初めに言っておきたいことは…私は緩和ケアについてまだ知識がなく、ここに書くことには異論ある方もいるだろうし、綺麗事だけではないこともたくさんあるだろうから。

緩和ケアを自宅で行うということは、ヘルパーの力を借りつつも患者をケアする人材の確保が必要であり、その労力と精神的な支えは、簡単とは言えないと思うし、それはもちろん萬田さんご自身が誰よりもよくわかっておられると思う。

ただ《〃いろんな生き方〃があるように〃いろんな死に方〃もあっていい》のではないだろうか？「病院で亡くなるのが普通の死に方」ではなく、もうひとつの選択肢として書いてみたいと思った。

私自身は、人間の持つ体の力を信じているので、薬はできるだけ体に入れたくないと思うので、娘が生まれた時も予防接種をするかどうか、ものすごーく、ものすごーく、悩みいろいろ調べた結果、勇気がいったが「これは自分の責任で決めたこと」と強い覚悟をした上で、受けさせなかった。その代わり、怖い病気にならないために元気な体で育てることが、何よりものママの責任になったから免疫力を上げるための食事には徹底的にこだわった。そんな私なので体調悪くなっても病院にかかるのは最終手段で、できる限り自らの持つ治癒力を信じて治したいし、治ると信じているタイプの人間ではあるのだが、自分一人で生きてるならば、勝手に自分の希望の死に方をできるだろうけれど、人は家族や周りの人のケアがなくては、生きられないし死ねないから、簡単に「家で死ぬ方が幸せだ」とは言えないのもわかる。

萬田さんも在宅ケアを強制はしておらず「生きる自由を尊重する」ように「その人が死にたい去り方を支える」ために

不安な患者さんを安心させようとして「大丈夫」という言葉が並ぶホームページにはこう書いてあった。

【治療を続けたい人は続ければいい。がん治療中でも大丈夫です。家族によるがん相談も受け付けています。紹介状がなくても大丈夫です。通院が困難になれば、在宅ケア、すなわち訪問診療に移行し、最後まで生ききるためのお手伝いをさせてください。徹底的に「本人の好きなように」生きるのを手伝うのが仕事です。

本人の希望があれば、入院治療や緩和ケア病棟入院のお手伝いも勿論致します。がんと言われたら、苦しい最後が待っているわけではありません。「緩和ケア」はあくまで、体が辛くないようにするための治療であり、単なる手段です。「死ぬまで辛くなく生きる」「できるだけ楽しく暮らせる」「最後まで目一杯自分らしく生きる」手伝いをさせて下さい。いや、そうしてくれるのは家族です。その家族を手伝うのが私の仕事なのかもしれません。】

と、そこには「生きる」「楽しく」という言葉が力を持って書かれてあった。

還暦祝いの赤いパンツを履いて、はしゃいで笑う萬田さんと別れた後、夜中を過ぎていたが、どんな講演をするのか知りたくてYouTubeで彼の講演を聞いてみたらさっき見た酔っぱらいのオヤジ（失礼💦）と、まっすぐに死に向かいあう医師の姿は、その「飾らないフランクさ」は共通していて、ただシンプルに「死にたいように死ねるために《家族を手伝うことこそが私の役目》」と言ってるようだ。

病院で死ぬ人がほとんどのこの国で、そのシンプルさを突き通すには、クレームが溢れる世間から何を言われようが「これでいい」と笑って言える覚悟と、信念。そしてそれを支えるには《死に対する敬意》という命に対する熱き情熱と信頼がなくてはできないだろうな。こんな固い言葉も彼は求めてはないだろーけど。

命の延長線上にある「死」という一つの現象を、人間の持つ〝観念としての恐怖〟や、心配や忖度や、理屈、世間体、そういうもの全てからギューーーっと、引き離してただ〝命〟を天に還す。〈車という体から降り、運転手に戻った魂〉を、お疲れ様と労い、宇宙にレットゴーさせるための〝案内人〟に徹する。

死にゆく人の恐怖を癒すというよりもいかに「死を特別視しない」ことを伝えようとしているように見える。

余命宣告受けた残された貴重な時間をいかに楽しくリラックスできて「フッー

に」「日常として」過ごせるか?·こそが、人としての最後の尊厳を守り、遺される家族の後悔を減らすものだと思う。

「悔いはない」「生まれてきてよかった」「いい人生だったな」と生きたいように生き、死ねる人はどのくらいいるだろうか?·そんな人になれることが、人としての最大の幸せだ。

メメントモリ……7／18
あの日も彼の人生の一部

そして私はふと、思ったのだ。

「ああ、春馬さんもそうやって亡くなったのだったのかもしれない」と。

誰から見ても懸命に真面目に生きていると思える好青年の彼だったから、「自ら死を選ぶほどの哀しい去り方をしなくてはいけないほどに、この世とは辛いものなの!?」と、あの7月18日は今までファンでなかった人までも深く打ちのめされたし、その後ずっと長い間「会ったこともない芸能人なのになんでこんなに落ち込むのか?」と思うほど、心が苦しくなったのだろうが、マンちゃん(萬田先生と呼ぶと俺はあなたの先生じゃない!と、怒るらしい)の講演を聞いていたら藤原新也さんの写真集『メメント・モリ』("memento mori"はラテン語で、「死を想え」や「自分が必ず死ぬことを忘れるな」の意味)を思い出した。

その中にはあの有名な「ニンゲンは犬に食われるほど自由だ」の写真がある。インドの聖なる川ガンガー(ガンジス)で水葬され河岸に打ち上げられた遺体を野良犬たちが食べている、日本人にはショッキングに見えるであろう一枚。(インドでは病死や事故死、1歳以下の子供の死は不完全な死とされており火葬されず水葬になる)

バッグ一つ片手に世界35カ国を旅しまくっていた20代の私がチャイを飲みながらガンガーの川べりに座っていると、この世の使命を終えた体が空に還るために、バチバチと音を立てて焼かれる風景が日常としてそこにあった。

インド独特のいろんな匂いが入り混じった暑い風に吹かれながら日々それを見ていた私は写真の中の死も、生の続きの形として恐怖なく見られた。藤原氏が「新東京漂流№.134」でその時の様子を語っていて、作品のメイキングにとても興味ある私なので皆さんにも紹介する。

《クンブメーラという2週間続くインド最大の水の祭りの後の静かな夕暮れ時に見たその光景は、生命の循環を思わせた。〝人間も自然界のただ一つの存在〟という東洋思想から人間至上主義の西洋思想に変わって行った日本だが最後は犬に食われるまでに自然の中に埋没していくその風景は、爽快でもあり、大きな生命サイクルの1シーンで感極まった。あえて荒い画質にしてその迫力を出そうとカメラを構えると、遺体に食らいついている犬の鋭い牙が骨にあたる音が木魚のように聞こえ、まるで弔いをしているようだった。》

骨の音を、せめて〝弔いをしてる木魚〟と感じたのは遺体を撮る躊躇?·優しさ?とも思ったが、この時の吹っ切れた彼にはなんの罪悪感も、躊躇もなく、ただそう聞こえたようだった。

こんなふうに死を複雑に感じてしまう

のは、私がしばらく生と死の国インドに足を踏み入れてないからなのだろう。心の解放の国、自由の国、瞑想の国として世界中の若者を惹きつけてきたインドだけど、カースト制度や、女性蔑視はいまだに根強く、いろんなものが混沌とし重なり合い同居している国でもあるがそんな「つかみどころのなさ」がこの国の1番の魅力なのかもしれない。

火葬するガンガー近くのホテルが、一等地とされることは日本人には理解し難いことだろうが、死とはブラックホールのように深く底なしの恐怖に見えても実は、制限がある体から離れ大いなる自由への扉なのだろう。

そして、だからこそ、未知のその巨大さに、深さに、人は恐れ慄き、死という未知の現象?怪物?に対峙しるのを避けたくて薬やドクターを死の道先案内人にしたがるだろうけれど…「窮屈な社会の中で理性に縛られ生きてきたのだから、死ぬ時くらい自由に楽しく野垂れ死のう」と言ってもいいのかもしれない。

……春馬さんは…今までずっーと人に迷惑をかけないようにただひたすらに、優等生として生きてきた人でしょう?だから。最後くらい、みんなに迷惑をかけてもいいよと言ってあげたい。うんと、うんと、人を振り回し、困らせて悲しませても、いいのじゃないかな?

私、今まで記事に「あんなに努力して夢を追い続けていた彼なのだから、死にたくて死んだのではない。本当はもっともっと生き続けたかったに違いない」とか、「あの日はふと、そういうモードにたまたま入ってしまったのかも」とか、「あれが彼の、最後のわがままならばそれを受けいれよう」などなど、いろいろ試行錯誤しつつ書いてきたけど…今は「彼はあの日。全てのことをやりきって。もう、ここで終わりでいいと心から思って。死にたいように死にたい方法で死んだ」と、書いてあげたいと、思う。

それが彼の死の尊厳を守れることだと思う。生きる尊厳があるならば、死ぬ尊厳があってもいい。それはセットだ。

いいのだ。三日月お目目の笑顔の優等生キャラだった春馬クンは、最後は命の散り方を選んだ。……初めて『創』2020年11月号に「これは私個人の想像だけれど、〝みんなの理想像を壊さないように〟と、もしもこのことを隠すために、彼が追い詰められたとしたならば。どんなにか辛かっただろうか」と書いたら、「実は私もそう思っていた」という賛同の声の方が多かったが「春馬君はそんな人であるわけない。春馬くんに謝って！」と激怒した声もあった。私はけして彼を侮辱したわけではないし反論するのは構わない。でもそこまで激怒するほどに、勝手な理想像をアイドルとはいえ他人に押し付けるは、人としてどうなのだろうか?と恐怖さえ感じた。それは、ファンなら許されるのか?と。

いろんな意見がみなさんの中にはあって、それはそれでいいと思う。でもそれでもやはり彼の人生は彼自身のものだ。

太陽のように明るく輝くローラも。月のようにクールな鴨太郎も…あの夏の別れも…あの日も、彼の人生の一部だった。

そう。死は、彼の全てではない。作品の中に今まで彼がいた時間。そしてこれから彼がいる時間。彼の人生は、あの日に終わってはいない。終わったりしない。

大切なことは、どこで死ぬかではなく

後悔の全くないお別れをできる人はそうはいないから自分を責めないでいいと思う。ある心友も、心を込めてお母さんのお世話をできる限りしてきたけど、臨終には間に合わなかった。でも最後のお別れだけが全てではない。今まで二人が過ごした時間の中で想いはもう十分にお母さんにも伝わっているはずだ。

お別れの場面だけを重要視しがちだけど、〝どこで死を迎えるか？〟〝最後に言われた言葉〟〝どんなお別れをしたか〟よりも大事なこともあり、それは時が経たないと理解できないことの方がきっと多い。それは最後立ち会うか否かとは関係ないことだ。

私たちの人生が誰も完璧ではないように、理想の死に方も存在しない。それがニンゲン。「何があっても。ずっと。あなたは私の娘でした。ありがとう」これは天国のお母さんからの感謝を込めた代筆です。

友彦に命の温かさを吹き込んだ『彼のいた時間』

以下、春友さんのトルマリンさんから、『私を離さないで』についてメッセージが来たので、わかりやすく少し加筆し載せます。

生まれながらにある使命を与えられた彼らが生きること、愛することに真摯に向き合う姿を描いたヒューマンラブストーリー。２０１６年作品。

〈今Tverでやっている暗いけど春馬くんの名作ドラマを久しぶりに見ました。

友彦が希望を持ち続けようとしつつ絶望して癇癪起こすシーンはそれまでに時々あったけれど、9話の最後に窓に映る自分の顔を見て、いつも通りの笑顔を作ろうとしても、とうとうできなくなってしまったシーンがある。その笑顔の微妙さ、でも何回も必死に作ろうとするところがすごく痛い。

役が憑依してたのか？　演技なのか？（アイドルとして、多くのことを我慢してファンを喜ばせる役目を背負った自分と……臓器提供の運命を背負う友を重ね、心が削られるような痛み）から来る想いなのかはわからないけど、春馬くん自身も〝友と同じようにみんなのためにと、必死にがんばって笑顔を作るとことの繰り返しだったのかなぁ？〟と思ったら、切なくて可哀想で心がギューっとしめつけられるようになった😢。

子役の演技も投影させて、人の心が読めず認知能力の低い、少し発達障害のある表情とか、カッコよくない友が好きでした。〈僕いた〉の拓人と、この友は彼ならではの役で、けして他の人ではできなかった。

彼には医者とか刑事などのわかりやすい人気の出やすそうな作品がないのは、どちらかというと地味な作品の監督のオファーが多かったから、演技力高くても大ヒットにはならず2回目のオファーをしたくても叶わなかったのだろう。

でも友を改めて見ると仕草とか、心情を表す細かい職人技の演技に本当に彼の

凄さを感じました。

明るい幸せな話ではないけれど、最後に友が穏やかだったことにせめて救われた思いになります。〉

……このドラマも、「僕のいた時間」同様に生と死を正面から扱ったドラマであるが、「僕いた」以上に見るのが辛い役どころなのは、拓人は生きたいのに病気になり死と向かい合うしかなかったが人としての人生があった。

でも臓器提供者として人工的に生まされた命の友には人としての尊厳はない。その体から使える臓器が無くなるまで使われるだけの医療道具としての体。だが「それを命と呼べるのだろうか？」という視聴者が持つであろう問いに、「命の温かさ」を友に感じさせたのは三浦春馬の力だ。夢中で絵を描き、サッカーして、夢を追い、感謝や喜びを表現する無邪気な友は春馬さん自身のようでもありそのまっすぐな瞳は、人形でも道具でもなく確かに人間の命の輝きがそこにあった。

こういう重いテーマは読んでいて落ち込む人もいるだろうから、今まではなるべく書かないようにしてきたが、あえて書こうと思う。なぜならばこれを書くのは彼への賛歌でもあるから。あの年齢の俳優さんの中で類稀に「死を演じ切れる役者」だったのだと思うから。

まだ、20代の彼の中に〝生と死を演じられる資質と奥深さ〟を観た監督だからこそ、このドラマで彼を抜擢したのだろうし。今、改めて思うと、本当に友は、彼以外誰にもできなかった。拓人はまだ他の人でも本気で挑めばなんとか、できたかもしれない？筋肉の動きを全て失った転倒シーンや、口さえ閉まらずよだれを流す体当たりの演技は春馬さんだから、あそこまでできたのだろうが。

でも。友の希望を全て失っても宿命を受け入れる表情の儚さは演技力ではないところでやっていたと思う。

それは。それは春馬さんが友と同じように、ずっと死を横目でみつめながら、命のギリギリを、拳を握りしめながら生きてきた人だからできたのだろうなと。

だから。春馬さんの中にある「命の果て」を無意識にでも見抜き、友の役を彼にオファーした人はすごいと思うし、7／18は、驚かなかったのかもしれない。それにしてもあそこまでのドラマを地上波で流すことにもびっくりだ。そういう彼を今も慕う、この特集号を手に取ってくれたあなたもまた、この世を生きていくのが大変な人なのかもしれない。

もちろん、誰にとっても生きていくって、楽ではないのだけれど。特に、感性が敏感な人は、人の何倍も傷ついたり、悲しかったり、嬉しかったりするから、いつも心がフル回転で、フーフーしてしまうのだ。

私も、そんな風にしてやっと60年と少し生きてきたけど、すごく大変なことを乗り越えた経験をすると、何があっても「あれよりは楽だわ」って思えるようになった。5月末から17日間京都を訪ねたお寺の一つに「その病は仏のおはからいか」と書いてあり、それを読み「ああ、そうだ、あの帯状疱疹は私に必要なものだった」と心から思えた。治ったから言えることだろうけれど、痛くて死にそーな時も「絶対にいつかは治る」という確信はあった。そこは一度も疑ったことはなかった。今まで人がしないような大変なことも体験してきた私だけれど、必ず最後は救われてきたし、これからもそうだと信じている。

それは理屈ではなく宇宙に対する信頼と言っていい。普段は占いとか読まないのだが、この前ふとしたきっかけでマハロさんの誕生日占いというものを見たら私の生まれた日はマスター№と呼ばれてエネルギーが大きい分、普通の人が経験しないようなことを体験する波瀾万丈な人生らしいが、宇宙そのものにもいい影響を与えるために、宇宙からの応援もあり、困難な問題でも必ず乗り越えられるのだという。

そして、それを繰り返していくうちに願ったことが形になり、乗り越えた過程を人々に伝えることで、受け取った人に勇気やパワーや、ロマンを与えられるという。だから時に孤独を感じることがあっても投げ出さず頑張って、偶然のようにやってくるメッセージに耳をきちんと傾ければ、人生の後半は、今までの経験を通して願った平和な世界を創り上げられ、そのために今までの全ての苦労も試練もあったのだと…そうかああと、すごく納得した。そして記事を毎月書いたことで、心ある春友さんと出会えたこともその中の大きな大切なピースだった。

友が言った。夢は持つだけで幸せだと

思い出すのも、ここに書くのも辛いが、利用できる臓器がなくなった友が横たわるシーンの春馬君の横顔は正直、直視したくない。

愛していた友になんの表情も無く安楽死の注射を打ち、火葬のボタンを押す恭子の姿から始まるこのドラマは、再度見るには、かなりの勇気が必要だったし、誰にでも勧められるものではない。が、だからこそ。この重くきつい内容に飲まれない強い覚悟で臨んだであろう春馬さんから、目を背けるのは彼の連載を書いてきた物書きとして失礼だと思い、この記事を書くためにやっとのことで観た5話の中で「のぞみが崎だからここにはなくしたものがある」と訪れた友と恭子は、探していた思い出の大切なCD〈Songs after Dark〉を奇跡的に見つけた嬉しいシーンがある。「こんなことってあるんだね！ こんな嘘みたいなこと」感動する恭子にまっすぐな瞳で友が言う。

「俺さ、夢って叶わなくてもいいんじゃないかなって思うんだよ。この間テレビ観てたら、サッカー選手になりたかったっていう人がでてて、その…どうも、外の人だって夢が必ず叶うわけじゃないみたいで。

でも、自分に夢があったことがすごくよかったって。夢なんて夢なんだから叶わなくてもいいんだって言ってて。その、だから…。夢ってどうも、叶うから持つもんじゃないっていうか。叶うか叶わないかわかんないけど、持つわけで。持ってることが多分幸せなことで。その、だったら、俺たちも持ってた方がいいんじゃないかな」

クリクリと目を動かしながら無邪気に真剣に話す友の言葉に涙ぐむ恭子。

「いいなあって。私そんなふうに考えた

ことなかったから、びっくりして。わたしやっぱり友のこと好きだなあって」

そう微笑み、あるかもしれない希望に向かって歩き出す2人。

が。結局、希望も望みも自由も彼らにはなかった。でも、こうして彼らが笑い合った時間は嘘ではなかったってことを、私たちは忘れたくない。それが一時的でも。一瞬の幸せでも。

人間の人生だって、宇宙から見たら、ほんの一瞬なのだから。

死を超えたその先に……

春馬さんは「生まれ変わってもローラは絶対やりたい」という夢を強く持っていたから友が言っていたように、夢は持っていること自体が幸せだから、その願いは今も天国で持ち続けているだろう。

次の『キンキーブーツ』の上演のお知らせには2本のブーツのWキャスト。誰がこれからやろうと私たちにとってのローラは永遠にあの〝春馬ローラ〟だけ。新しいローラを否定するとか、そんなみみっちいことではなく、〝唯一無二〟というものは、そういうこと。

天の春馬さんが、今もきっとローラを心に持ち続けているように私たちも春馬ローラを……ローラの目指す世界を……胸にこの地上で生きていく。

ボディがあってもなくても、新しい作品がなくたって、彼がインスタ更新しなくても私たちの夢はこれからも一緒だ。失うものなんて、何もなかった。

たとえ死のうと、生きていようと、本当の〝真実〟とは…命が終わったからといって消えてなくなるものではなかったのだ。命より重たいものなんてないと思ってたし、その気持ちは今もあるけど、死を受け入れた先には、初めて知る【死を超えた世界】もまた続いていた。

そんな世界があったことを教えられるのは、ローラの全てを飲み干した三浦春馬しかいない。〝ローラ〟は概念でも理想でもなく春馬さんそのものなのだから。

（そう書いてみると、とてつもない何かあったかなものが胸に溢れてきた。彼というあまりに大きな命が語る言葉に耳を傾けて、一つ一つ答えを見つけては、また見失い…迷い。悩み。そんなふうにして命を突き詰めていく記事を書きながら、なんてたくさんのものを彼に教えてもらったことだろう。感謝しかない）

のぞみが崎で見つけたCDのタイトル〈Songs after Dark〝日没後の歌〟〉とは太陽のような彼がいなくなった暗闇に残された私たちに届いた歌〈ナイトダイバー〉は、まさにそれ。手探りで探していた言葉が歌の中にはあった。

止まらぬ涙のその先に。

哀しみを超えたその先に。

冷たい失望感と。無念のその先に。

そう…〝死を超えた〟その先に。

共に、友と進んで行こう。

大丈夫。あなたは一人じゃない。

振り向けば、そこにローラの笑顔があり、いつだってレイズユーアップしてくれる。

だって彼は

永遠に　これからも。

あなたと共に【死を超えて生きる人】

空羽《くう》ファティマ

キャメルン
グループの人々
with しのださん
もっこ
パンはバターがとける前に
がぶりとたべる。byファティマ
約4年やってきた
私達の活動も
一旦
一区切り…
ということですね…
今日はスペシャルゲストを
お呼びして
まーす
ドゥルルルルルルルル
ドラムロールのつもり
あ…どうも…
『創』のしのだ
です～
はるばる東京から群馬へ
来て下さり
ランチを
ごちそうして
下さいました
わ～
わ～
パチ
パチ
パチ
しのださんが私達との
お仕事で一番印象に
残っていることは
なんですか？
…
それはねー
「想いの光」で4500人分のファンの方の
声を集めてそれを掲載することを形に
できたことですね。あれはすごかったです。
お～～～～～！
☆ ☆
本当にご本人の感想です！
あれを作ってくれたアッシュさんや
データをまとめてくれたディアニさんとか
…
キャメルングループは
人財に恵まれてますね
おぉ～
…
…ってしのださんが皆のことほめて
くれてさ、うれしかったね！
春友さんにも喜んでもらえたし
誇れるお仕事ができたよね

…私ってさ…
パン…好きじゃん?
…え?
急に何?
この前京都に行った時にさ、ずっとずっと
すっごく行きたかったパン屋さん行った
じゃん?
Hofbäckerei
Edegger-Tax
オーストリア王室
あ～!
御用達のパン屋さんね!
あそこのパンはね…
もってたね。
「誇り」を
え?
パン自身が…?
そう!! 京都は日本一パン屋が多い!!
すなわちパン好きが多い都市!!
もちろん名店も多数!! けどあのお店の
パンは別格!! そのパンが!! あまたの
パンを食べてきたパンラヴァーの私に
話しかけてきたの!!
I♥パン
私、誇り
もってます
だからさ!! 私達もさ! あの
パンのように誇れる仕事を
これからもやっていきたい
と思うわけよ!!
う…うん…
そうだね…
そーいえば、今日
パン好きのもっこは
いないの?
あー、「超えるもの」の音楽の編集やってるんだよ
キャメルンシリーズ「超えるもの」は空羽ファティマの最新作。キャメルングループスタッフディアニの子供で養子のT君が、自らの運命を幸せな人生だと誇りを持って受けとめるようにという願いをこめて描いたもので、全ての人がおいたちや差別などの壁を「越える」背中をおす物語
も

…今日の昼間さ、詐欺にあいそうになったんだよ
え!? マジで!!?
もっこはとこやん(ファティマの夫)に教わりながら毎日ファティマの朗読と皆で演奏した音楽をいいかんじに合わせる作業をしてるの
なーんか市役所から電話きてさ、払いすぎた金が戻ってくるみたいな話で…、なんとなく心当たりもあったから「そっかー」と思って話したんだけど、途中から
何か怪しい…
と思ってさ
とこやんはT君のことをすごくかわいがって面倒みてくれててさ…だからT君のための物語だから真剣になってくれたんだろうね…
まぁね
警察に相談したらやっぱり詐欺だったんだよ
皆も気をつけましょう!!
へえー!!
あーいう電話も信用しないで疑ってかからねぇとな
T君が受験の時にさ…もっこが勉強教える時間に
じゃ次はこの問題ね
T君にやる気をだせるために勉強友達になってくれて
問題 次の問いに答えなさい。
$6\div\frac{\sqrt{3}}{2}-\sqrt{2}=\square$
高校受験の問題を一緒に解いてくれたんだよ…

……

これなら解ける…

こいつ(問題)さ…

オレをだまそうとしてね？

…え…？

なんかさ!! この解き方だと簡単すぎね？油断させといて実は一みたいな。ひっかけじゃね？

そ…そうかな…

いや…普通に解けばいいと思うよ…

いやーオレはだまされねーから!!

………

…どーしよ…

絶対解いてやるからな！

T君にだけでなくT君の受験問題に対しても非常に真剣に向き合ってくれてたね…

まあ…ね…

そうだね、私達のすてきなところって、パン1個、問題1つにも純粋に真剣になれること!!

それが切り絵だったり春馬さんの記事を作ることにつながるんだよね
♪♫

あ、しのださんからメールだ。よーし最後まで私は真剣に向き合うわよ!! えーと?

特集号ページは8ページ…で、今月のコラムが4ページだから12ページを…

…え…？ あと1週間でいつもの倍…？

ファティマとアラジンの創作の日々は続く…

春友さんのマンガの投稿!

春馬さんを思い描いた私のマンガイラスト

ここでは愛知県の小川秀子さんが描いた三浦春馬さんをイメージしたマンガと、それを描くようになった経緯をご本人が説明したものを掲載する。

小川秀子【愛知県在住】

伊吹おろしの吹きすさぶ冬、私はその朝、家で握ってきた梅干のおにぎりを頬張りながら歩いていました。春馬さんの映画を鑑賞した帰りです。映画は基本的にいつも一人で最前列で没頭して観ます。そして歩行者の少ない帰路でおにぎりを食べながら映画のシーンを思い浮かべる駅までの40分は至福の時間でした。

2020年後半から突然突き落とされた混乱と悲しみの中で、私はSNSに気持ちを共有できる人々を探し、春馬さんとファンのためにできることはないかと考えるようになりました。〝一人映画〟ではもう満足しなくなったのです。

「三浦春馬」のすばらしさを伝え、遺《のこ》すため、自分ができることは何か?と真剣に考えました。そして私の大好きなマンガイラストを通して発信しようと思ったのです。春馬さんが出演されているCD、DVD、関連書籍、雑誌、映画のパンフレット等必死で集めました。SNSも目を皿のようにしてエピソードを探しました。そうやってFacebookを通して5枚10枚とアップし、『創』さんにも投稿し、春友さんたちとの交流も始まりました。

「英訳をしたいので精度の高いデータを送って!」「井伊直親さんの墓参りに一緒に行きませんか」「再々上映の天外者を共に観ましょう」と国内外の方からお誘いを受けるようになりました。気がつけば春馬さんのマンガイラストは64枚になっています。貴重な友人たちをたくさん得たことはこの上ない喜びで、これもすべて春馬さんのお陰。心からありがとう!と申し上げたい気持ちです。

We Love 春馬さん Mr HARUMA 春馬
Hideko
女城主直虎・愛しき人よの巻（2017）
直親《なおちか》
次郎法師（柴咲コウさん）
必ず戻って来るのじゃ！
どんな卑怯な手を使ってでも必ず戻って来るのじゃ！
・・・・・・・・・
直親（春馬さん）
戻って来て下さい・・・・
©NHK 女城主直虎より

We Love 春馬さん Mr HARUMA 春馬

Hideko

「太陽の子」 裸までは頼んでないが… の巻

☆涙のシーン、ずっとこのままでいてほしかった三人

We Love 春馬さん Mr HARUMA 春馬
Hideko
春馬さんは力持ちの巻
三浦春馬です、これから地球を
持ち上げます
ヨイヤサッ
☆私達は 春馬さんに持ち上げられている！

We Love
春馬さん Mr HARUMA
春馬
Hideko
私ブレイブ 初日に行きました の巻
パカラン
パカラン
キャー
春馬さんカッコイイ
ヒューオー
上映中
ヒューオー
大スクリーンは良いけど寒いなあ、(換気最強)
上映中
ヒューオー
スミマセン
もう限界だわ
ポッ
バタン
上映前に行ったのにな
エンドロール
終わってる…
初日に行きましたが 結末不明でした
©ブレイブ 群青戦記
END

春馬さんを思い描いた私のマンガイラスト

春友さんたちの間で話題沸騰

直木賞作家・朝井リョウさんの日経連載小説に春馬さんが…

直木賞作家・朝井リョウさんの新聞連載小説に春馬さんらしい人物が登場しているとして大きな話題になった。実際、じっくり読んでみると、これはもう間違いない。

日経連載小説になんと三浦春馬さんらしい人物が

直木賞作家で次々と話題作を上梓し、2023年10月にはその一つを原作にした映画『正欲』が公開され大ヒットした朝井リョウさんが、春友さんたちの間で話題になっている。朝井さんが書いている日本経済新聞の連載小説「イン・ザ・メガチャーチ」に、三浦春馬さんを思わせる人物が登場しているというのだ。

それが話題になったきっかけは、『創』編集部に届いた春友さんからのこんな投稿だった。「春友さんにお知らせしたくて投稿します」というハガキに書かれた内容は、なかなか興味深いものだった。

《私の家では日本経済新聞をとっていますが、その日経新聞の夕刊に今連載中の小説に、春馬くんがモデルであろうと思われる人物が登場します。「俳優　藤見倫太郎」という名前で、倫太郎の家庭環境、人となりが春馬くんっぽいなと思っていたら、倫太郎が自宅で亡くなり、それをマネージャーが発見。もう確信しました。

倫太郎は春馬くんだ。その後の倫太郎のファンの動きも描かれていて、それも春友さんたちの活動をモデルにしたとしか思えません。

春馬くんは今、小説の中に入り込んだのです。本当に春馬くんはすごいです。いなくなっても新しい足跡を残せるのです。そしてそれは春馬くんの魅力に引き

日本経済新聞連載「イン・ザ・メガチャーチ」

込まれた春友さんたちの活動もあったからこそだと思います。

嬉しかったです、本当に。全く思ってもいなかったところで春馬くんに出会えて。春馬くんを小説に入れてくれた、作家の朝井リョウ氏に感謝します。》

本当なんだろうか、と思って日経を読んでみた。仕事柄、日経は毎日購読しているのだが、連載小説は読んでいなかった。電子版だとまとめて読める。

いやあ、読んで驚いた。まんまじゃないか。春友さんたちが表明してきた気持ちや雰囲気がそのまま描写されている。

その朝井リョウさんの連載小説「イン・ザ・メガチャーチ」では、例えば2023年8月22日付の第117回にこんなくだりがある。

《確かに精神的な部分が理由で活動を休止していたけれど、最近は新たなドラマの準備をしていたこと。その現場では常に明るく振る舞っていたと、すでに削除されたスタッフのSNSに書かれていたこと。深夜にマネージャーが意識不明の状態の倫太郎を風呂場で見つけた、という最初の報道から文言が少しずつ変更されており、そもそも深夜にマネージャーが自宅を訪れていることも含め不自然な点が多いこと——そういう情報をあらゆるところから掻《か》き集め、精査し、拡散しやすいようまとめてくれたのだ。倫太郎がりんファミを置いて自らいなくなるはずがない、そもそも警察やメディアの発表にはこんなにも矛盾があるといういづみさんの発信には、当初、りんファミを中心に沢山《たくさん》の賛同が集まった。それからすぐ、自然発生的に、【#藤見倫太郎の真実を報道してください】というハッシュタグが生まれ、ツイッター上でのデモが活発化した。》

「真実を報道してください」というハッシュタグの話など、春友さんたちが読んだら皆が「ああ、これは…」と思うのではないだろうか。

これって常連投稿者かんなおさんの口調では…

あるいは8月23日付の第118回のこんな一節。

《ねえ、倫太郎。

あなたも、この海原のどこかにいるよね。

ねえ。

皆どうして、あんなにも簡単に、受け入れましょうとか前を向きましょうとか、そういうことが言えるんだろうね。

私は、倫太郎の人生そのものに魅了さ

れていたの。》

さらに26日付第１２１回のこんな一節、

《ねえ、倫太郎。

私ね、倫太郎がいなくなってからのほうが、むしろ、倫太郎を身近に感じてるんだよ。

不思議だよね。

こうやって、倫太郎倫太郎、って、毎日呼びかけるようになったからかな。》

これって、『創』にいつも投稿している北海道のかんなおさんの口調そのままではないか。内容も、春友さんたちが口にしていた思いそのままだ。いやあ朝井リョウさんは確実に、春友さんたちのことを調べたうえで書いている気がする。

最初にこの話をヤフーニュースで紹介した時には、まだ春友さんたちの間でそんなに話題になっていないように見えた。日経の読者層と春友さんたちがあまり重なっていないためだろうか。でもその後、この話題は一気に拡散し、ヤフーニュースの記事も何十万もの人に閲覧された。

春友さんたちはもともと、春馬さんに関するものならかなり熱心にアプローチしてきた。例えば映画『天外者』などいまや１００回以上映画館で観ている人も珍しくないほどだ。この日経の連載も、これを機にと電子版に短期登録して、春の第1話から一気読みする春友さんたちが増えているようだ。

日経の連載小説は、かつての『失楽園』のように、妙な形で話題沸騰した事例があるが、今回はこれからどうなるのだろうか。今回の朝井さんの小説の中では「グリーフケア」についての言及もあり、朝井さんが関心を持って「三浦春馬」現象について調べた可能性もある。

考えてみれば、２０２０年のあの一件以降の春馬さんをめぐる春友さんたちの思いやその経緯を『創』は、ひとつの社会現象だと言ってきたが、コロナ禍を経て、日本社会に起きたこの現象は、メディアや表現に関わる者がもっと受け止めるべきものと思う。

その意味で、これまでも独特の作品を描いてきた朝井リョウさんが着目したとすれば興味深い。

その後、「イン・ザ・メガチャーチ」は２０２４年6月に連載終了。朝井さんは日経電子版に6月24日、「『イン・ザ・メガチャーチ』連載を終えて」という一文を書いている。一部引用しよう。

《「イン・ザ・メガチャーチ」は当初〝好きな対象を熱烈に応援する「推し活」を、その仕掛けを施す側、のめり込む側、かつてのめり込んでいた側、世代の異なる各視点から描く現代小説であり、人間と信仰、コミュニティの関係性に迫ります〟と紹介される内容でしたが、書き進めるうち、〝今の時代、私たちを動かすものは何なのか〟というテーマに収束していったような気がします。

《これから改稿を重ね、既に世に出ている作品群とは一味違うものに仕上げていくつもりですので、ぜひ単行本化を楽しみにしていただきたいです。》

機会があればぜひ、朝井さんに「三浦春馬」現象についての感想など、聞いてみたいと思う。

第2章

春馬さんを想う 春友さんたちの声

書店の未来を想う春馬さん（海扉アラジン・作）

2023年4月
あの日から3回目の誕生日を春友さんたちはどう迎えたか

三浦春馬さんの誕生日4月5日は春友さんたちにとって特別な日だ。あの悲しい日から3年目となった2023年4月5日も、映画『天外者』の特別上映など全国で様々な取り組みが行われた。

第2章ではこの1年ほどの間に寄せられた春友さんたちの投稿を紹介する。月刊『創《つくる》』の掲載順に紹介するが、その時々のトピックも一緒に説明していく。

また春友さんたちから送られた写真についてはなるべくカラーグラビアで紹介するよう心掛けた。それゆえこの第2章の投稿とカラーグラビアは連動しており、あわせてご覧いただければと思う。

さて最初は2023年4月5日をめぐる話題と投稿だが、その日、映画『天外者』の全国特別上映は277館で実施された。この上映館数はロードショー公開の作品でも大規模と言えるもので、すごいことだ。

そのほかにも様々なイベントが全国各地で行われた（カラーグラビアに写真掲載）。

この年の特徴は、仙台が盛り上がったことだ。これまでも春馬さんを追悼する花火大会は土浦などで行われてきたが、今回は5日に仙台でも実施された。春友さんたちがクラウドファンディングで費用を集めて実現したようだ。もともと仙台は、春馬さんの映画『アイネクライネナハトムジーク』の撮影現場だ。

そして、4・5を前後してなされた五代友厚をめぐる大事なニュースもここで紹介しておこう。

東京では朝日新聞が4月12日に社会面で〈五代友厚、濡れ衣だった「汚点」官有物払い下げ「無関係」、教科書修正〉という記事を大きく掲載した。関西では関西テレビが継続的に取り上げているようだが、これまで歴史教科書で政府と癒着して不正を行ったと記述されてきた五代友厚について、研究者らがそれは濡《ぬ》れ衣《ぎぬ》であることをつきとめ、この春から教科書が書き換えられたという報道だ。

　歴史学的には重要なニュースだが、朝日新聞が大きな記事にするような一般的な話題ではない気がする。それが大きなニュースになっているのは、ちょうど時期を同じくして五代友厚を描いた『天外者』が特別上映されるなど、春馬さんたちとの関わりで様々な動きが出ていることが影響したのではないか。そんな気がしないでもない。

　もともと映画『天外者』自体、五代友厚プロジェクトなどの働きかけでスタートしたもので、五代友厚の名誉回復と映画上映は連動しているとも言える。

　以下、２０２３年の４・５をめぐる春友さんたちの投稿を紹介していこう。

（編集部）

あれから3回目の誕生日！ 4月5日がやってくる

【『創』23年5月号掲載】

●間もなく貴方が永い旅に出てから3回目の4月5日を迎えます。

　一時、定価の数十倍で高額転売されていた写真集やグッズも、今や手の届く価格となってフリマサイトに大量に出品されている…スマホの出品通知メールが貴方からの卒業者を無機質に知らせているかのように。

　貴方を失って三度目の桜が咲く…この流れた歳月は卒業をもたらすには充分過ぎたのかな…。もう二度と逢えない人に心を寄せ続ける…これは理屈ではなく、なかなか持続が難しい。致し方ないことなのだろう、と理解しながらも、まだ蕾《つぼみ》が固い桜の木を直視できない自分がいるのは何故かな…。

　それは多分、私には去っていく春友の背中をただ黙って見送るしか術《すべ》がない後ろめたさから来るものだろう。

　…そんな私も以前のような狂おしいほどの虚無感や、慟哭《どうこく》に襲われることはなくなった。

　ただ私は、貴方を卒業することはないだろうと思う。

　それは永遠に解決することのない内面を抱えて生きていく…それも含めて人生なのだと理解したからだ。

　私なりの心の在り方、置きどころが見つかった、とでも言えばいいのだろうか。

　今も貴方に何もできなかったと悔やむし、守れなかったとするし、これからもあの笑顔、あの美しい手を、この心地良い声を、その広い背中を、稀有《けう》な存在そのものを何処《どこ》かに探し続けるだろう。

　もう私は残りの人生を〝三浦春馬〟という清らかな人間をミチシルベとして敬い、表現者としての生き様を語り続け、共に生きていくだけでいいとの心境に達した。

　私は本当の意味でやっと…貴方の旅立

ちを受け入れたのだろう。

今はただただ…朝の微睡《まどろみ》に、夜の帷《とばり》に貴方を想い…見上げる空の遥《はる》か彼方の旅路が溢《あふ》れる愛に包まれ、穏やかであることを祈っています。

ありがとう…本当にありがとう。たくさん、たくさん頑張ったね…お疲れさま…どうか安らかに… また逢う日まで。

33歳の春馬くんへ
お誕生日おめでとう。元気ですか、何してますか？ どうかどうか幸せでいてよね、お願いだよ。

桜の開花を待つ北の大地より 感謝を込めて。

（北海道 かんなお）

京都でのバースデーナイトと台湾での誕生会

【『創』23年6月号掲載】

●三浦春馬さんの33回目の誕生日になる2023年4月5日は、今年も京都のライブハウス「ジョニーエンジェル」に全国からお越しいただき、3回目の開催になる「Birthday Night」で、みんなで一緒に春馬さんのバースデーをお祝いさせていただきました。
また午後8時からのライブ配信では、台湾在住の小絵《さえ》さんとも電話で繋がり、台湾の春友さんとも一緒にお祝いさせていただきました。

そして翌6日は「ほっこりツアー」として、春馬さんゆかりの『天外者』ロケ地の同志社大学と本法寺、写真集『ふれる』のロケ地、大徳寺瑞峯院を訪ねました。

5日の夜はみんなで春馬さんの誕生日をお祝いして、翌日は春馬さんゆかりの地を訪ねるのが、これからも毎年の恒例イベントになりそうですが、改めて春馬さんという存在をご縁に知り合った皆さんと親交を深め、こんなに素敵な時間を過ごせるのも、全て春馬さんが繋いで下さったご縁のお陰なので、本当にその姿は見えなくても、いつも春友さんたちを見守ってくれていることを強く感じました。

（堀内圭三）

●いつもお世話になっております😃
4月5日と6日は三浦春馬さんのバースデーナイトライブ、ほっこりカフェの3回目となる堀内圭三さん主催のほっこり京都ツアーに参加しました。

『創』に載せていただいた4月5日の誕生花勿忘《わすれな》草の抹茶碗を飾らせてもらい、東京でイコッカさんと佃煮の丸久さんと代官山のグリージョさんから春馬さんへのメッセージを色紙に書いていただき、その色紙も飾らせてもらいました💕そんな中、堀内さんと一緒に三浦春馬さん作詞作曲のyou&Iを歌わせていただきました。

なかなか味わえない体験をさせていただきました🙏。築地本願寺に3月に行かせてもらった時に三浦春馬さんの歌を歌わせてもらいますと報告させてもらったからなのか、見守られているような感覚になりました。

毎年悲しいのですが、年々ほっこりフ

ァミリーの皆様と深い繫がりや絆が生まれ、とっても楽しい２日間となりました😃。ほっこりファミリーの皆様からも寄せ書きを提案したところ、堀内さんが編集長さんにお見せするとのことでよろしくお願いします🙏（グラビアＰ６掲載）。色紙には皆さんの思いが詰まっています。

（ノコノコ）

『ふれる』で撮影した大徳寺瑞峯院。中央は堀内圭三さんと前田昌道老師

春活で台湾に行く春友さんも増えている

●台湾では４月５日は日本で言うお盆休みの連休最終日で、皆さん田舎にお墓参りに帰ります。そのため参加できる春友さんが少なく、誕生日の上映会はできませんでした。去年もそうで、４月５日は台湾では集まるのが厳しいです…。『ツーリスト』のロケ地で仲の良い春友さんとお誕生会をしました。このカフェは何度も通い常連客になりました（笑）。台湾で唯一、春馬くんのサインがあります。日本からの春友さんを連れて毎月通ってます。やっと自由に海外旅行に来れるようになりましたし、段々と春友さんが春活に台湾に来られてます！

店員さんも親切で、春馬くんファンだと話すとお話ししてくれますよ！　春馬くんはどこでも同じ、腰が低くてとても礼儀正しく、スターとは思えない程で、めちゃくちゃかっこよかったと話してました！

（小絵）

五代塾セミナー&田中監督トークショー

tunami　【『創』23年7月号掲載】

●４月23日。五代塾セミナー&田中光敏監督のトークショーに行ってきました。トークショーの前に春友さんと春活。道頓堀、通天閣、今宮戎神社（『日本製』に登場）に行きました。

トークショーでは、本読み、リハーサルなどの絵コンテをみせていただきました。

『天外者』田中監督のトークショーから春馬君の話を以下、抜粋しました🙏

《春馬君は今の日本を、今の自分の生きている時代とか、そういうものをちゃんと受け取って、僕の言葉を受け止めてくれた。だからとてもスムーズに仕事ができた。とてもいいことだと思った。現場は楽しくやってました。

《オープニングのシーンはワンカットで撮りました。春馬君と（三浦）翔平君がカメラに向かっておしかけていく。五代と龍馬はお互いライバルで、先に行くのは俺だ！というお芝居をして欲しいと。時代劇はなんば走りといって、袴《はかま》がもつれないようにすり足で走る。そういうことを現場に入る前にトレーニングしていました。春馬君は時代劇の所作をしっかり身につけており、殺《た》陣師《てし》、衣装、照明、録音、撮影……みんな驚いていました。

春馬君は、人気があって、ルックスが良くて、人によっては浮かれてもおかしくない役者で、自分のやるべきことを現場に来る前にしっかりやってくる。

芝居が終わってみんなが集まった時、三浦春馬は凄い役者なんだなと現場のスタッフが口々に言っていたことは忘れられません。

五代友厚はどんな人ですか？と春馬君に尋ねられた時、五代友厚が大隈重信に宛てた手紙の話になりました。自分より下の人が自分と同じ意見なら下の人の手柄にする、といった内容の手紙を見て、腑《ふ》に落ちました。わかりました。こういう男でいきます。こういう真っ直ぐな男でいいんですよね、とのことでした。》

トークショーの後に訪れた「新鮮処とどろ」

次の日、春馬君が、目上の人や親に誠意をこめて仕える……五代友厚はそういう人ではないかと言い、監督はそうだねと答えたそうです。

《この世を変えたい、この日本を。しかし俺ひとりではなにもできんと、涙ぐみながら芝居をしていた。終わってからどうした？と聞くと、気持ちが入っちゃってと春馬君が言ってました。

『天外者』では、時代劇ではタブーと言われるシーンがいくつかあります。さやを割るシーン、まげを切るシーン……。

絵コンテではまげを切るシーンの前に、五代に斬りかかった役者を斬る。春馬君は相手の役者とそのシーンをやって、斬る前で止まった。「斬らない方がいい？」と言うと、ニコッと笑って「そうです。五代は人を斬らないのではないでしょうか」と。

「刀を抜かない方がいいんじゃないか、抜かないのでやってみよう」と言うと、ふたりで前日から練習してたのか、みごとに芝居が成立していた。「わかった。これでいこう」と言ったら、本当に嬉《うれ》し

お庭を眺めながら朝日焼の器で抹茶を

そうに笑って「ありがとうございます」と。春馬君に一緒に作品を作っていこうと最初に伝えました。》

《『天外者』を作った時教えていただいたことは、お客様が背中を押してくれたことで、映画は映画として成立する。映画を育てるのは観客。映画を大きくしてくれるのはお客様。

三浦春馬、今年33歳。素晴らしい役者でした。今でも忘れられないのが、試写の時、主演がいないこと。翔平君、西川（貴教）君は涙で立ち上がれなかった。お客様の前では決して涙はみせないと舞台に立っていた。》

《『天外者』は公開が終了しても、4月5日や7月18日等に上映されている。こんな映画は異例ではないでしょうか。》

拍手で終わりました。その後、田中監督との質疑応答が行われました。セミナーには全国から春友さんたちが来られていました。台湾からも。

これからも『天外者』の上映が続くことを信じています。春馬君も喜んでると思います。

トークショーの後、春友さんと「新鮮処とろ」へ。春馬セット（馬刺し）、春馬丼を注文しました

春馬君の飲んだ三岳を頂き、おかみさんに春馬君の話を聞きました。初めて来店されたのは、スタッフさんに「馬刺しを食べられるお店を探して」と頼んで予約して来店。春馬君が桜トロ丼を気に入り、その後5回程来店されてます。

最初は普通の青年って感じだったそうですが、ポール・スミスのアンバサダーになってから服装が劇的に変わったとか。

ひとりで来店された時、22時くらいでしたが、他のお客様がいないので、春馬君が入られて看板の電気を消したら「え？・もう閉店？・」と春馬君。「他のお客様来ると嫌でしょ」って言うと、そのことを春馬君が嬉しく思われたそうです。

貴重なお話が聞けて良かったです。

●5月1日。『日本製』京都で紹介された朝日焼さんが京都・興聖寺で展覧会をされてます。焼物の奥深さを知ることができました。

展示の仕方も凝っていて、器の下に鏡を置いて、手にとらなくても底を見ることができます。

お寺のお庭を眺めながら朝日焼の器で頂くお抹茶も格別でした（写真）。心地よい風が。きっと春馬君も来てるはず。

VRで歴史にも触れることができます。

私はお昼に行きましたが、夜はライトアップしていて幻想的だそうです。

2023年7月
あの日から3回目の7・18が訪れた

あれから3回目の7・18。春友さんたちはいろいろな思いにかられ、いろいろな春活を行った。それらの報告を紹介するとともに、今回も春友さんたちの投稿を紹介していこう。

【『創』23年9月号掲載】

あの衝撃の日から3年になる2023年7・18。大きな話題になったのはその日、公式ツイッターが更新され、ファンにメッセージが送られたことだ。

「本日7月18日は三浦春馬四回忌となる命日です。ファンのみなさまにおかれましては、それぞれの場所から想いをお寄せいただき、穏やかで温かな一日となりますことを心より願っております」

三浦さんの公式インスタグラムには、最後となった2020年7月14日の投稿に、ファンからのメッセージが続々と書き込まれたという。

ちなみにこのメッセージの「四回忌」の表現をめぐっては、ネットで多くの突っ込みもなされた。亡くなって1年目を1周忌、2年目を三回忌と呼ぶのだが、次は七回忌、十三回忌で、四回忌という言い方はおかしいのではないかというのだった。ただ、メッセージに「四回忌」と書かれたことで、それを報じたネットニュースなどもその言葉を使っていた。

また俳優の大竹しのぶさんが7月19日未明のインスタグラムで、17日の誕生日にたくさんコメントをもらったお礼を語り、春馬さんからもらったプレゼントについて言及したことも話題になった。

オイルの瓶を写した1枚の写真を投稿した後、「大好きなオイル。私の芝居を観に来てくれた春馬くんがプレゼントしてくれたオイルです」と説明。最後に「なんて、なんていい奴なんだ」と書いていた。

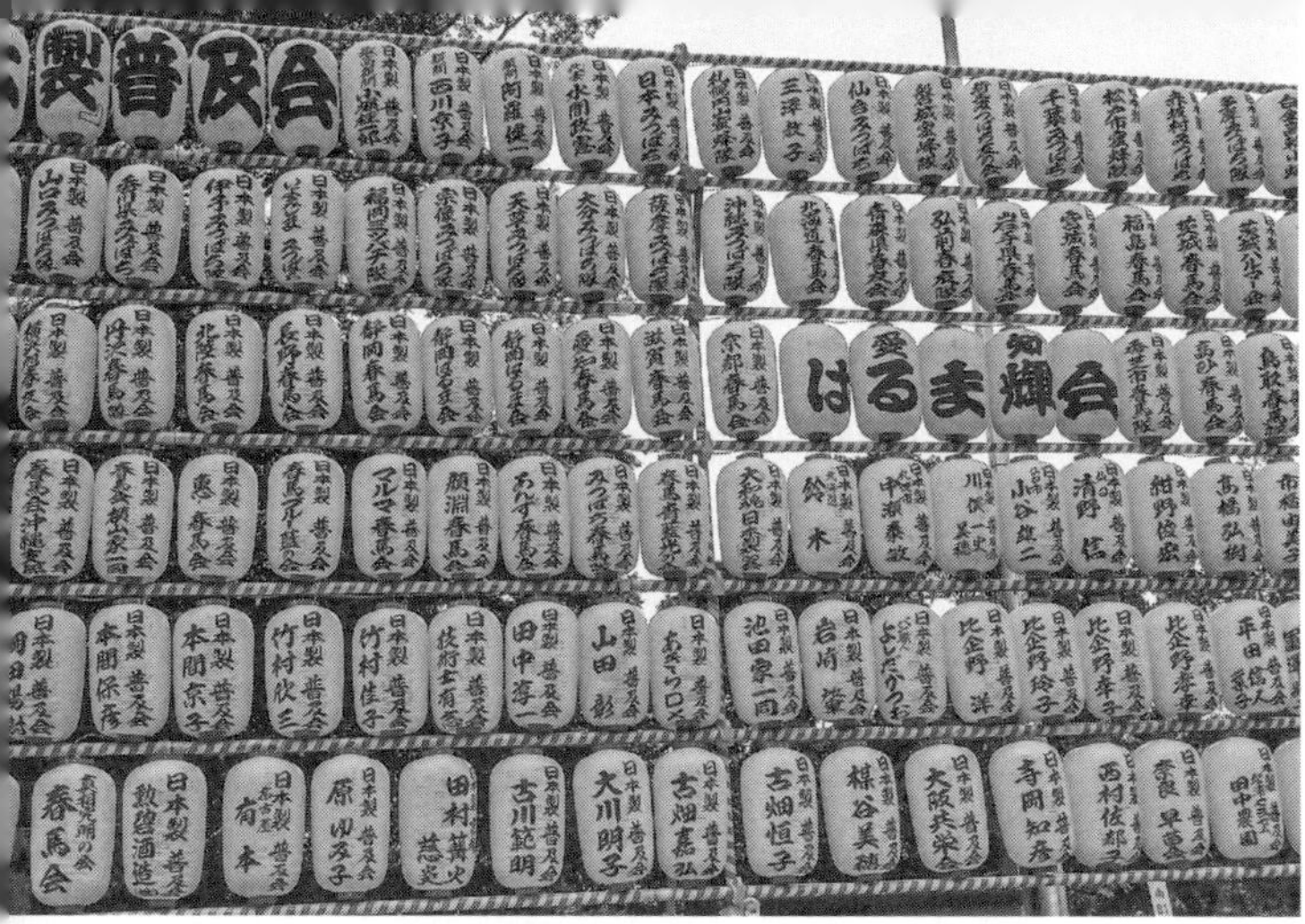

靖国神社「みたままつり2023」に掲げられた春馬ファンの提灯

その日、春友さんたちは思い思いのしかたで「春活」を行ったようだ。堀内圭三さんが主宰する「ほっこりカフェ」に参加している春友さんたちはその日、春馬さんの映画のロケ地めぐりをした。カラーグラビアにその写真を掲載したのでご覧いただきたい。その堀内さんと参加者のノコノコさんの報告はP80に掲載した。以下、春友さんたちの投稿を掲載していく。

（編集部）

3年経っても何も解決されていません

●いまだに三浦春馬さんのこと、毎日思っています。動画を観てもCDを聴いても泣けてきます。

3年経ちますけど何も解決されていません。ファンはモヤモヤしています。

私は春馬ちゃんの思い出の地を訪ね歩いています。そしてそこで新しい発見があり、新しい春友さんと知り合ったりしています。先日は鎌倉へ行き、思い出の場所を廻り春馬ちゃんと同じ景色を感じ取れました。

7／7の七夕特別上映では手首にシュシュを付けて『天外者』を観て毎回同じ場面で涙しています。今年は私の前列に男性が一人で観ていました。三浦春馬さんのファンなんだろうと思いました。嬉しいですね。

靖国神社のみたままつりでは圧巻の春馬ファンたちの献灯が並んでいるのを見て素晴らしく感じました。外国のファンもいて全国にはたくさんの春馬ファンがいます。これが一つになれたならどれだけ大きな存在になるだろう。その人たちの拠り所になるところを地元に作れないか作れたらいいな。春馬ちゃんが最後に見た景色は何なんだろうと思うと辛く、どんなことがあろうと「三浦春馬」の存在をいつまでも忘れないように努力をしていくつもりです。

（茨城　春ジェンヌ　30歳）

貴方の映像を観ながら毎日、泣いた日々

●春馬くん、もうすぐ3年です。あの時の衝撃から3年。今、穏やかな気持ちでこれを書いています。ドラマや映画を観ても泣かなくなっていた私が、あの頃数カ月毎日泣いていたのです。生と死に密接に関わる仕事に就いた私にとって必要不可欠であったのが、精神的に強くなること＝泣かないこと、だったのにも関わらず。数え切れないほどの死に向き合い、

悪く言うと慣れてしまった私でも、違う方向から刺激されてしまったのでしょうか。

　貴方の映像を観ながら泣いた日々、泣きながら書き殴った日記、久々に入院した患者さんに元気だった?と聞かれて言葉に詰まった日、先の長くない患者さんに見えないように泣いた日、叫びたい気持ちを抑えてひたすら歩いた日、うまく笑えなくて「大丈夫ですか?」と後輩に声をかけられた日。

　全ては貴方を想う気持ちとともにありました。コロナ禍だけなら平気だったのに、貴方がいなくなってしまったから。

　貴方の死に少なからず影響したであろうコロナ、悪くないこともありました。毎年行っていた好きなアーティストのライブ、やっと行けた時には号泣していました。当たり前なんてないと知った3年間、そこに好きな人が存在した時、それはもう感謝でしかなかったのです。職場でクラスターが発生し、大半のスタッフが休職を余儀なくされた時、少ない人数でこなした業務。みんなが一斉に復帰した時の賑やかさ、明るさが嬉しくて、思わず顔が綻《ほころ》んだこの日のことを一生忘れることはありません。

　貴方の苦労を知ってからは、頑張る人を応援したいと思うようになりました。例えば、イケメン俳優と呼ばれる方たち、キラキラしたアイドル、みんな中身を知れば、頑張っていて尊い存在だと知りました。

　貴方のような劇的ではない私の人生、正直言うと夢とか希望とかないけれど、こんな人生でも良いかなと思うのです。生きる意味なんて見出せなかったけれど、少し先を見据えて楽しく生きていければ、と思うのです。

　貴方にとって人生は苦しかったかもしれないけれど、人生は素晴らしい。けれど、短くて太い人生を生き抜いた貴方のことも愛《いと》おしい。

［追伸］今年の4月、貴方の出身地の土浦に遊びに行きました。もう泣くことはないと思っていたのに、キャッスルのお母さんに会って泣き、土浦セントラルシネマズの館長さんの話を聞いては泣きました。元々は泣き虫だった昔の自分に戻ったようでした。お別れからの出会いだったけれど、貴方を知って私の感情は動き始めました。春馬くん、ありがとう。

（宮崎県　みほ）

今は、貴方を思うと温かな涙が伝います。

●3回目の7月18日を迎えた。時間とは生きること…。私はあれから1095日、2万6280時間、157万6800分、9460万8000秒の時と生を刻んだ。あの日、貴方が新たな翼を携え旅立った空を今日は少しだけ特別な想いで見上げる。
　流れた時間の中で、果てしなく雄大に続くこの空は、いったい何を受け止めたのだろうか。

　私たちの想いも包み込み、きっと…貴方をも優しく癒やし続けているのだろう。

〈三浦春馬様〉

　貴方に逢えなくなって、早や3年が経ちます。貴方らしく穏やかに過ごしていますか。今年も七夕に『天外者』が上映されましたよ。

心友の江幡ツインズお二人も御結婚されましたね。涙いっぱいで大喜びしている貴方が目に浮かびます。とりわけ塁さんの大病を克服しパパとなった姿には心底、安堵《あんど》しているのではないでしょうか。

さて…ここからは許してね…私の独り言です。

私には、強い違和感を覚えた貴方の〝ある仕草〟があります。それは亡くなる数年前から目立ち始め、謙虚で、品行方正で礼儀正しく、人一倍気遣いの貴方には相応《ふさわ》しくない、受け取り方によっては失礼で不快だと誤解されかねない仕草、〝人前で腕組みしながら話す姿〟です。

ただそれは決して、周囲を威圧する類《たぐ》いのものではなく、むしろ他の誰かに〝内なる三浦春馬〟に踏み込まれるのを恐れ、警戒し、自身を守るための結界を張るかのような…自分自身をホールドする自己防衛動作に私には見えました。

長きにわたり疲弊した貴方の心身は、既に極限状態にあったのでしょう。作り破顔の裏に、過度のストレスによる手指の振戦《しんせん》をひた隠し（それが腕組みの原因？）、とうに限界を超えていた壊れた心で…よくあれだけの周囲の期待に応えてくれました。

世界一いや、宇宙一頑張った貴方を誇りに思います。貴方が何も語らずとも、命を賭して突き付けた衝動は、隠すのが美徳とされたメンタルヘルス意識を変え、公表し休養する方も増えました。誰にも頼れなかった貴方の孤独が今、他の誰かを救っていますよ。

そして私はと言うと…この日を普段通りに過ごしています。特別なことは、もう何も必要ありません。貴方を失い、魅せられ、彷徨《さまよ》い、探し続け…何もできなかった、守れなかったと自分を責め続け、一生分の冷たい涙を流した長い日々。

ほんとね…後悔を数えたらキリがないです…でもそれを上回るたくさんの感謝と感動と笑顔、奇跡の楽曲の誕生にも立ち合え、春友さんとの御縁を頂けたのも事実です。

そして今は…この淋しさや虚しさ…哀しみや苦しみの感情さえも、他の誰かの辛さに共鳴し寄り添う〝温かなモノ〟へと昇華することを知りました。そう…今は、貴方を思うと温かな涙が伝います。

春馬くん…私ね、やっと分かったよ。

アフターファンの私はこの3年で何ひとつ、奪われてはいないし、失ってもいなかった。

むしろ、この経過した１０９５日の瞬間、全てが貴方からの贈り物だった。それは今も天から柔らかに降り注ぎ、私の人生を彩ってくれているのを感じています。

だからもうこれは…感謝しかないね…。

本当に心からご苦労様…ありがとう、です。

貴方に出会えた私は幸せ者です。どうかどうか貴方も自由に、なりたい自分で穏やかにいてね。貴方がどこにいようとも、どんな時も貴方の幸せを願っています。

～7／18は貴方というギフトを授かった日。これからも貴方と共に～

２０２３／７／18　あるアフターファンより

金戒光明寺にて

追伸：ｒｙｕｃｈｅｌｌさんが虹の橋を渡りました。ただただ、抱きしめてあげて欲しいです。
（北海道　かんなお）

ほっこりカフェで春馬さんを偲んで

●２０２１年以降、三浦春馬さんの誕生日４月５日と命日の７月18日は、ほっこりカフェでも、みんなで集まったり、動画での企画をさせて頂いていますが、２０２０年７月18日に春馬さんが旅立たれてから３年目の今年は、春馬さんを想い続ける春友さんたちの想いも込めた新曲『あなたが次に生まれ変われた時は』を作り、７月18日の朝にＹｏｕｔｕｂｅ『ほっこりカフェ』チャンネルにアップして皆さんに聞いて頂きました。

　そして午後からは、今年は春馬さんの出演された映画『太陽の子』のロケ地、金戒光明寺と谷川住宅群で、集《つど》われた皆さんと一緒に春馬さんに手を合わせる企画をさせて頂きました。ほっこりカフェファミリーのノコノコさんが、詳しくレポートして下さっています。

　そして夜は、ライブ配信『ほっこりカフェ』を通じ、全国の春友さんたちと一緒に、春馬さんの命日の夜、再び手を合わさせて頂きました。

　昨年の７月18日は三回忌ということもあり、一つの節目になったと思いますが、これからも毎年４月５日と７月18日は、今も変わらず春馬さんを想い続けて下さる皆さんが、想いを寄せられるような企画をさせて頂きたいと思っています。
（ほっこりカフェ　堀内圭三）

素敵な出会いや交流をこれからも

●７月18日をどう過ごしたか、報告させてもらいます。この日は春馬さんの『太陽の子』のロケ地、京都金戒光明寺と谷川住宅郡をほっこりカフェの堀内さんの企画により行かせてもらいました。

　ひまわりの花束を持って行くと金戒光明寺の御朱印でひまわりの限定があったので、このリンクに喜びを感じました。

✿金戒光明寺の後は谷川住宅郡の前で春友さんの皆様と集合写真を撮ってもらい、堀内さんが用意された春馬さんのお写真と並んで『日本製』で春馬さんが紹介されていた和蠟燭《ろうそく》に火を灯し、築地本願寺や西本願寺で使われているお香をたいて手を合わせることができました🙏

　春馬さんがいなくなって３年が経ちましたが、素敵な出会いや交流ができたことをこれからも続けていきたいです。
（京都　ノコノコ）

行く度に春馬君の話が聞けて嬉しい

●７月18日　春友さんと高野山へ。
『日本製』取材時、スタッフが以前に訪れたことのある濱田屋さんに行く前に濱田屋のご主人からお昼を用意して下さいと頼まれたので、小倉屋さんの笹寿司を

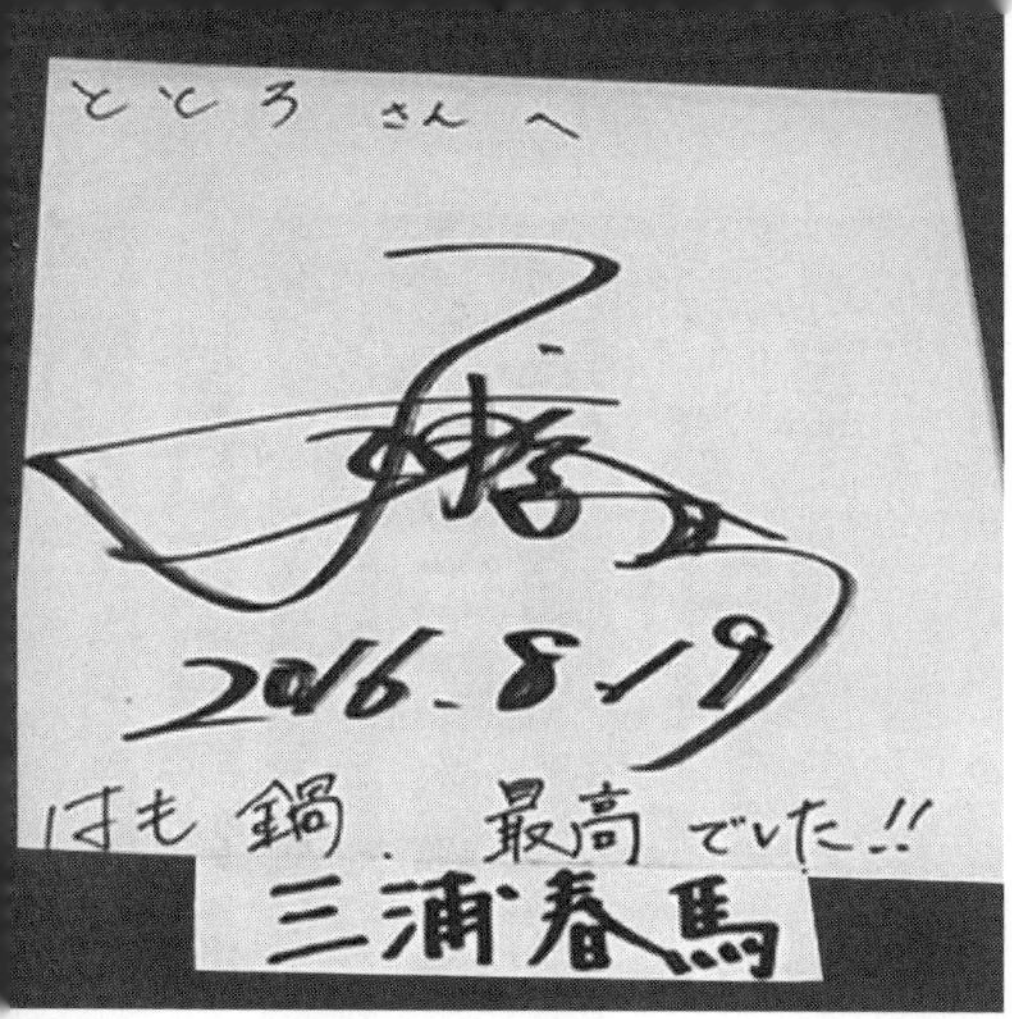
ととろ さんへ
2016.8.19
はも鍋 最高でした!!
三浦春馬
ととろにある春馬君のサイン

Kinky
キンキーブーツ2
ととろにある『キンキーブーツ』の寄せ書きサイン

用意されたそうです。

春馬君は濱田屋さんに行く前に道の駅でカレー蕎麦《そば》を食べたので、笹寿司は全部は食べれなかったそうですが、店内で出した胡麻豆腐、辛子醤油《からししょうゆ》、和三盆の2種類と抹茶胡麻豆腐は完食されました。

前回、濱田屋さんに行った時に小倉屋さんを教えて頂いたので、春馬君が食べたのと同じ物を頂きました。

卵巻き　椎茸《しいたけ》　干し海老　鯖《さば》　鮭

と盛り沢山で美味しかったです。

小倉屋さんを後に、金剛峯寺へお参りに。春馬君が行かれたかは定かではないですが、命日なのでお参りした方がいいかと思いました。

金剛峯寺から濱田屋さんは徒歩7分でした。生憎《あいにく》、ご主人は外出中でしたが、前回食べれなかった抹茶胡麻豆腐を頂きました。こちらは要予約なので、行かれる方は予約して下さい。胡麻豆腐と和三盆購入しました。

ご主人が帰って来られて、春馬君のお話を聞かせて頂きました。相変わらず気さくでとてもいい人。何度でも訪れたいお店です。

高野山を後に、こちらも何回も行ってるととろさんへ。昨年食べそこなったはも鍋を頂きました。春馬君のサインに「はも鍋、最高でした!!」と

ととろのお母さんに、春馬君はお鍋の時、他に食べますか?と尋ねたら、鍋の前に馬刺し、鍋終わってから桜トロ丼2杯食べたそうです。

あんなに細いのに大食なんですね。

お店にある春馬君の写真の横に、お母さんが百合《ゆり》の花を一輪。その写真はお客さんが偶然、競馬場に馬の写真を撮りに行ったら春馬君がいたので撮った写真だとか。

お父さんの還暦祝いにキンキーブーツのメンバーが寄せ書きのようなサインをしてくれたそうです（写真）。

行く度に春馬君の話が聞けて嬉しいです。

誰かのことばで
死ぬってどうゆうこと?という問に
人から忘れられた時。
春馬君は永遠です。

（tunami）

2023年12月

12月11日、『天外者』特別上映の日に…

12月11日は三浦春馬さんの最後の主演映画『天外者』が公開された日だ。それを記念して、毎年、その日に『天外者』が全国で特別上映される。そして2023年のその日、かんなおさんには特別な出来事が…

【『創』24年2月号掲載】

2023年12月11日、4年目の『天外者』特別上映の日。『創』でおなじみの北海道のかんなおさんには悲しい出来事が起きていた。いったい何が起きたのか。そのかんなおさんの投稿と、脇屋恵子さんの投稿をここで紹介しよう。

空羽ファティマさんや海扉アラジンさんはもちろん特別な存在だが、そのほかにも4年近い月日の間に、『創』はいろいろな春友さんたちと交流してきた。かんなおさんは『創』に掲載した春馬さんを想う詩に堀内圭三さんが曲をつけ、「み・う・ら・は・る・ま」という歌も生まれた。そうした春友さんたちとの輪は今後も続いていく。

ハンドルを握る手が震えている…〝母危篤〟の報せ

かんなお

●この3年半、母恋しさにこの道を何往復しただろうか。時には桜、時には匂い立つ深緑…燃えるような紅葉に…キタキツネ走る銀世界。季節の彩りを車窓に感じながら、母のぬくもりを求めてひたすらに辿った長い道のり。

前夜までの凍結路面も、まるで〝速く！ 急いで！ 飛ばしなさい！〟と急《せ》かすかのように、この朝はドライへと変わっていたが、実家までは450キロの距離…遠すぎる。

いつもはこの雄大な誇らしい北の大地が、この日はただただ恨めしかった。

……道のりの最後のトンネルを抜けた瞬間だった。目前に突然、淡い大きな美しい虹が飛び込んできた。

私はその虹がまるで…母からのお別れの挨拶のような気がして、

「もう待てないの？　旅立ちの準備が整ったの？」

と、ひとり車内で呟《つぶ》いた。

旅立ちの報はその1時間後、海沿いの小さな町を走行中に届いた。

放心状態で路肩に車を停め、旅立った空を見上げたがもう虹は跡形もなく消え去っていた。涙がとめどなく頬を伝う…もう急ぐ必要もない…陽が傾き、辺りを茜色に染め始めた頃、ようやく全てから解放された母と対面した。

「いつもは、私が来るのを今か今かと楽しみに首を長くして待っていたのに、どうして今日に限って待てなかったの？雪の季節はみんな集まるのが大変だから冬には逝《い》きたくない、ってずっと言ってたじゃない…間に合わなくてごめんね」

もう温もりの失せた母に突っ伏して泣いた。

11月末、TOHOシネマズが札幌にオープンした。

12月11日は『天外者』公開3周年特別上映に合わせてドリパスで『森の学校』の上映もあり、スクリーンで毬栗《いがぐり》頭の可愛い春ちゃんと、色気あるオトナ春馬くんに久々に逢えると私は心待ちにしていた…

しかしその日は母を送り出す日、葬儀へと変わった。

疲れと緊張がピークの中、私の脳裏には臨終に間に合わなかったマト君と五代の映像が時折、断片的に浮かんでは消えた…。

母の病気発覚は、春馬くんが旅立った直後だった。この二つのショックは大きかったが、しばらくすると生前の春馬くんに何も出来なかった私は〝時は有限〟と彼が身を賭して教えてくれたと強く感じ〝母に出来る限りの精一杯をやろう〟と心に誓い、それをこの3年半自分なりに実行した。

今はとてつもない深い喪失感の中にはいるが、不思議なほどなぜか…春馬くんの時のような大きな後悔はない。

それはこの3年半、私の先々を〝こうしたらいいよ〟と常に貴方が「みちしるべ」となり、照らし続けてくれたからに他ならない。

最後に逢った母の表情、温かさ、最期の電話で交わした言葉、声のトーン、息づかいまでもがしっかりと心に刻まれている。

春馬くんのお陰だね…ありがとう。

永い旅へ出る母への手紙に、溢れるほどの感謝と愛と共に〝向こうで春馬くんに逢ったら、私からのありがとうを伝えてね〟と一言添えた。

春馬くん、どうかどうか母をよろしくお願い致します。

〜愛しいふたりにいつか逢えるその日まで

2023の終わりに〜　（かんなお）

12・11『天外者』特別上映の日、春馬さんのサインの下で…

脇屋恵子

新小岩の「肉のあさひ」さん

「肉のあさひ」さんの色紙コーナー

『キンキーブーツ』出演者のサイン色紙があるお肉屋さんがあると、春友さんから情報をキャッチしたので、そのお店、新小岩「肉のあさひ」さんに、お肉を買いに行ってみた。

新小岩駅から徒歩15分。一緒に向かった主人もこんな所にお店あるの?と首を傾げるくらいの静かな住宅街の中に、「肉のあさひ」さんは、突然目の前に現れた。

感激なことに、お店に飾ってある芸能人の色紙コーナーで私が写真を撮っていると、最初は姿がなかった店主さんがいつの間に!ご登場。私の目の前でおもむろに『キンキーブーツ』出演者のサイン色紙を袋から取り出し、披露してくださったのだ。お店の前でのツーショット写真も（慣れているご様子で?）快諾してくださった（上写真）。

実はこの日は12月11日。そう、『天外者』3周年特別上映日。新小岩を後にした私は日比谷の映画館へ。

映画館に向かう前に日比谷から徒歩圏内にある、春馬さんがバーテンダーを演じた『ダイイング・アイ』のロケで使われたお店に、看板だけでも見てみたいなあと思い、寄ってみるのも忘れずに（次ページ写真）。

さて、『天外者』鑑賞後、次に向かったのは春馬さんの色紙があるという錦糸町の「鳥厚」さん（左写真）。

夕暮れの東京スカイツリーを臨みつつ、店内に入る。春馬さんのファンですと予約を入れていたためか、カウンターの私の席の真上には春馬さんのサインが（右下写真）。

ドラマ『ダイイング・アイ』のモデルとなった「5517」

▲錦糸町の「鳥厚」さん

▼「鳥厚」さんでの春馬さんのサイン

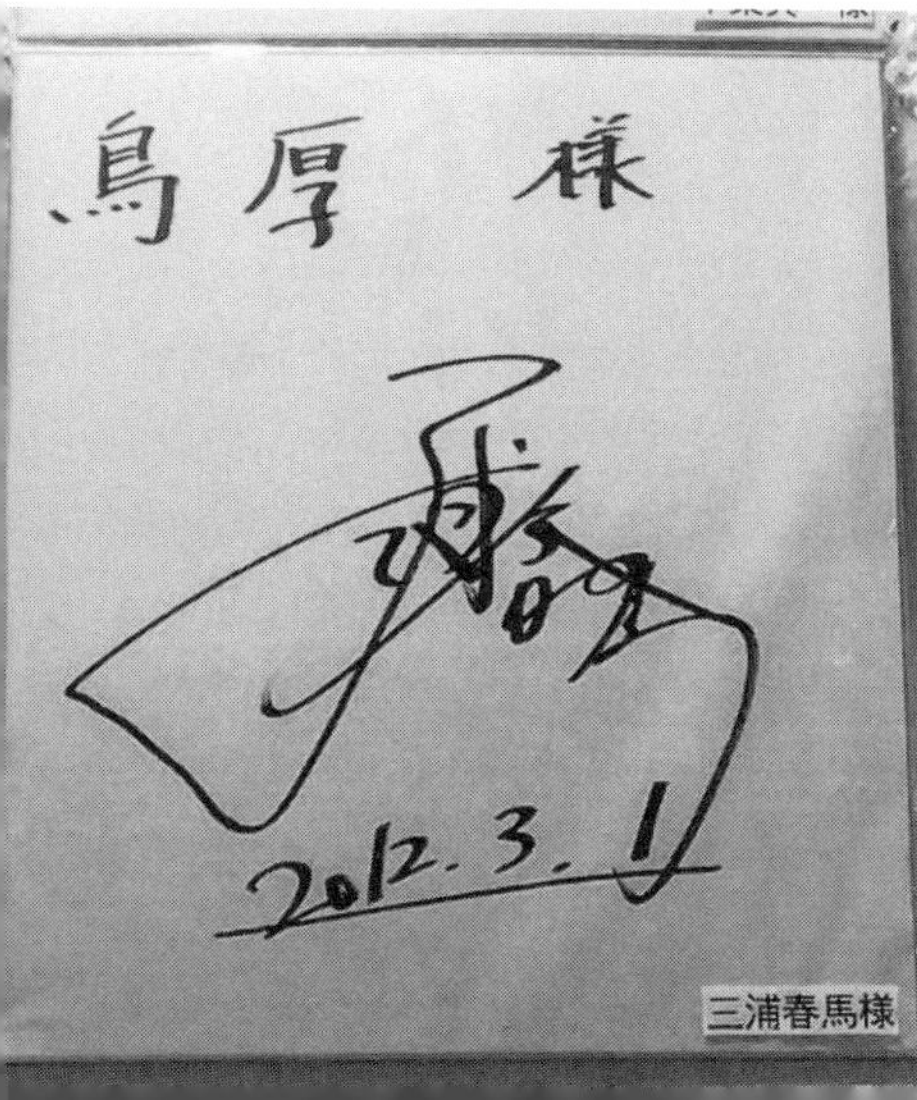

これには嬉しくて笑顔を隠すことができない。

美味しい食事を主人と楽しみ、女将《おかみ》さんに感謝の言葉を告げて「鳥厚」さんを後にした。

春馬さんのサインを背に脇屋さん

2024年4月

「4・5をどう過ごしたか」春友さんたちの声

【『創』24年6月号掲載】

三浦春馬さんの誕生日である4月5日をあなたはどう過ごしましたか？　そう呼びかけたところ、全国からたくさんの春友さんたちの投稿が届いた。カラーグラビアとあわせて、紹介しよう。

春馬さんが他界して4年になるが、毎年、4月5日は最後の主演映画『天外者』が全国の映画館で特別上映され、春馬さんの出身地・茨城県土浦市を始め、いろいろなところでイベントが行われる。

2024年も土浦での花火大会や「HARUMA号」による東京湾クルーズなど様々なイベントが行われた。毎年好評だったバルーンリリースは事情により延期となった。

以下、春友さんたちの投稿を紹介する。

毎年、3月・4月は忙しくなります

●今年34歳になる春馬ちゃん。

私は毎年恒例になっていることをやるのに3月・4月は忙しくなります。3月16・17日は土浦セントラルシネマズで開かれる『天外者』の監督のトークショーに行きます。お会いする度に撮影時の春馬ちゃんの違ったエピソードを話してくれるのでとても楽しみです。

3月末には土浦の真鍋小学校へ桜✿を見に行きます。あの桜たちは圧巻です。私の子どもは隣の土浦一高に入り、入学式の日、真鍋小学校の桜を見に行き家族で記念写真を撮ったことを思い出します。その年に春馬ちゃんは真鍋小学校へ転校していたのです。5年生の春のことです。近くにいたのですね、春馬ちゃん。

3月30日には土浦の桜川沿いの橋からファンのみんなとイベントをやる予定です。みんなと空の春馬ちゃんに大声で呼びかけます。夜には少し歩いた霞ヶ浦で「2024春馬ちゃんの春花火」が打ち上げられます。

4月に入ると34歳バースデイイベント、東京に北から南から集まり、お祝いするのです。今年はみんなと歌を手話でやるので楽しみです。そして4月6日は土浦セントラルシネマズへ篠田三郎さんがトークショーで来てくれます。あのステキなお父さん役の方がいらしてくれるので、どんな春馬少年を語ってもらえるのか楽しみです。

先日は土浦市の隣の市にある神社へ行って来ました。馬の形の大木があり、写真を撮りまくりました。お馬さん関係のお守りも2種類購入。私の宝物がドンドン増えているのでバースデイパーティには皆さんに見て頂こうかと思っています。

いつもこういう日、不思議と好天に恵まれます。やはり春馬ちゃんがファンを見守っているんだなと感じるのは私だけかしら?

いつもありがとう。そして34歳おめでとう! 春馬ちゃん。(茨城　春ジェンヌ)

バースデイ当日は自宅でエクレアを

●今年の春馬くんバースデイ春活計画は、毎年、春友さんの力で春馬くんバースデイに土浦新港で開催される「ハート花火」を、2024年は3月30日に生で見て、この目に焼き付けたくて、見に行く予定です。感動して泣いちゃうかもです(泣)。

昼間の、花火までの時間に、春馬くんがいつも行っていた神社やMVロケ地、真鍋小学校の桜も見に行ければと思っています(桜散らないで~と祈りつつ……)。

そしてバースデイ当日は家に綺麗なお花を飾って、春馬くんが大好きだったエクレアを彼の笑顔を思い浮かべながら食べようと思っています。夜には、これもまた春馬くんが、大好きだった秋鹿酒造さんの奥鹿というお酒を春馬くんを想いながら飲もうと思っています。両日共に春馬くんを近くに感じられる穏やかな日になりますように……。

(れいりん)

春馬さんの節目の日は仕事をしないと決めています

●あの日から3年半以上が経過しても、4月5日に限らず、春馬さんの節目の日は仕事はしないと決めています!!

休むことさえままならなかった春馬さんが、命がけで教えてくれたことから学ばなければと。そしてその日は、感謝を込めて春馬さんのために使おうと✿❤

物理的な胸の痛みは少なくなったけれど、春馬さんを思わない日はありません。何か新しい情報がわかる度に、また新たな疑問が加算されていく気がして……。

今年の4月5日もきっとある映画の特別上映を鑑賞し、その前後に、超能力はおろか、ちょ能力もないけれど、しょうこりもなく春馬さんのマンション付近を通行人のふりしてうろつき、春馬さんが目にした風景を共有したいし、ふとした気づきや残留思念のカケラを探し、ゆかりの場所で食事をするかお土産を買って帰宅するつもりです。

何度繰り返してもあたたかい思いがあ

ふれるのと同じくらいに、のどの奥に何か引っ掛かっているのは、春馬さんのことは労働問題であり、社会全体の問題であるということです。芸能界という人気商売であっても、労働者として休暇取得や事務所との契約等々の場面でも、権利を行使するのが当たり前の、若い人たちが素直に憧れられる業界になるように、ささやかでも援護射撃をしなければと日々思っています。

（東京都　NORIKO）

クルーズ船「HARUMA号」

「HARUMA号」の船内で祝った誕生日

●春友さんが主催する、春馬さんのBIRTHDAYを祝うイベントが昨年に続き今年もクルーズ船で開催された。名付けて「HARUMA号」は春馬さんと同じ、今年で生誕34年を迎える船。

お台場の海風を受けながら優雅に進む「HARUMA号」に北海道から、大阪から、そして香港の春友さんも駆けつけた。

そして今回はなんと、春馬さんと交流のあったシンガーソングライターの天道清貴さんが、スペシャルゲストとして足を運んでくださったのだ！

天道さんはご自身のSNSで春馬さんとのエピソードを語っていらっしゃるのだけど、そのエピソードの一つ。春馬さんは10代のアクターズスタジオ時代から天道さんの3rdシングル『The Only One』を聴いていたということで、天道さんは春馬さんと初めて会ったときから意気投合したとか。

そんなエピソードをご本人から直接聞けるとは、感無量！

そして春友さんたちがそれぞれ持ち寄った、お気に入りの春馬さんの写真の両脇に飾られている赤い花束は、やはり春馬さんとゆかりのある方からの贈り物。

このように春馬さんとゆかりのある方とのご縁を紡いでくださったイベントの主催者様、企画の協力者様、参加者のみなさまへ、万感の思いを込めて、御礼を言いたい。感謝の気持ちでいっぱい。ありがとう！　船内で交わされた乾杯のシャンパングラスの音を忘れない。

春馬さん、34歳おめでとう。

（脇屋恵子）

ほっこりカフェバスツアーで訪れた『森の学校』のマト桜

●4月5日は堀内さんのバースデーライブで34歳の春馬さんのお誕生日を春友さんたちとお祝いして歌いました❀そして6日は兵庫県の丹波篠山へほっこりカフェバスツアーという、初めての経験をさせてもらいました😊キンキーブーツの

2024年4月5日ほっこりカフェ「バースデーナイト」

Tシャツとパーカーを着てトートバッグでマト桜に2度目のご挨拶をしました。『創』で一度紹介してもらいましたマトくんを桜の木の下に置いて撮影しました（P43カラーグラビア参照）。桜はいつもならもう散っている季節ですが、今年は遅れていたため、咲き始めの勢いのある桜に遭遇することができました✨その後篠山城に行き、『森の学校』の映画のシーンの馬飛びを春友さんと再現して皆さんと童心に帰りました♡

そしてラストシーンの、家族で一列になっておいっちにい、おいっちにいと歩くマトくんの歩き方を、みんなでマネをして歩きました✿全国の集まった春友さんとさせていただいたことは本当に思い出に残りました。

2024年4月6日『森の学校』マトくんの歩き方をまねて…

そして7日は舞鶴でのバスツアーがありました。私は参加しなかったのですが、3日とも行かれた春友さんがおられました😊舞鶴の赤れんがパークには『天外者』の映画の時の春馬さんのサインがあります。

本当に毎年違った春馬さんのバースデーのお祝いをすることができました💕ありがとうございました。（ノコノコ）

1日中、春馬くんを想いながら、共に過ごしたバースデー

●ドラマの撮影時と同じ冬に、どうしても行きたくて、ドラマ『僕のいた時間』のロケ地である「森戸海岸」と「みさと公園」に行ってきました。

ロケ地に入ると、目に飛び込んできた風景は、ドラマの世界観が広がっていて、たくさんの名シーンを思い出し、とても感動して涙があふれました。ふと拓人くんと恵ちゃんに会えるような、そんな気さえしましたよ。両方とも素敵な場所なので、ぜひ行ってみてください（絶対に

冬にね)。

その後は、土浦セントラルシネマズさんでの『天外者』の監督である田中監督さんと田上さんの舞台挨拶に行きました。とても貴重な撮影秘話や秘蔵映像を聞いたり見せていただきました。特に秘蔵映像は、初めて見る春馬くんの姿を見て、みんな号泣してしまうほど感動的なものでした(泣)。

大変貴重なものを見せてくださったお2人には感謝しています。とっても温かな雰囲気に包まれた時間でした。また機会がありましたら行きたいです。

3月末には、プチ春活をしながら、土浦新港で開催された「HEART花火2024」に行きました！　花火前のプチ春活では、八坂神社、土浦第一高校、真鍋小学校、鹿島神社に行きました！　一番見たかった真鍋小学校の桜には、ほんの少ししか会えなかったので、ちょっぴり寂しかったです(泣)。いつかリベンジしたいです。

そしてその日の夜に約200人の春友さんと一緒に見たHEART花火は、とても壮大で綺麗な綺麗な花火でした!!特に今年は、春馬くんのドラマや映画の曲と共に見たので、いろいろなシーンを思い出し、またまた涙なしではいられませんでした。春馬くんのお誕生日に向けての花火なので、きっときっと春馬くんも一緒に見ていてくれ、届いていると思っています(泣)。

そして迎えた春馬くんの34歳のバースデーでは、今年もまた『天外者』を見に行き、春馬くん棚にお花を飾り、春馬くんと心の中で語り合いながらケーキを食べました。そして春馬くんの誕生時間である11時58分には、大好きだった「奥鹿」いうお酒で乾杯しました。

一日中、春馬くんを想いながら、共に過ごしたバースデーでした。

これからどんなに歳を重ねても春馬くんバースデーは、一緒に笑顔でお祝いしようね!!

(れいりん)

4月5日『天外者』特別上映 上映後に大きな拍手

●毎年この時期は春友さんたちはとても忙しいです。私もその1人です。

3/30は、待ちに待った春花火の日。その前後は天気が悪く、花火の開催は危ぶまれていましたが、春友さんたちのパワーと春馬パワーで吹き飛ばし、その瞬間は見事に花火日和になりました。

来賓の挨拶に涙し、春馬ちゃん出演のドラマの音楽に涙して、それを観に来た春友さんたちと気持ちを分かち合いました。余韻にひたりながら春馬ちゃん行きつけのお店に行き、仲間たちとお腹を満たし、そこのご主人に生前の春馬ちゃんの話を聞かせていただき、驚いたりうなずいたり、お腹いっぱい胸いっぱいでした。

4/3にはバースデークルーズに乗り、春馬ちゃんと交流のあったシンガーの心温まる歌声を聞かせていただきまして、さらに船内で春友さんたちの一体感に包まれ幸せでした。手話で歌った歌もあり、みんなバッチリ手話を覚えました。

そして誕生日の4/5、日本全国からHappy birthday songの大合唱が聞こえてきましたね。全国266館

真鍋小学校の桜はまだ十分に咲いていなかった

春友さん手製の春馬くん人形を桜にかざす

の映画館で『天外者』の特別上映がありました。前代未聞です。でも取り上げるマスコミはありません。悲しいです。見終わったあとは3回思いっきり拍手をお送りました。

　そして最後は4／6『森の学校』篠田三郎さんのトークショーを映画館で楽しませていただき、みんなで記念写真を撮る時、篠田三郎さんが「はるまく〜ん」と呼びかけてくれて、「はるまく〜ん」大合唱でした。

　春馬ちゃんのため、そして春馬ちゃんのように清く、『天外者』で学んだ「今だけ金だけ自分だけにならない」ように生きていけたらと、自分の心を勇気づける1週間でした。

（春ジェンヌ）

真鍋の桜と HEART花火2024

●春馬さんの誕生日。特別な日の前後、私には決めていることがある。2年前の4月、初めて真鍋の桜を見た時から誓っていた。毎年逢いにくるからね、と。

　真鍋の桜はもはや単なる花見ではなくて、かけがえない彼への想いを伝えるという「逢いにいく桜」なのだ。

　今年はHEART花火2024〜三浦春馬さんに想いを届けたい〜のイベントに合わせて3／30から4／2までを土浦春活三昧の日程で過ごした。

　HEART花火とは春馬さんへの尊敬と感謝の気持ちを届けたいという想いからファンの方が立ち上げた企画で、誕生日が近い日程で春馬さんの地元土浦で行われており、今年は3回目となる。

　誕生日に花火をギフト。この壮大なイベントが毎年開催されることを、ファンの間だけではなく地元土浦をはじめ多くの人に知ってほしい。

　春馬さんは一俳優の枠を超えて人間性、その輝かしい功績の全てが、関わった全ての人を魅了し続けているからこそなせることだと確信する。

　こんなに想いのつまったイベントを毎年実現しているなんて世界中探したって三浦春馬しかいない。

　土浦春活初日はこの花火がメインイベントで、開催時間までは春友さんと食べ春活スポットのお好み焼きの「蔵人」さんへ。人生一美味しいお好み焼きの看板どおり、味、量ともに大満足。

春馬席を予約していたため、席に着くや何も言わなくてもサインを見せてくれたり、店員さんの神対応にも感謝。

美味しくて量が多くてリーズナブル。春馬さんが訪れていたお店は親しみやすいお店ばかりで、それゆえ食べ春活は太るのを覚悟。食べてもたくさん歩くからそこで帳消し。これが土浦食べ春活の極意である。

日没が近づきメイン春活のHEART花火の会場へと向かう。ほぼ一番乗り。全国花火大会で数々の賞を受賞されている山崎煙火製造所さんの華麗な技術を目の前で観賞できるのはなんと特別なことだろう。春馬さんが『日本製』の取材で訪れたことが特別な花火へとつながったことは言うまでもない。

この日を迎え、実現するまでの関係者様とクラウドファンディングで想いを一つにした春馬さんのファンの皆様へ感謝の気持ちでいっぱいになる。

今年は白菊の花火から始まった。

白菊の花火は鎮魂と平和を願って花火大会の最初に上がるものと初めて知った。世界の平和を願っていた春馬さんの誕生日に贈る花火としてふさわしい始まりだった。

そして、春馬さんにちなんだ音楽付きのスターマインが打ち上がる。言葉に尽くせないほど美しい大輪の花火が音楽とともに土浦の夜空にノンストップで打ち上げられた。

咲いた花はHEARTになって散っていく、こんな沢山のHEARTが星のように降っている。美しく妖艶なローラのようであり、みんなの熱いHEARTのようでもあった。

音楽は『14歳の母』の主題歌Mr. Childrenの「しるし」からスタートした。イントロが流れ花火が打ち上げられた瞬間、もう涙が止まらない。頭の中は桐ちゃんでいっぱいになる。

ダーリンダーリン……サビとともにスターマインが炸裂すると、もう最高潮に泣けてくる。これからは「しるし」を聴くたびに条件反射で泣き、「桐ちゃん、春馬君、あなたを忘れないよ」という想いに拍車をかけるにちがいない。

2曲めは『天外者』のエンディングテーマ。映画のシーンが脳裏に浮かんでくる迫力がある、切ない花火。息もつかせず夜空がまぶしい。ラストには「俺に任せろー」という熱い言葉が聞こえてくるような気がした。

今年の花火イベントでは地元のキッチンカーが出ていて、春友さんたちの交流の場にもなった。ビールと唐揚げは「春馬さんセット」。花火会場の土浦新港は風が強くて寒く、ビール飲みたくなる感じではないのだけれど、春馬さんセットとメニューにあったらこれはいくしかない。ここは春馬さんと乾杯している気分で美味しくいただいた。

何人かの春友さんとの久しぶりの再会するのもイベントの嬉しいところで、春馬さんを想う気持ちでつながっている。三浦春馬は出逢いの奇跡をたくさんつなげた。これって凄いことだよね。

2日めも春友さんと真鍋小へ。今年は咲き始めでタイミングとしては早かったけれども、4月の春活でここを訪れないわけにはいかない。何せ誓ったんだから。
桜の季節に校門をくぐり、校庭の土を踏み、今年も来たよと空に向かって話しかけ、桜の木に愛おしく触るのが目的だから、必ずしも満開でなくても私は嬉しい。

真鍋小から土浦二中に向かう途中、道に迷ってたまたま通りかかった中学生ぐらいの男の子に道を訪ねるとなんと！「案内します」というではないか。

その少し前に自転車に乗った男の子が「こんにちわ～」と通りすがりに爽やかに声をかけてきた。

帰りのバスで座席に忘れ物をしたら女子高生が「これ、お忘れじゃないですか」と声をかけてくれた。三連発の親切に、土浦の子はなんて良い子なんだ！と感動。

礼儀正しく人に優しいのは土浦イズムなんだろうか。春馬さんはこういうところで育ったんだなとちょっとホロリとした。

春友さんと主に食べ春活で過ごし、夜は土浦でカラオケへ。スクリーンに春馬さん本人が登場する曲に大興奮。PVに出てくる春馬さんにも大興奮して手を振ってしまった。

春活、私の人生はこのワードで満たされる。歩いて食べて泣いて笑って。健康でいなければできない目標があるって素晴らしい。そしてそれを共に過ごしてくれる大事な春友。

誕生日、やっぱりこの一言しかない。

三浦春馬さん、生まれてきてくれてありがとう、あなたに逢えて幸せだよ。

また来年もその翌年も春活土浦は続く。

（なつなみ）

4月5日は『天外者』観賞、12日に京都プチ春活

●4月5日、春馬君の誕生日。生きていれば34歳。

春友さんが「もう年を数えなくてもいいんじゃない!?」と。

永遠の30歳。

午前中に『天外者』を観に行きました。

観に行った映画館は残念ながら、ポスターなどを貼っていませんでした。チケットも紙ではなく、携帯のQRコード。なんか悲しい。

『モデルプレス』の4月産まれの芸能人という記事。春馬君の名前がない。なんで!?

午後から、近くの乗馬センターまでお散歩。行きつけのケーキ屋でデコって貰いました（写真）。馬の絵は、春馬君が描いた馬を真似ていただきました。

ひっそりと　お祝い❀

4月12日、京都プチ春活。

急遽、京都に行きたくなり、JR京都の「はしたて」というご飯屋へ。こちらは和久傳の店舗。春馬君が差し入れに購入した和菓子屋の店舗。まさかの1時間待ち。何回か行ってるので諦めました。

JR京都からバスで高台寺へ。

金網つじさん。こちらも何度も行ってますが、辻さんがいらしたので、『日本製』にサインして貰い、一緒に写真も撮ってきました。春馬君とは『日本製』の取材前からの知り合いだったらしい。

春馬君との思い出、聞かせて下さいとお願いしましたが、「あまり語りたくな

い」と。

春馬君との約束で制作された指輪を購入。1カ月か2カ月後の完成と。またその時、辻さんとお話しできたら嬉しいです。

高台寺も近いので、お散歩しました。

こちらは2015年に発売された写真集『ふれる』のロケ地です。何度か訪れてますが、桜の時期は初めて。係の方が出勤される時、春馬君とすれ違ったとか。早朝の撮影だったみたいです。

京都は何度行っても新しい発見があり、また行きたいと思います。（tunami）

4月5日、涙をこらえながら会社へ

春馬くんアクスタを持って夜桜見物に

●あの日から、毎日悲しくて涙があふれ、泣き疲れて眠る日々で、生きることに辛くなった時も何度も何度も『創』に助けていただきました。
そんな私の、今年の4月5日。朝から入園式や入学式で賑わっており、通勤時にたくさんの幸せそうな笑顔の家族を見かけました。

晴れた空に満開の桜が見事で、新生活を始める人を応援し見守っているような景色でした。こんなにも幸せな笑顔があふれる日に、春馬くんは生まれてきたんだなと思った瞬間、どうしていなくなってしまったのかと悲しくなり、涙をこらえながら会社に行きました。

今年も全国の映画館で上映された『天外者』は観に行くことができなかったのですが、春馬くんアクスタを持って家族と夜桜を見に行きました（写真参照）。

春馬くんが元気だったら34歳になっているはずでした。俳優としてもますます活躍し、世界に羽ばたき大人の男性としてもさらに魅力的になっていたでしょう。もしかしたら家庭を持ち、優しいパパになっていたかも知れません。明るい未来しかなかったはずなのです。

今でも毎月18日は辛くてたまりません。ですが、誰にも言えません。

私の周りの人からすれば、春馬くんはたくさんいる芸能人の中の1人なのです。そんな彼の死を受け入れられず、今も悲しんでいるなんてどうかしていると否定されるからです。

なので、心の中で春馬くんを思っていますが、本当は声を出して泣きたくなります。

先日、ずっと行ってみたかった東京・世田谷区にある「キャッスル」さんをうかがうことができました。

駅からお店に向かって歩いていると、目の前を歩く女性がいました。その方は馬柄のエコバッグを持っており、私はその柄を見て春馬くんを思い出していたのですが、そのままキャッスルに入っていかれたその方は、なんとキャッスルのお母さんでした。

お店の中には『創』の誌面で何度もみた春馬くんのサインや写真が飾られてお

り、それを見て涙ぐむ私に、お母さんが「春馬くんのファンですか?」と尋ねて下さいました。

春馬くんが10代の頃から大好きだったこと。ずっと来てみたかったが、大阪に住んでいて子どもも小さく、簡単に遠出できないこと。コロナ禍もあり来られなかったこと。今も辛くて悲しいこと。春馬くんが大好きだったシナモンロールが食べてみたかったこと。お父さんとお母さんに会えて嬉しいなどと、お話しました。

新大阪駅で慌てて買ったお土産を渡すと「次は何もいらないからまた来てね」と言って、春馬くんの最後のドラマに出てきたお菓子を分けて下さり、短い滞在時間でしたが、お2人の温かさにふれ、訪問して本当に良かったと思いました。

本当は築地本願寺にも行こうかと思ったのですが、本当に春馬くんがそこにいるのか?と事務所への不信感がどうしても拭えませんでした。本当に18日なのか二転三転した当日の経緯。開かれることのなかったお別れ会。今でも同じ事務所の方を見ると「この人は何も知らないのか? なぜ黙っているのか?」と思ってしまうので行きませんでした。

私は、まだまだ小さい子供たちを育てなくてはならないので、お空の上で春馬くんに会える頃には春馬くんは若くてカッコいいままなのに、私はおばあちゃんになっているでしょう。

それでも「春馬くんの大ファンです! ブラッディ・マンデイの頃から好きでした!」と伝えられたら、きっとあの優しい笑顔で「ありがとう」と答えてくれると思って生きています。

誰にも言わず毎日を過ごしていますが、『創』を読めば同じ気持ちの方が日本のどこかにいるのだと知られることは本当に救いでした。

（愛）

春馬くんがつくりたかったであろう世界をつくりたい

●私の4月5日は仕事の日でした。

春馬くんがいない寂しさは多分ずっとこれからも消えないです。

ただ、悲しむだけではなく、春馬くんがつくりたかったであろう世界を私なりにつくっていきたい、と思うようになりました。

私は、私の場所で、私なりの方法で、目の前の方の力になりたい、そのために自分が培ってきたものを役立てていきたい、と思っています。

こんなにも人間的にも、俳優としても突き抜けた人と同じ時代、同じ国で生きてこられて本当に恵まれていました。

篠田さん、これからも他の雑誌と一味違う『創』を貫いてください。

（J）

2024年7月18日を前にして

4年目の7月18日…これまでの日々を振り返る

2020年7月18日のあの衝撃の日から間もなく4年が経とうとしている。この4年間、月刊『創』は毎号、三浦春馬さんの特集を掲載し、全国の春友さんたちと交流を重ねてきた。その春友さんたちの投稿を掲げよう。

【『創』24年7月号掲載】

あの日から4年目の2024年7月18日へ向けて、春友さんたちが何を想うのか、その投稿を以下に掲げた。

その前に、2024年6月、東京都知事選の候補者掲示板のポスターをめぐる騒動があった。経緯を簡単に書いておこう。きっかけは、NHK党の立花孝志さんによる「ポスター掲示場ジャック」だった。1口2万5000円以上寄付すれば、都知事選の掲示板に自分で作ったポスターを24枚貼ることができます、と呼び掛けて寄付を集めたのだった。

2022年よりYouTubeで「春活channel」を配信してきた男性が、それに応募して、渋谷周辺の3箇所、計60枚のスペースを購入。そこに春馬さんの似顔絵入りの「世界は三浦春馬であふれてる。」というポスターを掲示した。都知事選掲示板については、その前から、ペットの写真や全裸に近い女性の写真を掲示する人がいて社会問題になっていたから、春馬さんポスターも貼られたとたんに騒動になった。

6月28日にはアミューズがそのポスターの掲示に正式に抗議し、NHKを始め、全国ニュースになった。騒動を受けて、すぐにポスターは撤去され、「春活channel」は謝罪動画を配信したのだが、この騒動は、春友さんたちに大きなショックを与えることになった。もともと春友さんたちは、例えば各地の花火大会などでクラウドファンディングが提案されると、それに応募して春馬さん花火をあげてもらうとか、いろいろな局面で春馬さんの存在を知ってもらうという活動を行ってきた。「春活channel」はその延長で、ポスターのスペースを買い取り、春馬さんのことをアピールしようと考えたのだろう。ただ結果的に別の意味で話題となってしまった。男性のSNSには、春友さんから「あなたは本当に春馬ファンなのか」という抗議が寄せられるなどして一時は炎上状態になったようだ。

さて、以下、4年目の7・18へ向けて春友さんたちの想いを紹介しよう。

春馬くんがいなくなっていろいろなことを思いました

●今年もまた7月18日を迎えます。

あの年の7月16日、私は隣の市の映画館にいました。「ライブビューイングフェス2020／Act Call／ハンサムライブ2012」を観に……。

その週末、7月18・19日の土日連チャンで出勤だった私は、16日と20日が代休で、やったぁとばかりに観に行ったのでした。ライブビューイングなのに、コロナ禍で声を出すどころか手を振ることもできなかったのですが、観終わった後、ほんとにこの人のファンになってよかったなぁと思ったのを覚えています。

幸い、以前からの春馬ファンだった私は、リアルタイムで、舞台もミュージカルも映画もドラマも観られ……。いつも夢みる夢子ちゃんでファァ！って感じで観てきたのですが、なぜだかこの日は、ファンで良かったなんてしみじみ感じてしまい、なんで私は今日はこんなことを感じたんだろうって、ふと思ったのを覚えています。

そして、なんでこの人は、遠くの方を見ているんだろうって……。行った映画館は、隣の市のショッピングタウン内にあって、駅からちょっと離れていました。駅からは直通のバスがあったのですが、この日、行きも帰りもそのバスの乗客は私一人でトトロの猫バスのよう。とても不思議な気分だったのを覚えています。

そして、その日、仕事だった私の事務机の上のスマホがビッとあの出来事を伝えました。

春馬くんがいなくなっていろいろなことを思いました。人間は、自分の人生の長さも自分で決めてもいいんじゃないかとか、安楽死とか、自殺とか悪いことのように思われているけど、事故とか災害で亡くなるのは可哀想で、自分の意志で亡くなるのは悪いこと？　春馬くんはふっとしたタイミングで逝ってしまったと思っている私ですが、もしくはどこかで身を変え名を変え過ごしているんじゃないかと（笑笑）。

年数が長くても短くても中身の濃さは人それぞれだと思います。

あと…なんでも後回しにしてはいけないと思うようになりました。今は今しかなくて…あの時やっておけばよかったなんてタラレバもなくて…。

そんなふうに考えていると、春馬くんみたいに常に考え、行動するようになってしまうみたいです（笑）。

毎号、発売を楽しみにしている『創』とともに自分なりに過ごしていきたいと思います。いつもありがとうございます。

（いち春馬くんファンより）

あの日から長いようで短い日々でした

●空羽ファティマさんと海扉アラジンさん、篠田編集長のインスタライブのアーカイブを夜になって見させてもらいました。3人の信頼関係があるからこそのストレートな会話に釘《くぎ》付けになりました。

今思い出すことは、2020年7月18日に15年間ずっと応援してきた春馬くんが、突然私たちの世界からいなくなってしまった時のどうしようもできない自分の気持ち！

その頃はヤフーのニュースを見るぐらいで自分からは旧Twitterもインスタも全くしていない頃。たまたまヤフーのニュースで知った『創』という月刊誌。ほんとに藁《わら》をもつかむ気持ちで地元の本屋さんで2020年11月号を注文。TV以外で初めて春馬くんのことに関する情報を文章で読むことができました。春馬くんのことや、いなくなってしまったことに対する全国のファンの言葉をいっぱい目にすることにより、どれだけその共感する気持ちに助けられてきたことか！

それと同時に2020年11月号で初めて出会った空羽ファティマさんの想いがつまった文に感動しました。それからは地元の本屋さんに予約注文にて毎月号と特別臨時号『三浦春馬〜死を超えて生きる人』を購入。ずっと読ませてもらい、助けてもらってきました。活字になったものはやはり読みやすく、全く会ったこともないけれど全国のファンの皆様の文を読めること自体が、あとから考えればグリーフケアになっていました。

あー！　あれから4年経ったんだな〜。篠田編集長さんの編集という活字にするまでの大変な作業だったり、どこまで活字にしていいのかということ。空羽ファティマさんのいろいろな方向からみてくださる想いゆえのご苦労だったり、海扉アラジンさんの切り絵ならではの大変さを乗り越えて、こんなに素敵な月刊誌になっていたんだ、と今更ながら感謝の気持ちでいっぱいになりました。

『創』を読むことにより助けられ続けた4年間でした。私はそれと同時にしてきたこと。お別れ会に行くつもりだった気持ちを消化するがごとく2020年11月に初めて春馬くんの偲《しの》び旅へ。その行動がとても春馬くんと共に旅しているような気持ちにもなりました。一番初めは偲び旅でしたが、それ以降は春馬くんの気配探しをするような気持ちで何回も何回も一人旅をするようになりました。都内の春馬くんの気配がありそうな場所や故郷の土浦へ。何回も行くことによりそれも自分の心が穏やかになるような気もしていました。

ずっと行く旅は今でも基本一人旅が多いですが、昨年11月に生まれて一番長い7泊8日の春馬くん気配探しの旅へ。旅の間はずっと春馬くんのことが中心の時間でした。その時は「せかほし特集」の目的もあったり2023年2月から春馬くんの観てきた作品のことを語りたくて語りたくて発信を始めた「note」という場で知り合った春馬くんを大好きな方と会ったり。他にも春馬くんのことをきっかけに知り合った方を誘って鉾田《ほこた》の海に行ったり土浦の街を散策したり。時には友人と気配探しをすることもできるようになりました。

この4年間は長いようで短い日々でした。2022年に築地本願寺にいてくれるようになって、春馬くんの気配探しとして都内に行ってまず一番にすることは築地本願寺に会いに行くこと。納骨された頃、どこかで手を合わせたくて仕方がなかったので私にとっては嬉しいことでした。お母様の気持ちはインスタで空羽ファティマさんが言われたような感じに私も思っていたので、とてもお母様に感謝の気持ちでいっぱいになったことを思い出します。都内の築地なら全国から会いにくるファンでも行きやすいし、役者仲間や友人も思いついた時に会いにいってくれる!と想えました。

インスタで特集号が7月か8月に出ることや、空羽ファティマさんが「note」に投稿してくださることをお聞きしたので、今からとても楽しみにしています。私も昨年2月から「note」に投稿を始めたので、また読ませてもらいコメントをさせてもらいますね！

初インスタライブのアーカイブを見た直後で今は夜中ですが、どうしてもお礼を言いたくてメールさせてもらいました！

ほんとにありがとうございました

（いつまでも春馬くんのことが大好きな洋子より）

あの日、高1だった私が大学2年生に

●2020年7月18日。私が高校1年生の時でした…。中学2年生の時から大好きな三浦春馬さんを失ったことで、悲しみの渦の中にいた私は『創』と出会ったことがきっかけで、少しずつ前向きに生きていけるようになりました。

春馬さんをモチーフにした作品を作り、それを『創』に投稿したことをはじめとして、たくさんの春友さんと出会うことができました。本当に感謝の気持ちでいっぱいです。

私自身も、作品作りによって心を癒《いや》すことができ、そして、私の作品を見ていただいた方々にも喜んでいただけてとても嬉しかったと同時に、私個人で楽しんでいると思っていたことが、誰かの心の支えに少しでもなっているのだと感じて、とても心が温かくなりました。

これからも春友さん方との交流は大切にしていきたいし、春馬さんの作品をこれからも作っていき、春馬さんが残してくださったたくさんの宝物をいつまでも大切に想っていきたいです。

そして、私は「三浦春馬さん」という素晴らしい表現者が、この世に存在したことをずっと忘れずに、そして、これからも、彼の存在が、より多くの人々の心の中で輝き、生き続いていくように、春馬さんの作品作りを含めたグリーフワークケアの活動を続けていきたいです。

私は今年の夏で20歳になります。春馬さんがこの世で生きた歳になるまで、あと10年あります。私が彼と同じ30歳になる頃には、どんな未来が待っているのでしょうか…。

現在、私は大学2年生となり、医学や栄養学を学び、人間や動物の健康や命のサポートができるような人物になれるよう日々励んでいます。今、生きているこ

とに感謝し、命の大切さを尊重して、それを伝えていけるような存在になりたいです。そして、春馬さんが願っていた「争いや差別のない、誰もが幸せな平和な世の中」が一刻も早く訪れることを強く願いながら、私はこれからも前に進んで生きていきたいです。

（三早希）

ファティマさんへのラブレター

●思い起こせば2020年の夏に春馬くんを失い、持て余す程の喪失感に途方に暮れていたころ、ヤフーニュースに転載されたローラ微笑む2020年11月号の記事を目にしたのが『創』との出合いであった。そしてそれは同時にファティマさんとの始まりでもあった。

　毎月の発売日は心のケア日となった。私の枯れてひび割れた心に、ゆっくりと清らかな水が浸透するようにファティマさんの言霊が行き渡る。それは号を追う毎に…暗闇に柔らかな炎を灯し出し…辺りを照らし始め…長いトンネルのその先の光に向かって…時には立ち止まったり、振り返ったり、後戻りしながらも、そっと肩を優しく包まれながら、共に歩を進めている気さえしていた。

　私はその紡ぐ言霊に徐々に心身が再生されるのを感じた。〝ウンウン、そうだよね〟と頷《うなず》きながら、温かい涙を何万回、流したことだろうか。

　この4年弱、春馬くんを語り続けるのは大きな勇気と相当な覚悟、労力が必要だったろうと思う。たとえ春馬くんの名が少ない号でも、いつもその根底に存在する彼を、私はしっかりと感じ取ることができた。批判や誹謗《ひぼう》中傷もあったと聞く。彼への想い、特に旅立ちへの考え方については、千差万別なので相違もあろうとは思う。

　ただ私はファティマさんが早い段階から、表には出ていない、春馬くんの身近にいた方しか知らないであろう状況を把握し、書かれていることに気付き、驚愕《きょうがく》し感嘆した。そうか…春馬くんの大切な方とコンタクトが取れているのだな…と察し、本来ならもっと書きたいことも補足も反論もたくさんあったであろうが、その大切な方との約束と信頼を守りつつ、真実を知りたいファンとの橋渡しとなって、寄り添い続けてくれた一貫したその姿勢にファティマさんを完全に信じ切ることができたし、それはもうただ、ただ感謝しかない。

　どうか皆さんも今一度、全ての号の軌跡を辿り、温かな気持ちになってほしいと思う。私はファティマさんから、言葉では言い表せないほどの学びと幸せな〝モノ〟を頂いた。それは決して目に見える形ある〝モノ〟ではないけれど、心にふれる〝モノ〟だ。

「春馬ism」や彼が目指した世の中、それはキャメルンの活動そのものにも通ずる、と私は思う。ファティマさんやキャメルンの皆さんの心のあり方が常に私を刺激し、日々の推進力となり、背中を押し続けてくれる。

　私も自分なりに何をすべきか、春馬くんやキャメルンの皆さんに恥じぬよう、今後も考え続けたいと思う。

　最後に、このような素晴らしい御縁、新たな生き様をまさに〝創生〟してくれ

た拠《よ》り所『創』、そして篠田編集長にも感謝申し上げます。（かんなお）

図書館から『日本製』をなくさないためにできること

●春馬ファンなら『日本製』を購入し、読まれた方も多いだろう。

　2020年4月5日に発行されたこの本は、わずか発売2週間で緊急重版され、その後も何度も重版され、現在出ているのは2022年2月1日発行12刷目である。私が初めて『日本製』を知ったのは2020年7月4日放送の日本テレビ「世界一受けたい授業」でだった。

　我が家の土曜日の夕食時では毎週普通に観ていた番組だった。「へぇ～春馬くん、俳優以外にこんな本も出してるんだ。凄いね」。当時は、そんな印象だった。まさかこの2週間後にあんなショックなことが起こるとは……。

　あの当時、『日本製』は、注文してもなかなか入荷せず、その年の10月にやっと私の元へも届いた。

　手にすると、まるで辞書のようにずっしりと重みがあり、開いてみると細かい字がぎっしり詰まって、その取材量の多さと内容の濃さに驚いた。

　つい先日、ヤフーオークションで図書館リサイクル本の『日本製』を、目にしてしまい非常にショックを受けた。

　現在、日本全国の公共図書館には、たくさんの『日本製』が蔵書されている。図書館自らの選書や利用者からのリクエストでの購入、そして寄贈によるものである。

　図書館蔵書検索サイト「カーリル」https://calil.jp/を使ってみると、都道府県ごとの蔵書先や貸し出し状況もすぐわかる。残念ながら『日本製』は、たくさんの図書館に蔵書されていても借りられていない所が多い。

　このままこの状態が続き、貸出履歴がなければ、いずれはリサイクル本や廃棄に回されてしまうのだ。図書館の収容スペースには限りがあり、新しい本や寄贈本が入ってくるなか、いくら良い本でも借り手がなければ図書館側でもそうせざるを得ないのだろう。

　図書館に蔵書された『日本製』のうち、寄贈本がどれだけの割合を占めるのかは定かではないが、今まで多くの方からたくさんの本が届けられたと思う。その中でも日本全国47都道府県に400冊以上も寄贈された、『創』でもお馴染《なじ》みの春馬くんの鉛筆画家のdekoさんの「日本製届け隊」の活動にはとても感銘を受けた。図書館ごとに収書方針や寄贈のルールも異なり、大変だったに違いないのに、いつも感謝の気持ちを忘れず、春馬さんに恥ずかしくないようにと、心がけられたその真摯《しんし》な姿勢には尊敬と感謝しかなく、今後この寄贈された本を含め、たくさんの『日本製』を、一冊も無駄にすることなく末長く図書館で読み継がれていくには、どうすればよいのだろうかと考えた。そしてここは、全国の春友さんと協力しあって『日本製』を見守っていけることができたら、と思った。

　既に図書館で定期的に借りたり、身近な人に薦めてつなげてくれてる方もいるが、大半は、このような図書館の仕組みをご存知ではないので、まずは「カーリル」で最寄りの図書館に蔵書されているか調べて貸出状況を見てほしい。

全国に居住する春友さんたちが各々の図書館の『日本製』を見守ってくれれば、今後リサイクル本や廃棄は、回避できるのではないだろうか。この投稿を読んでくれた方が「日本中の人に知ってもらいたいから学校の図書室や図書館においてもらいたいですよね」と語っていた春馬くんの想いを繋げていってくれることを切望し、期待したい。

（マレイ明美）

もう４年！　いや　まだ４年！

●衝撃的な年から4年経ちます。春馬さんがいなくなってから悲しくて辛くて、考えると涙が溢れ出て…「涙が枯れる」って嘘ですね。私は涙が出る程泣くことはあまりなかった人ですが、春馬さんのことでは別です。今でも春馬さんの映像などを観ると涙が溢れ出てきます。どうしてこんなに努力していた人が、どうしてこんなにステキな人が亡くならなければならないのか？　最後に見た光景はなんだったんだろうか？

私は春馬さんゆかりの地を歩いています。そして同じ思いの春友さんたちと出会い、春馬さんの話をしています。春馬さんと親交のあったシンガーソングライターさんたちと出会い、1人は今月半ばにお食事しながら「You&I」などを聴かせていただこうと思います。

7月は七夕特別上映が日曜日なので映画館をはしごして『天外者』を観ます。そして靖国神社参りをして春馬さん提灯を見て御霊祭りしたいです。

命日とされる18日はしっとりと家で春馬さんを思い出そうと思っています。きっと涙でグシャグシャです。早く疑問を解明できますように願うばかりです。

（春ジェンヌ）

春馬くんを長く取り上げてほしい

●深い悲しみに沈んだ私を、『創』さんは救ってくれました。空羽ファティマさん、海扉アラジンさんにどんなに心をいやしていただいたか言葉では言い尽くせません。２０２０年11月号を初めて手にした時は、沈んだ心に一条の光が当たりました。

以来、毎月『創』を手にすることが私の一番の楽しみです（他の雑誌には、もう春馬くんはいないので）。『創』はいつも春馬くん、春馬ファンによりそってくれています。毎月発売日の７日が、とても待ち遠しいです。

２０２０年11月号から特別号４冊を含めて全て並べ、折にふれ、繰り返し読んでいます。表紙の春馬くんの切り絵は、拡大コピーし、部屋に17枚飾ってあります。どれも愛らしくギャラリーのようで、私の大切な宝物です。私の家には1メートル四方の特大春馬くんが2枚、A3の写真は93枚飾ってあります。まだまだつらく悲しい気持ちが一杯ですが、ファティマさんとアラジンさんの作品に心をなぐさめられています。心から深く感謝しています。これからも心から春馬くんを愛し、『創』さんを愛読しつづけます。長く春馬くんを取り上げていただけることを切に切にお願いいたします。ありがとうございます。

（鈴木由美子）

第3章

三浦春馬さんへの想い

空羽ファティマ／海扉アラジン

ファンが飛ばした風船を天国で受け取るローラ（海扉アラジン・作）

奇跡は起こすもの

三浦さんが望んだ社会を創るために今私たちがするべきこと

〝奇跡〟は、遠くのファンタジーの世界のことだと人は想っているが違う。
それはやってくる。あなたが本気で望むならば…

空羽《くう》ファティマ［絵本作家］

「奇跡ってよく言うけれど、誰かが誰かを思う少しの思いやりが行動になり、その行動が幾重にも重なっていくことが、奇跡が生まれるプロセスだと思うんです」と三浦さんも言っていた。〈人を思う気持ち〉が《奇跡と呼ばれる結果をもたらす力を導き出す元になる》と信じる時、それはやってくる。

さりげなく、静かに、優しく、そう…まるで風が吹くように……。

そっと地上に降りてきた天使のように私たちのすぐ隣にやってくるのだ。

春友さんの中にもＨＳＰ「Highly Sensitive Person」（生まれつき非常に感受性が強く敏感な気質を持つ人）は多い。記事を読めばお気づきだろうが私もその一人なのでこの世を生きることは本当に大変なのだが、何回も、その〝奇跡という名前の天使〟に背中を押され、励ましてもらいながら、なんとか今まで生きてこられた。

それは、〝世の中は捨てたものではない〟ということを人生の厳しさや人間関係の痛さに泣いていた私に、その度に伝え続けてくれた。

こんな心ない社会だから、繊細な三浦さんは…

三浦春馬さんはラオスの子どもたちの未来のために現地を何度も訪れた。

日本は先進国の中でも子どもの幸福度が低く、彼らが生きていくのが厳しい国で、先生の多忙さに対するケアも進まない中では、いじめに苦しむ生徒への対応もきちんとできない。加えてコロナのマスクで顔が半分隠れたままの表情を読むのが難しい友人付き合いは、大人が思っている以上のダメージを与えた。

「ソーシャルディスタンス」という綺麗《きれい》な顔をした冷たい言葉で、人との距離を遠ざけた社会の中で思春期を過ごした彼ら。その影響は今以上に今後、友だち関係や恋愛、結婚に大きく出る気がする。

中学生の不登校の割合は20人に1人で理由の3割は先生への不信感。不登校ではなくても学校生活が辛い子はかなりいる、と学校に朗読コンサートや講演で行き、相談を受ける度に感じ、もはや多くの学校は社会や大人への不信感を増す場所とも言える。

京都の大里芽生《めい》ちゃん(13)はクラスメイトが「死ね」「いなくなれ」の暴言を吐かれているのを見て〈〃自分はただ、見ている人〃でいていいのか?〉と自問自答し、なんとかしようとした。その覚悟と勇気は尊敬に値する。

想いを行動に移す強い意思と情熱は10代から環境活動家のスウェーデンのグレタさんのようだ。これからメイちゃんはいじめ問題のリーダー的存在として、ジャンヌ・ダルクのようになるのかもしれない。

いじめを相談した担任の言葉は、「本人は気にしてないから大丈夫」「どこの学校にもあるから我慢しろ」。登校しようとすると頭痛、吐き気が起きた彼女にこうも言った。

「まずは学校に来てほしい。少しずつやる気になって、社会で通用する生徒になってほしい」……

「やる気が……ナイ」??

やる気がなく社会に通用しないのはあなたたち学校サイドでしょう?

教育者とはいえぬ、無神経で乱暴な暴言。怒らない人が温和ないい人だと思われる風潮はあるが、怒るべきところは、なあなあにせず、きちんと怒るべきだし、臭い物に蓋《ふた》をしてきたから、子どもの自殺は増えているのだから。

担任を責めたいというより、現状をそのままにしている学校と教育委員会、文科省の在り方を問いたい。本気でいじめをなくそうという気があるとは思えず、現状をなんとか隠し、問題がないふりをするのに必死だ。

友だちを思いやる温かな心や正義感は、道徳の教科書で学べるものではなく「ここは人として許してはいけない」と思える正当な怒りを、まずは持つことから始まると思う。

いいのだ。怒って。と言うか、怒るべき所は、怒らないとダメだと思う。いじめのニュースを見てただ悲しんだり嘆いてるだけでは何も変わらない。「子どもを守る本気の大人の姿」を彼らにちゃんと見せないと。

彼らは、大人は信頼できないと思っているのだから。

声を上げよう。行動しよう。

社会の宝である子どもをしっかりと守ろう。正義を振りかざすのではなく、なあなあ主義をやめよう。苦しんでいる子を置き去りにしてはいけない。いじめははびこり、学校は〃ブラック企業〃になり、日本の教育現場はどんどんダメになっていく。

いじめをなくすデモをしろというのではない。もっと身近なことから始めればいい。

うつむいて歩いてる子には、笑顔でおはようだけでも声をかけ、それを繰り返しているうちに仲良くなろう。固くこわばったその背中を撫《な》でよう。抱きしめよう。昔、日本社会がやっていたように。

感染を恐れて人との壁を高くするのはもう、いい加減やめにしよう。人間とは「人の間」と書くのだから「人の間」で生きていこう。人の間で語り、泣き、笑いあおう。空腹の彼らに温かな心のおにぎりを差し出そう。

岸田総理、お返事下さい！

メイちゃんは「理解されない」「自分の気持ちは世の中では、通用しない」と落ち込み、車に飛び込もうとさえした。

孤独の中に彼女を置き去りにしてはいけないし、このままではいけない！　私たちみんなで彼女を守らないと。


なぜ、こんなにいい子が、こんなに優しい子が、こんなに正義感あふれる子が、「この想いは世の中にわかってもらえない」と思わなくてはならないのか!?

そんなの、違う！　絶対に絶対におかしいに決まっている。

メイちゃん、あなたは正しい。何も間違ってはいない。あなたは光の中にいる。

おかしいのは学校サイドなのに、あなたはそれをただ責めるだけではなく絶望して投げ出すのではなく、「人が死なないとわからないのか」「誰に相談したら何かが変わるのか？」と考えて行動に移したのが岸田文雄総理への手紙。人間不信になったのに、それでもまだ大人を信じて、国のトップならば子どもを助けてくれると信じて、1600字もの手紙を書いたのよね？　なのに、去年の9月に送った手紙の返事はないという。

MBS報道情報局・吉川元基さんの心ある記事でニュースにもなっているのに。岸田総理。どうかこの手紙に気づいてください。忙しいのでしょうけれど、関心を持ってほしいです。子どもの命がかかっていることなのです。少子化対策よりも何よりも、まず優先すべきことなのではないですか？

吉川さんからのバトンを、私が微力かもですがしっかりと、この手に受け取って、少しでも先に向かって走りたい。

総理への手紙に記されているのは、「たいていの先生は、そのいじめられていた子が死んでしまった後に『知らなかった』『調べたけど見つからなかった』『調査した』などと言い訳をし、死んだ子どもがいても学校はまた同じことの繰り返しをする。

提案があります。いじめ、虐待などの専門家の人を学校に配置してください。理由は担任の先生は手が空いてなく、生徒をきちんと見られないからです。いじめている子は、もちろん悪いですが、その子にも事情があるかもしれない。ストレスをどこにぶつけたらいいか、わからないかもしれない。なので、いじめている子にも向き合ってほしいです。助けてください。他人事にしないでください。この世界を変未来を照らしてください。この世界を変えてください。お願いします」

神様との約束を守るために

メイちゃんの記事をラインニュースで読んだのはなんと！　4月5日の三浦さんのお誕生日。三浦さんとのご縁を感じたので今回の記事に書くことにした。

帯状疱疹《たいじょうほうしん》の痛みで悲鳴を上げていた眠れぬ夜、私は神様に祈っていた。「もしも、私が世の中の役に立てる人間ならば、どうかこの痛みを消してください。そしたら、本気で今まで以上にご奉仕しますから」

すると、治るまで3年かかるひどい帯状疱疹後の神経痛と言われたのに、その10分の1の期間で、私の必死の祈りに応えて治してくれた。

なので〝神様との約束〟を守らなくてはならない。幸いメイちゃんには、温かく優しくメイちゃんを応援し支えてくれるお母さんがいてくれて、そのお母さん故にこの正義感強い娘になった。でも、今はその正義感がかえって、彼女と社会を分断し、「学校に行かないことで周りに迷惑をかけているなら自分はこの世からいない方がよかったのか」と思っているという。学校や大人への不信感が募り、自分を責め消えてしまいたいと思ってるメイちゃんに、とにかく直接会って「大丈夫。世の中にはあなたの味方もいるよ。そして応援だけではなく一緒に、あなたの望む社会を創るお手伝いもするからね」と伝えなくては……。

どうしたら会えるかを考え、記事を書いた吉川記者と繋がろうとした。私たちは今までも子どもの命や人権を守る活動をしてきたので、怪しい者ではないとわかってくれたら会わせて下さると思っていた。しかし、何度もMBSにメールや、メッセージを送っても返信が来ないので会社に電話もしたが、「記者に伝えます」とだけ言われて、そのままに。見ず知らずの者に簡単に会わせるとは思わなかったが、「消えたい」と言ってるメイちゃんに何かあったら、と思うとたまらなくなり、とりあえず京都に出かけることにした。足で探し回れば、ご縁があれば会える気がした。母の学生時代からの親友で88歳とは思えない、ものすごいパワフルでユニークでハートの温かな大好きなおばさまの千佳子ちゃんを誘ってみたら、「行くわ！」と言い、一緒に行くことになった。京都では、娘の家に居候《いそうろう》させてもらい、無謀とも言える大捜索が始まった。タクシーの運転手さんから「左京区は京都で一番広く探し出すのは不可能」と聞き、今まで一度もネガティブな言葉を言ったことない千佳子ちゃんですら「ケーコちゃん、さすがに無理だわあ〱〱人生そうは甘くはないわよ」と言ったが、私は「でもなんとかなる気がするの」と笑った。

奇跡が起きた日

そして、捜索初日。まず左京区にたどり着き、魔女の館みたいなお店でランチをしようとバスに乗ると、男性が10円玉を落としたので拾ってあげて下車すると、その方が「何かお困りのことはありますか？」と聞いてくださった。こんな質問は私自身がされても困るが〝おすすめの警察署〟を聞いてみた。個人情報を警察で教えるとは思えないが、何か少しでも手掛かりになる情報や探し方を知れればよいと思った。

　すると「川端警察署がいいです」と言う。流れには従おうとバス待ちしたが来ないので、銀閣寺前にいたタクシーに乗る。窓口のお巡りさんの遠藤さんは親切にしてくれたが、情報はもらえず、「記事元に繰り返し電話するしかないですね」と言う。そこで警察署のロビーのソファーで、千佳子ちゃんという人間離れしたビッグなハートの持ち主の手を握り、電話をかけた（彼女がどのくらい人を疑わない善人かというと、真夜中に家に入ってきたドロボーさんを旦那さんの友だちだと思いこみ、お夜食を食べさせてあげたらさすがにドロボーも悪いことをできなくなりそのまま帰ったとか。友だちに嫌味を言われても「そんなに褒《ほ》めないで☺」と喜び「褒めてなんかいないわよっ！」とあきれられるほどの人☺）。

　祈りながらMBSに電話すると、女性が出て「メールを確認するのでお待ちください」と言われた後、男性が出た。

　それはなんと！　記事を書いた吉川記者さんだったのだあ!!　私のメールの内容を読んでいてくれたらしい。わあああ あ!!　忙しい記者さんがこのタイミングで社にいたのも、バスを待つ時間も含めてちょうど良い時間配分だったようで、それもすごいっ。

　なので、「命の大切さと日々の尊さ」を伝える本を作り、朗読コンサートを通じて伝える活動をしてきたことなどを伝え、なぜメイちゃんに会いたいかを真剣に話した。その後、吉川さんは「空羽ファティマ」をネット検索して、NHKのニュースウオッチ9で特集されたり、震災支援活動や、朝日新聞、毎日新聞にコラムを書いたりなどの活動をしていることをよーく調べた上で「この人なら安心して会って大丈夫」と思い、メイちゃんママに連絡してくださったという。

　そしてその日のうちに電話が来たのだ！　探し回りやるだけのことをやって、ダメなら仕方ないと思いつつもなんか会える気がしていたが、探し始めた初日にトントン拍子に進んだ！　ひょお！　さすが仏の慈愛満ちる古都京都である。この地はエネルギーの質が高いことを日々感じているが、たくさんの人が祈りを捧げる故、良い気に囲まれているのだろう。

ロス校長からの謝罪と芽生ちゃんの想い

そこからすぐの5月12日。私の本『ラクダのキャメルン』のラクダの置物がある鴨川近くのイスラエル料理の店でメイちゃんとお母さんとランチ。

〈ちゃんと伝わるように実名と顔出しして取材を受けた〉気持ちは変わってないかを確認。ランチ後はお母さんは帰り、看板もない誇り高いケーキ屋に行ってから、2年間引きこもった体をマッサージでほぐしながらたくさんお話をした。そして、5月20日に私が群馬に帰る時に一緒に来てしばらくキャメルンスタッフたちと過ごすことにした。が、その日に家族でノロにかかってしまい、治ったら来ることになった。今後はキャメルンスタッフたちも彼女の力になり、英語の先生の吉川比呂子こと海扉《カイト》アラジンはオンラインで英語も教え、大人不信の彼女に世の中、ひどい人ばかりではないということを知ってほしい。

……以下。その後毎日やりとりしてるメイちゃんからのライン。「担任の先生の『他の学校でもあること』の言葉がすごく心にきました。他の学校で起きてるから子どもがどれだけ傷ついても、見て見ぬふりをする大人たちがいて、その話を平然としている姿を見て、あ、この人たちに何を言ってもだめなんだと思いました。取材を受けたのは、誰かが話さなければ、世界は変えられないと思ったからです」

……そして、ともに活動しているスタッフの中で一番学校に近い立場にいる、校長ロスからメイちゃんへの謝罪文も載せる。教員とは〈教育委員会を批判すると、処分されてしまうので声を上げられない〉そうで、だから日本の教育界は変わらない！

【大里芽生さんへ
キャメルン・メンバーの一員で、小学校の校長をしているロスこと樋口猛といいます。謝らなくてはいけないことがあります。芽生さんが実名を公表してまで今の日本の学校や教育システムを「変えなくては」と真剣に取り組み一石を投じようとしているにも関わらず、学校のトップなのに公に問題点を指摘し変革への対策を訴えることができないのは、〈国や上からの指示に従うしかない日本の教育システムの一員は「公に異を唱える」ことが許されず〉芽生さんの置かれた状況や学校の対応が、本当に酷《ひど》くて正さなくてはいけないことと思いながらも「自分の保身」のために、声を上げることができないことを本当に恥ずかしく思いながら、謝ることしかできず、情けない大人ですみません。なんの頼りにもならない校長ですみません。本当にごめんなさい。群馬に来県した折は、ぜひうちの小学校に来ていただき、児童や先生方と「いじめ問題」を話し合う機会を設けさせてもらいたくお会いするのを楽しみにしています。】

私とともに子どもの人権を守る活動をするロスさえも、意見さえ言えないことに衝撃を受ける。

「今の教育はおかしい」と言うと「処分される」なんておかしくない!?

だから、学校は変わらないし、いじめはなくならず、学校不信、大人不信になった子どもがどんどん死んでしまうのだ。不登校になる理由の3割は先生への不信感なのだ。

これはロス本人の了解を得て投稿しています。何もできないから、せめてものお詫《わ》びだそうです。

【メイちゃんからの返事。
声を世間の一般の方にあげられなくても、私に話してくださりありがとうございます！　世間、ほとんどの方がこういう気持ちであると思います。声を上げることができない、本当に本当に苦しいと思います。

私は「たたかいたい」と思っています。こんな世の中では、きっといつか今の苦しみがさらに大きく大きくなり、未来の子たちに希望さえ与えられないそんな世の中であり続けてしまうと思っています。

　自殺をせざるをえなかった子たちに居場所を作ってあげられなかったこと、今まで何も知らずに生きてきたこと、本当に本当に1人の人間として悔しくて仕方ありません。誰かを殺してしか伝えざるをえなかった子たちもいることを最近知り、そんな子たち、今生きている子たちのためにも、発信し続けたいです！　大里芽生】

【メイちゃんママより。

　謝罪文、本音で書いてくださって嬉しく学校や教育委員会に対しての思いは、私たちも全く同じで学校現場の（一部の！）先生方は、生徒と教育委員会に挟まれて、生徒のことを思っているほど苦しんでおられると思います。

　そのことをみなさんに知ってもらい、根本から変えていきたい！　そうでないと、子どもたちの未来＝日本の未来は真っ暗です。大里肖子】

　……ロスを責めず「たたかいたい」と、真っ直ぐ前を向き続けるメイちゃん親子に、恥ずかしくない人間でいたい。

帯状疱疹体験記◆ついに最終回

　京都訪問の前日に完了した、抗うつ薬離脱成功報告と、本当にお世話になったお礼を伝えに、もう薬も診察も必要はないけれど、5月22日に改めて群馬大学病院麻酔科の予約を取り、担当のM先生を訪ねた。

　北野八幡宮でたくさんの「願いごとの絵馬」の中に「願い叶った感謝絵馬」もたまに見かけたが、頼むだけではなく感謝こそが大切だから。

　メイちゃんに会った後「熱はないが鼻水がダラダラ垂れティッシュ1箱200回1日でチーンした」ことを先生に話すと、7種類の強い薬を飲んだ故《体が薬害を出そうとしたのかも?》と言われ、鼻水出し切った後は肌もきれいになったし、納得。

　薬嫌いの私の意向に寄り添いつつ、抗うつ薬を痛み止めに使う的確な治療をしてくださったM先生に心からのお礼と、先生のことも書いた『創』6月号も渡した。病院の先生なので握手を遠慮していたら、先生の方から手を握ってくださり感動した♥

　群大病院の玄関を出ると、初受診時は咲いてなかった三浦さんのシンボルの桜❀が満開。やがて葉桜になり……新緑が輝き、今ではすっかり初夏の空になっていた。

　病院7つの末に駆け込んだ1月30日の初診から4カ月間が過ぎていた。激痛の壮絶な闘病だったが、今振り返ると学びの多い、いい経験をさせてもらった。

　〝いい経験〟、そう言えるようになれるまでに「チームファティマ」の医療者の春友さん始め皆さんの優しさと応援に、どれだけ支えられたことでしょう。

　駐車場入り口にはステンレス製の鳥さんがいて、歩いて通る時、端の子だけ皆になでられてピカピカに光っているのを見て「かわいそうになあ」と、普段はこういうことをするキャラではない彼が、光ってない子たちをナデナデした。

　抗うつ薬の影響で1日中寝まくった私

を「死んでるのか?」と息をしてるかを確認するため鼻に手を当てた彼だが、受診日は休みの日に早起きして病院に付き添い車椅子押してくれ、全く寝たきり状態の私にスタッフたちとともに家事を全てしてくれた。感謝、感謝。

〈50代以上は3人に1人かかるがすぐに薬を飲めばたいてい軽症で済む〉が、私のように早期に飲んでも重症化もあるこの病について最後にわかりやすくまとめますね。

〈帯状疱疹が急増した理由〉……ワクチンの成果で水疱瘡になる子が減り、その子に接し免疫力を上げる機会がなくなったから。

※水疱瘡になった人は皆、帯状疱疹になるウイルスが全身の神経のどこかにひそみ、神経を壊して、加齢や疲労ストレスによる免疫力低下で増殖。皮膚にたどり着いたものが帯状疱疹で全身どこでも発症する。帯状疱疹についてはかなり学んだので、症状や薬の情報が欲しい方はご連絡くだされればできる限りお力になります。私もたくさんの方に助けられたので恩返しします。　合掌🙏

帯状疱疹後神経痛、重症例の奇跡の復活体験者　空羽ファティマより。

……世の中の悩みは、病気と人間関係とお金。体が丈夫ならなんとかなるから、ある日突然、日常生活ができなくなるこの病について伝えてきましたが、これで帯状疱疹報告は、全て終わります。お付き合いいただきありがとうございました。チャンチャン。

子ども社会も大人同様、人間関係は悩みの種故、「いじめ」が減ればかなり平和になる。

スウェーデン、デンマークでは国が総力をあげていじめ問題に対処し、めざましい結果が出ているが、私たち自身が声を上げないと国は変わらない。親にとって〈何より辛いのが我が子を失うこと〉で、中でも自死で子を亡くした親の悲しみは終わらない地獄。

そして〈自死の原因の多くが、いじめ〉だと、大人はもっと強く自覚すべき。まずは関心を持ち、次に声を上げてください。私のインスタのコメントからでも。実名と顔出しで本気の13歳のメイちゃんの決意と覚悟を無駄にしたくないから。優しくない社会故に三浦さんを亡くした悲しみを味わったみなさんなら、きっと伝わると信じています。

そして岸田総理。芽生ちゃんが魂を込めて書いた手紙にどうか目をお通しください。忙しさを理由に後回しにしないでください。その手紙の向こうには、多くの子どもたちの「かけがえのない命」がかかっているのですから。

【思いやりが行動になり、幾重にも重なり奇跡が生まれる】の三浦さんの言葉が多くの方の心に届き、温かな奇跡の花✿が咲きますように……。

2023年初夏

空羽ファティマ

PS【命日近いので新しい三浦さん情報❤】彼の愛車、黒のBMWのナンバーは358

［初出：『創』2023年7月号］

今だから観たい

昭和感あふれるかつてのドラマ

「それでも、生きてゆく」「若者たち2014」「恋ノチカラ」「陸王」「ルーキーズ」……

空羽《くう》ファティマ［絵本作家］

三浦春馬さんという役者さんは「昭和感」をまとった人だった。芸能界の華やかさを避けるように、また、整った外見で評価されることを恐れ、そのイケメンさを隠すように役者としての実力をつけるために陰であらゆる努力を厭《いと》わなかった。

あの7／18。いきなり不在になった彼の真面目さや、誠実さ、まっすぐさをニュースが報じた。バブルを生きた私世代の昭和時代の女性たちが〝若くかっこいい俳優の一人〟だけではなかった彼の魅力を知り、いきなり大ファンになったのが「アフターファン」と呼ばれている春友さんたち。

『僕のいた時間』『わたしを離さないで』などで彼が演じてきた役は高視聴率を狙うより、かえって社会が目を背《そむ》けたくなるような重く辛い役どころでもあったが、そこに挑んだ。

私のインスタグラム@coofatimaに《私の中の〝日本ドラマ史上№1の作品〟は坂元裕二さん脚本「それでも、生きてゆく」》と投稿した直後、第76回カンヌ国際映画祭で『怪物』の坂元氏(56)が脚本賞を受賞した。監督は是枝裕和氏。

坂元裕二さんの作品の価値

坂元作品は独特の台詞《せりふ》回しや、扱うテーマがこの世を「生きていく」ということを深く描き、本当に素晴らしいのだが、ほとんどのドラマの視聴率がかなり低い。

特に私が絶賛する『それでも、生きてゆく』は、心のひだの奥の隠れた哀しみを描いているので、観るのが辛いからと避けられてしまうのが残念でたまらなかった。

だから世界が注目のカンヌで坂元氏が認められたことをきっかけに彼の他の作品も観てくれて、社会が真剣に「辛くても、考えなくてはならないこと」に向かい合ってくれるようになってほしい。

坂元脚本で人気だった『カルテット』はテンポが良くて面白く、椎名林檎さんの主題歌「大人の掟」のメロディも大好きだった。でも、この作品も実は秘めた人間の弱さを描いたものなのだが、表面的なタッチが観やすいので、深いことを描いてもみんなに観てもらえるらしい。

それでも、私はオブラートに包まない剝《む》き出しの直球勝負のドラマも皆に観てほしいと願っていた。暗いテーマでもグイグイ引き込まれるその脚本の力に身を委《ゆだ》ねてほしいと。私のかつてのバイブルだったアニメ『エースをねらえ』や『ベルバラ』そして子どもの頃の心の支えだった『大草原の小さな家』のどれにも心を動かさなかった10代の娘が「『それでも、生きてゆく』はドラマを超えてる！」と大絶賛し、やっと同じドラマで娘と感動できたので、ママは心から嬉しかった。

実は娘には『それでも、生きてゆく』の前に『恋ノチカラ』という、これもかなり前のドラマで堤真一さんと深津絵里さんが夢を追う熱い情熱を描いた、私の好きだったドラマを紹介したら、初めて娘が私の勧めたものを「これはすごく勉強になる！　面白かった！」って言ってくれた。「じゃ、次はこれ観て！」とその第2段として京都滞在中に一緒に号泣しながら観たのが、この『それでも…』だったのだ。

それは出演者のみんなが本当にガチでそれこそ、命懸けの勢いでこの作品に向かい合ったのが伝わってくる。体と心を壊してまで〝生きることをとことんまで演じ切った〟『僕いた』を演じ切った三浦さん。人生を深く描いたドラマを求めていた貴方はこういう作品にこそ、チャレンジしたかったのでしょう?

……以下は6／7デイリー新潮より。

〈なぜ、国内最高峰で世界も認める脚本でありながら、視聴率と結び付かないのか。それは坂元氏の作品の持つ純文学性にあると見る。坂元氏のカンヌ受賞後の発言にも、純文学性は表れている。「大勢の観客に向けてではなく、どこかにいるであろう孤独に過ごしている誰かのために書きました」（記者会見時の坂元氏）『怪物』は大衆に対して書いたのではなく、個人の救済のために執筆したというわけだ。まさに純文学である。

娯楽性に軸足を置く大衆文学に対し、純文学は芸術性を重んじる。さらに純文学は人間の内面を掘り下げ、読む側に生き方を問うてくる。芥川龍之介、三島由紀夫、大江健三郎らがその系譜にいる。

大衆文学と純文学に上下はないものの、どちらが広く読まれやすいかというと、大衆文学である。半面、純文学は長く読み継がれる作品が目立つ。

純文学は人生を変える1冊になりやすいものの、その分、読む側は腰を据えて読まなくてはならず、気晴らし程度の読書には向きにくい。〉

……とあるが、時代はもう昭和的な熱さは求めないのかもしれない。「がちんこ」の脚本は世の中に受け入れられない。

でも。だからこそ、世界が坂元さんの脚本を認めた今、「臭い物に蓋《ふた》をする」のではなく、それを洗ってキレイにしたいという気持ちを持つことが大事なのではないか?

「加害者と被害者は、表裏一体」という、なかなか受け入れ難いお題さえも、この映画を通して今、世の中が少しずつでも受け止めようとしてるのだから。

三浦さんの体はこの世にはいなくて、彼の新しいニュースは入らない。

前回、彼の車のナンバーを書いたように「まだ世の中にこの情報は出回ってないこと」を、お許しを得て時々私が載せるくらいだ。

だからこそ。彼がやりたかったであろうドラマの中に彼を感じたり、彼が創りたかったであろう社会を作っていくことが、遺された私たちのするべきことなんだと思う。

こんなふうに三浦さんの気配を感じながら記事を書き、その名前を、少しでも「新しい記事」の中に登場させるだけで『創』は価値があるのだと、思ってくれる人がいるのならば、それは大切なグリーフケアだと思っている。

受け入れやすいものしか欲しくない風潮こそが、世の中をどんどん冷たく味気なく心ないものにしていることに、私たちはそろそろ気づかなくてはならないと、繰り返し伝えたい。「生きていく」ってことは、面倒な重いこと、そのものなのだから。

私の描いているキャメルンシリーズも、耳障りのいいことだけでなく心の中の葛藤や孤独に目を背けずに描いているから一般受けしなくても、使命としてそこを描き伝え続けていきたいと、覚悟を決めている。

世の中の1%の人でもそれに共感してくれる人がいたら、その心ある人たちと手を繋いで、温かな社会を作っていきたいと願っている。春友さんと呼ばれる三浦さんファンの方の中には、そういう人たちがいると信じている。

本当に演技が上手い人

それから。

『太陽の子』で三浦さんの母親役の田中裕子さんが、出征する息子を見送るシーンで抱きしめたい気持ちを押し殺して耳だけに触れた、究極の「引き算の演技」のセンスに脱帽したことを前に書いたが、映画『怪物』でも田中さんの演技を「凄まじかった」と是枝氏が絶賛しているのが以下の6/1のBIG ISSUE。

《役者さんには、やりながら答えを見つけていくタイプと一発目で答えが出てくるタイプの方がいらっしゃる。田中さんは後者ですが、これしかないというものが1テイク目ですごい精度で出てくるんです(笑)。この脚本が自分に求めているものは何か、ということを現場に入る前にもう練られているんです。たとえば田中さんが面会室で折り紙を折るシーンがあるのですが(略)台詞の出だしで折り始め、ほほ笑んで顔を上げた時に折り終わっていた。

台詞の合間にどう折るかというということまで、一晩で完璧にコントロールされて現場に来られたんです。》

……さすが！　その役をいかに作り込むかというメイキング話はきっと春友さんたちは好きでしょう？　三浦さんも、練りに練る人だから。

三浦さんと田中さんが台詞に頼らず、心からお互いを信頼しあって、抑えに抑えた体の動きのみで、練り上げたその名シーンが蘇る。

三浦さんには、これからもずっと、田中さんとああいう究極のシーンを作り上げてほしかったなあ、と胸がキュンとした。

そして実際に『怪物』のこのシーンを観てみると〝あまりに自然〟すぎてそれがそんなにも〝名演技〟だということにすら、事前にこの記事を読んでなければ気づかなかったくらいだったので、本当にうまい役者さんというのは、〝うまく演じてることさえ気づかせない〟人のことを言うのだろうな。NHK「朝イチ」で安藤サクラさんが、でき上がった映画を観た時は「自分が出てくることを忘れて感動した」と言っていたが、名優とは自我を捨てて役そのものになり切るのだろう。三浦さんも特に鴨太郎なんて別人だったもの。

加害者も被害者も表裏一体

そして、その記事の最後にはこうある。

《SNSが引き金になり、自分が欲しい情報だけに囲まれてそうでないものを完全に排除していく状況が一気に進んだ。自分に自信がない故に自分よりもっと大きなものに、自分を一体化させその価値観に自分を溶け込ませることでかろうじてアイデンティティを保とうとする》《そのように怪物を見つけて叩くということが世界中の至るところで起こっている》《他者を怪物だと思わない、自分の中の怪物を育てないことが必要》と、是枝氏はおっしゃっていた。

今、この原稿を書いている6月初旬は〈広末涼子さんの不倫〉で「子育てコラムを書くいいママと信じていたのに！」と彼女は責められている。正直言って私は彼女のファンではなく庇《かば》うつもりはないけれど、芸能人が不倫したとわかった途端、ここぞとばかりに叩くことはいつも不気味で恐ろしくなる。

三浦さんも繊細なメンタルだが、広末さんもそんなに心が強い方には見えないから、これ以上叩かない方がいい。芸能人だからといって、追い詰めたら危険なことになるかもということを、いい加減学ぶべき。報道もこれ以上過熱せず、傷ついたお子さんたちが好奇の視線を向けられないようにしてあげてほしい。人を捌《さば》けるほどには誰も完全な人間ではないのだから。もちろん私も含めて。

彼女を起用し3500万〜4500万円の大金を払ったCMスポンサーが憤慨するのは仕方ないが、一般人が華やかな芸能人の弱みを知ったとたん手のひらを返し攻め立てるのは自身のストレス発散だし、それを見て子どもたちは「大人だってイジメるんだな」と思うだろう。不倫がいいとか悪いとかをこの場で今、議論したいのではないけれど。

こう書くと「じゃあファティマさんは

オットが不倫しても怒らないのですね!?」とか言う人がいるかもだけど、彼は10歳以上年下なので「若い女の子に取られるとか心配しないのですか?」と初めて会った人に聞かれたこともあるが、「女は若い方が価値ある」という狭い偏見に縛られた人にムキになって話しても仕方ない。でももし、プライドが傷つくことが起きたら、逆上して責めたり被害者として泣くより、そういう時にこそ「誇り」が自分を救うとは思う。

人の価値は年齢では計れないし、若さに頼れなくなった時こそが人としての本当の勝負時だ。年齢が女性の自尊心を無くさせるのではない。貴方の心の隅に膝を抱えて座っているどんなに小さな、どんなに古びた〝誇り〟でも、それが今まで貴方を支えてきたし、これからも支えてくれるのだ。

パートナーの浮気や、加齢で外見が変化したり、今までできていたことがスムーズにできなくなったり、社会的に居場所がなくなったりすることは、確かに心穏やかではいられないと思う。私もね今日、ちょうど61の誕生日でシニア特典で映画が1000円、新幹線が安くなったりラッキーなこともあるけど、アイラインが一気に引けなくなり洗髪時の抜け毛増え。レッグマジック運動サボると過活動が膀胱悪化するし。時々むせるから「カカカカ」って、喉筋肉運動しなくちゃだし。内側のほっぺを噛んじゃうからイーって言いながら口の筋肉も鍛えて。痩せててもノースリーブ着ると脇の下の肉がタプってなったし。……というように「今まではなんとかなってたことを、鍛えないと不便なカラダ」になっちまったワタクシみたいに、春友さんの多くも何かといろいろ大変なお年頃じゃない?でも。だからこそ、時の流れに影響されない、お守りみたいなものを心の中に一つ持ちましょう。

夫婦の問題も体の変化も長い人生の中の一つのピースだから、あまりシリアスに悩まずに、そことうまく付き合っていかないとね。そしてさ「この人と結婚する」ではなく「この人と〝添う〟」と言う言葉を使っていたから昔は離婚しないで済んだのかもね。人とも状況とも〝寄り添う〟って大事ってことね。

心が疲れた人に見てほしい昔のドラマ

『創』の切り絵の締切が近づいているが、アラジンはまた増えてきたコロナに初めてかかり高熱にうなされているので、スタッフみんなでケアしている。

ただ、先日の私の闘病を見ていたアラジンは「いつ治るか全くわからなかったファティマの地獄の激痛の1カ月半より、私は少しずつでも改善してるからマシ」と思えるって。

「なんとかなる」と思えれば「希望」が持てる。今辛くても、昨日よりほんの少しでもよくなってるならば、幸せに思って。「ないものではなく、あるもの」に感謝して。

『それでも、生きてゆく』『恋ノチカラ』と並んで私が日本ドラマベスト3に上げたいのは『若者たち2014』で、夢と希望と汗と涙溢れるドラマ。

『それでも』のカップルの永山瑛太&満

島ひかりペアの出演だが、脚本は坂元さんではなく武藤将吾さん。

『ALWAYS三丁目の夕日』的な、昭和感あふれる映像をバックに繰り広げる「命とは?」「生きていくとは?」をとことん突き詰めるドラマで『それでも』ほどヘビーではなく観ていて元気になれる。『創』の表紙は前回が西の都、京都だったので、今回は東の都、東京のこのドラマのイメージで、東京タワーとスカイツリーにした。

「理屈じゃねーんだよ!」が妻夫木聡演じる長男アサ兄の口癖だが、人間とは理屈では生きられぬ生き物なのだ。それでもそんな弱き生き物である人間たちが、助け合い肩を寄せ合って、前を向き歩いていくことこそが人生なんだという、基本の基本にこのドラマは立ち返らせてくれて何回も何回も熱い涙が頬を伝う。心が弱っている人、人間不信になっている人、生きることに疲れた人こそぜひ観てみてください。おすすめしたこれらは全てFODで観られます。「生きてるってやはりいいな」と、この3本みたら必ず思えるはずです!

【追記。韓ドラのおすすめは『マイ・ディア・ミスター』『トッケビ』『第3の魅力』の〝後半〟。好きな俳優はコン・ユとソ・ガンジュン】

生きるとは変化を受け入れること

あ、前回、「これで闘病記最後」と書いちゃったけど、興味深い後日談があるので、もう少し書こうっと。

60歳になる少し前からどんなに疲れても5時に起きてしまい夜中にも目が覚めたりしていたのだが、帯状疱疹になってほとんど眠れない日々になり、痛み止めに抗うつ薬を飲み眠れるようになったけど、やめたらまた眠れなくなり。その睡眠パターンをなんとかしようと京都に行って睡眠時間を削って働いた後帰宅すると眠れる体に戻ったの! さらに味覚も敏感になり牛乳の甘みがはっきりわかるから、好物のロイヤルミルクティやほうじ茶ラテが、とっても美味しいの! 抗うつ薬が脳をリセットしたのか、まさに災い転じて福、人間万事塞翁《さいおう》が馬!とはこのこと! マツコさん推薦のヤ○ルト1000など色々試したけどダメだったのに。

いろんなことで今、辛い人もいるかもですが、底を過ぎたら違う世界が見えてくるかもしれません。最も痛い夜中「死ぬわけではないのだし、そのうちなんとかなる」と焦らず身を委ねようとした投稿には、こう書いてありました。

「私はもっと、自分の体や宇宙を信頼してもいいのかもしれない」と。

そして、1日中ピーしてしたトイレには自作のキャメルンシリーズの中の【魔女っ子ナイル進級の巻】のラストページを貼ってあります。

《失うことはこわくない。変化を恐れず未知の世界を味わおう!
生きるとは〝変化を受け入れること〟
それを楽しむ力を持とう。
明日はいつも新しい!
ひやっほー♡ひやっほー! ぴんぴろぴー♡》 空羽ファティマ

［初出:『創』2023年8月号］

今、もう一度『バナナかよ』

最後まで夢に向かって生き抜いた二人

3回目の7月18日に貴方を想う

空羽《くう》ファティマ［絵本作家］

3回目の命日と呼ばれるあの日が…

来週、あの日がやってくる。《けして人様に迷惑をかけず礼儀正しく品行方正で、気を遣い周りに失礼や不快な想いをさせないために見ていて痛々しくなるほどに、心を尽くしてきた三浦春馬さん》が最初で最後の「命懸けのわがまま」を実行した3回目の命日と呼ばれるあの日が。

卒業する人が増える中、『創』を心の支えに「新しい出版物に彼の名前が載ること」を唯一の悦びに迎えてくださる貴方は、どんな想いでその日を迎えることだろう。時薬《ときぐすり》が効く人と、全く効かない人がいて、過ぎたことに心を痛めず前を向き顔を生きていける人は立派だと思われていて『創』を抱きしめるように読んでいる貴方は自分を情けなく思ってるかもだけど、でも自分を受け入れる大切さを、7／18に私たちは学んだ気がします。

100％「悲劇」としか想えなかったあの日を。3年経って悲しみはそのままでも「彼は彼なりに力の全てを使い果たして生き抜いた。その最後の一滴の力を使い切った日が、あの日だとしたら、お疲れ様、ありがとうと言う日なのかもしれない」と一度でも思える瞬間があったとしたら、それは、あの日の学びを受け取ったのだと想う。

なぜなら、一生、時薬が効かないとしても、それは〈薬を必要としないくらいに自力でその哀しみを受けとめて、耐えている強い人〉だということですから。

毎日新聞の人生相談で、波瀾万丈の人生を生き抜いた高橋源一郎さんは綺麗事《きれいごと》の慰めよりはるかに説得力がある。

《別れの苦しみは時折、間歇的《かんけつてき》に激しい痛みがぶり返すことはあっても、少しずつ薄れていきます。必ず、です。（略）さらにその先があるのです。別れの痛みが大きいほど　その痛みが薄れるにつれて、それを補うように、その人との「良き思い出」が脳裏に浮かび上がるようになっていく。

まるで深い傷が少しずつ癒え、かさぶたになり、そのかさぶたが剝《は》がれ落ちた後新しい皮膚が生まれているように。あなたにも同じことが起こるはずです。感情の整理など必要ありません。無理に受け止めようとする必要はありません。受け止められず、取り乱し、悲しみ、苦しみ、もがけばいい。それが残された者にできる唯一の義務だと思います。（略）深く悲しむことはわたしたちのもっとも大きな能力の一つなのだから。》

そのメッセージが三浦さんに伝わっていれば

さて。今回は北海道の大大スターの大泉洋さんファンだけではなく、春友さんにも人気の映画『こんな夜更けにバナナかよ』について書こうと思う。

三浦さんは北大医大生の田中久役で、自信がなく周りに迷惑をかけない、かなり三浦さん自身に近い役。大泉さん演じる、筋ジストロフィーを患った鹿野靖明さんを24時間支える「鹿ボラ」と呼ばれるボランティアとの交流を描くノンフィクションが原作。

鹿野さんは「できないんだからしょーがない」と「誰かの力を借りないとできないことだらけだから思い切って人の力を借りる勇気」を持ち、「俺がわがままに振る舞うのは、他人に迷惑をかけてはいけないと縮こまってる若者たちに〝生きるっていうのは迷惑をかけ合うことなんだ〟って伝えたいからなんだ」と言っていたから、あえて明るくズーズーしくしたみたい。〈母や、看護婦に可愛がられようと気がねし本当の要求や夢や、自分の人生を生きる気力を失くさないように、自立のために母の愛情を拒絶した〉とノベライズにある。

大泉さんは舞台挨拶で「今まで役を演じて何か変わったか？と聞かれると〝そう変わる訳がない〟と内心思ったそうだが、今までは娘に〝人に迷惑かけるんじゃないよ〟と教えてきたが〝助けて欲しいことがあるなら助けて貰いなさい。そして、助けてあげられる人がいたら助けてあげなさい〟と教えなおした」という。

高畑充希さんも「いい人でいなくてもいいんだな」と思ったという二人の言葉を隣で聞いていた三浦さんは、軽く腕を組みながら神妙な顔で頷《うなず》いていたが、超がつく真面目な三浦さんにはこの考え方を受け入れるのは難しく、腕組みという「保身」や「抵抗」のボディサインをしてしまったのではないだろうか？

三浦さんにそのメッセージがちゃんと伝わっていれば、あの7／18は起きなかったのでは？　美瑛の旅行中、仲直りさせようと仮病を使い、田中くんと美咲ちゃんを呼び寄せ、田中くんが激怒し「なんですか⁉　これ！　ふざけないでください！　ジョーダンじゃないですよ！」っていう納得できない表現に、「腕組み」を使っていたし。私個人が感じたことなので読み流してくださって構わないのだが、今まで三浦さんのことで引っかかっていたことが整理できて「ああ、やはりそうだったのね」と、感じる方も少なくはないと思い書きます。

　少年が車椅子から落ち、田中くんに言った「助けてください」の言葉こそが、周りに助けを求められなかった三浦さんの命綱になれたのではないか？

「一旦（車椅子から）離れるね、3、2、1、よしっ！」と言って助けていたが、三浦さんがわがままましたら、もしかしたら〝一旦〟はファンは驚いて〝離れた〟かもしれないけれど、すぐ戻って「レイズアップ」してくれたに違いないのに。その病室の壁には鹿野さんの記事「できないことは助けてもらおう」が。

　そしてある春友さんが言っていたが、この記者会見時の三浦さんはかなり体調が悪そうだったらしい。

〈ジッと立ってられずに、足を交互に前に出したり、揺れたり、後ろのスクリーンの壁に手を置いて自分を支えたり、客前で腕組みしたり…礼儀正しい彼らしくなかった〉と。それはわがまま賛辞の映画のメッセージが、彼にはもっとも受け入れ難いことだったからでは？

〈春馬くんの腕組み〉については以前からファンたちの間で話題になっていた。日本では礼儀正しいことがよしとされテレビやインタビュー受ける時に腕組みは良いことでないと思われるにもかかわらず、礼儀を重んずる彼がついしてしまうのは……緊張や本心を知られたくない、護っている領域に踏み込んでほしくない保身に入り、本心ではない「言うべき」ことを言うストレス故では？　鴨太郎の時から、リラックス時は起きないという手の震えもあったし、腕組みはそれを隠そうとした可能性はある。

　AB型で二面性があり、仲良くなりたい気持ちはある寂しがりやなのに、一方で心を開けず気難しく不器用で、かなりの緊張体質。保身と完璧主義故にストレスでよくお腹を壊していた。人の好意に甘えられず、ましてや「助けて」なんて絶対言えない人。

　仲良しの幼なじみのボクサーとも、夢は語り合っても弱音は吐けなかった。『僕いた』の急激な減量で心を壊し、躁《そう》鬱《うつ》になり目つきや様子が変わっていったのを、昔からのファンは気づいていて心配していた。手の震えも腕組みも日々のストレスから来たものであろう。

彼が心を開いて助けを求めさえしたら

癒《いや》しだった愛犬コムギを犬アレルギーの彼女のために手放し、仲良かった母ともその恋愛をめぐって疎遠になり（週刊誌に書いてあったことは事実）、幼き日から一番信頼していたマネージャーは亡くなり、彼女とも別れ、孤独になった。殺陣《たて》や英語、日本の作法を学び、アメリカ進出を夢見ていたが、コロナ禍になりSNSでも叩かれて。世の中での〈イケメンで礼儀正しく笑顔を絶やさない

〝爽《さわ》やか柑橘系の王子様〟的評価〉と〈一人になった時の情けない自分とのギャップ〉を埋めるために神経をすり減らし、みんなが望む「クシャッとした笑顔」を作るのは大変だったと推測する。

輝くスター三浦春馬から一番離れたところにいて、さめた目でジャッジして批判的に追い詰めた人こそが、彼自身だったのでは？　田中くんが「優しくないよ、俺。フリしてるだけだから。本当は嫌なことばっかり考えている。偽善者なんだよね」と自虐的に言っていたが、拓人も「キャラクターを演じてるだけ」と同じようなこと言っていた。

鴨太郎も心の奥の孤独を隠している寂しい人だった。三浦さんは、実生活で本心をさらけ出せない分、役で孤独に向かい合う人を演じることで、その場では自分を解放し救われていた部分もあったのだろうな。

でも、私は想うんです。

もし彼が心を開いて助けを求めさえしたら絶対！　絶対！　助けてくれる人はいたと。助けたかっただろうと。

自分の気持ちに〝正直に〟なったから旅立った？

あの日、大泉さんと高畑さんは大打撃だったろう。鹿野さんと田中くんのやりとり……

「お前何がしたいんだ？　何が大事なんだ？　何かあったら相談しろよ。友達なんだからさ、俺たち」

「〝友達〟なんですか？　僕たち」

「俺はそう思ってるよ。言いたいことがあれば言えよ」

「ないですよ、何も」

「〝本音〟で話せよ、〝正直に〟生きてるか？　おまえ」

「正直が、そんなに、いいことですかね？　あなたは正直に生きてることが自慢かもしれないけど、振り回される人間の側にもなってくださいよ。お世話になりました！」

走り去る田中……。

オイ、タナカ……去るなよぉぉぉ～！

………あああああああああ!!　これ、もろ三浦さんじゃん!?

脚本の橋本裕志さんは、三浦さんの心の闇を知り、何とか気づくきっかけになればいいと思ってこの台詞《せりふ》を書いてくれたのでは?と思ってしまうわ。

悲報を聞き、大泉さんは「春馬ぁ！　俺はあんなに田中に言ったじゃんか!?　〝友達なんだから、相談しろ！〟って」と泣き崩れたと想う。

『バナナ』が地上波放送されるあの日から5カ月後の12月。大泉さんは語っている。

「この映画の北海道での撮影で、三浦春馬くんと、豊平川の河川敷を毎日のように一緒に走ったことが、昨日のことのように思い出されます。自分は特に痩せなきゃいけない役でもなかったのに、僕と一緒にずっと走ってくれました。本当に真面目で、いいやつで、素晴らしい役者でした」

そして最後の主演映画『天外者』に触れ、「今日の『こんな夜更けにバナナかよ』とともに、どうぞこの映画も皆さんの心に刻み込んで下さい。彼は数々の作品とともに僕らの胸の中で永遠に生き続けてくれるはずです」と（Jcast参照）。

自身の主演映画の宣伝は全くせずに、三浦さんを称えてくださった。彼を大好きな人はたくさんいただろうに、彼だけが明日を生き抜くほどには自分を好きになれなかった。ああ、それでも「あと1日、あと1日」と、『僕いた』で鬱《うつ》になってから、ずっと長い間、頑張ってくれたからこそ「無事に30歳になれました」って、言ったんだろうなぁ…。ううう。

三浦さーん。こんなにハートある大泉さんなんだから、一緒に毎日走ってたなら愚痴くらいこぼせばよかったのにぃ。(;_;)ダメな優等生すぎっ！　そんなの、ちっとも偉くない。

また原作者の渡辺一史さん曰く、シナリオへの不満をぶちまけ監督たちと関係が非常にぎこちなくなった時も、大泉さんの大人対応に救われ、現場の混乱に取り乱さず役作りに専念してくれたと大絶賛していた。

「毎日が戦いだった。何度もぶつかり、たくさん傷つけあったボラとの付き合い。でもそうやって本気で向かい合ったからこそ、みんなのことが理解できた。僕のことをわかってもらえた。僕が今こうやって生きていられるのは風の日も雨の日も雪の日も毎日1秒も欠かさず僕のそばにいてくれたからです。みんなに会えてよかった。本当にありがとうございました」鹿野さんのように、三浦さんも愛されていたのだから、深い闇で人に話してもどうしようもないとしても、それをさらけ出してほしかった。この映画もそうやってでき上がったのを三浦さんも目の前で見ていたのだから。

美咲ちゃんが彼女だと隠していたやりとり。「デキル男ぶるのもいい加減にしろよ！　人はできることよりできないことの方が多いんだぞ。そういうとこ、ホントーにキライだよっ！」「僕もこんな奴が目の前にいたら嫌ですよ。美咲ちゃんにも嫌われました」

「わかってねーなあ！　お前は！　いい加減気づけよ、美咲ちゃんの気持ちにさ」

三浦さんもファンや共演者に愛されていたのに自分がキライ。イケメンを褒《ほ》められると居心地悪そうにしてたよね？　次は顔面偏差値低い人に生まれ変わるんだろーけど、それはそれで悩みがあるし、今あるものに感謝しないと、生きるのは辛いもんです。

そのあとの「僕も自分の気持ちに正直に生きてみます。医者になることをもう一度目指します。自分に負けたくないからね」の田中くんの言葉は今聴くとキュンとする。

でも、彼からしたら自分の気持ちに〝正直に〟なったから旅立ったのか？

プロデューサーの石塚慶生さんは、「『自分に負けたくないから』は現場でのリハーサルから生まれたセリフ。田中くんの言葉が、笑顔が、本当に愛おしい」とTwitter投稿したが、あの日、三浦さんは自分に負けたわけではないと思う。負けたくなくて、必死に頑張りすぎて壊れちゃったんだろうな。

最後まで夢に向かって生き抜いた人生だった

【人に、〝出来ない自分、迷っている自分、困っている自分〟を見せる事は決して恥ずかしいことではない。

頼る勇気を持ち、頼り、その後自分がどうあるか…そんな事を優しく前向きに考えさせてくれるような作品になったのではと思います。】

と、２０１８/12/27のインスタに書いていたのにな。

「2人のおかげで楽しかったなぁ。この1年、ありがとう。

〈山際から大きなオレンジ色の朝日が昇る〉

すごいなぁ！　なんだか、ドンドン元気になってきたよー。今なら走れるんじゃないか?」

と、笑ったその7年後、鹿野さんは天に旅立った。お母さんに遺《のこ》した手紙には「愛情は痛いほど染みていたのに拒絶してごめんなさい。でもそれが僕の生き方だったんです。バカ息子より」と涙に滲《にじ》んだ文字であった。母、光枝さんは大泉さんが「息子に見えてしょーがなかった」と言った。

……三浦さんも、恋愛問題をきっかけにお母さんとはずっと、何年間も疎遠になっていて結局最後まで和解しないまま、何も言わずに旅立ってしまったことで、残された母は本当に辛かった。かつてはお母さんのことが大好きで、お母さんが好きな「言えないよ」を郷ひろみさんとハモった孝行息子だったから、自慢の一人息子の無言の別れは引き裂かれる想いだったろう。

でも。鹿野さんに背中を押された田中くんが夢を叶え、心ある医者になって、「頑張らないと叱られるんですよ。雲の上から面倒な人が見張ってるんですよ」と澄《す》み切った笑顔で青い空を見上げたように、私たちも三浦さんと鹿野さんのお母さんたちも、空から見守ってくれている彼らを想い、人を助け、助けられながら生きていけたらと願う。撮影の間だけ実際に鹿野さんが暮らした山の手団地１の８の部屋が空いていたのも奇跡としか言えない。

エンディング……

〈２００２　鹿野靖明　42歳で生涯を終えた。のべ５００人を超えるボランティアが鹿野を支えた。英検２級合格もアメリカ行きも叶わなかったが、最後まで夢に向かって生き抜いた人生だった…〉

は、そのまま以下にも書ける。

〈２０２０　三浦春馬　30歳で生涯を終えた。数えきれないたくさんのファンが彼を支えた。国際俳優としてアメリカ行きは叶わなかったが、最後まで夢に向かって生き抜いた人生だった。〉

〈追伸〉ｒｙｕｃｈｅｌｌさんが、息子さんに最後に楽しいお誕生日の思い出を作ろうと、海外まで行った翌日に旅立ったことを「息子は誕生日来るたびに命日を思い出す」と言われてるけど、三浦さんが前日まで役者として残る力を振り絞ったように、最後に父として必死に頑張ったのでは？（もちろん生きていけたらそれがベストだったけど）

愛ある強い母のｐｅｃｏさんは「あなたのことを愛してるからこそ、あの楽しかった日はダダが最後にくれたお誕生日プレゼントなんだよ」と伝えてくれるだろうから。ｒｙｕｃｈｅｌｌさん。どうか天国で三浦さんと安らかに。

空羽《くう》ファティマ

［初出：『創』２０２３年9月号］

ドラマ『僕のいた時間』

自分を追い詰め切った彼が創り出した〝春馬君のいた時間〟

〝死にたかったんじゃなく生きるのが怖かった〟……彼が命を削って挑んだ作品

空羽《くう》ファティマ［絵本作家］

前回は、できないことは助けて、と頼む勇気を持ち人生を謳歌《おうか》し、〝人に迷惑をかけてはいけない〟と考えがちな社会に天真爛漫《てんしんらんまん》な姿を曝《さら》け出す鹿野さんを描いた『こんな夜更けにバナナかよ』を取り上げたので、今回はそれと共通のテーマを描いたとも言える『僕のいた時間』を取り上げたい。

三浦春馬さん演じる大病院の息子、拓人は自信が持てず、「大切なものとか守らなきゃいけないものとか何もないし誰からも必要とされてない」と嘆く。

彼女の恵（多部未華子さん）に難病を隠し別れるが、その答えは『僕いた』の後に『バナナ』の中で鹿野さんが体を張って三浦さんに伝えてくれたのにな。

大ブレイクしたラスシンは彼の自信にはならなかった

世の中の多くの女性の目を♡マークにしたラスシンこと『ラスト・シンデレラ』からわずか1年弱。23歳の三浦春馬さん自ら、フジテレビの中野利幸さんに提案し、ＡＬＳ（筋萎縮性側索硬化症）の重病と向かい合う作品に挑んだ。

……《「僕は〝死〟というリミットが迫る時、人はどんな感情におちいり、どんな希望を見出すのかを演じてみたかった」

「病気によって生まれてくる恐怖や葛藤や悩み、そしてこの病でも奪うことができない家族の絆や希望というものを伝えたいですね」

「能役者は仮面という狭い視野の中で演じることで、より表現を豊かにするようですが、そんなふうに自分を追い詰めて見たことがない自分の表現を見てみたいですね」(『ザテレビジョン』2014年3月号)》

……イケメン広斗としてファンの心を鷲掴《わしづか》みするよりも、実力で難しい役に挑みたいと願った彼は、

「『ラスト・シンデレラ』の撮影中、次にまたドラマができるなら命を題材にした作品をやりたいと思ったんです。かつて演じたことのないような役をやることで、今まで生まれたことのない心情や表現を自分の中から出してみたい」(TV LIFE premium2014.vol8)

と語り、50キロ台前半まで減量し、セリフを覚えるのさえ大変になった。

「死にたくても一度付けた呼吸器は二度と外せない。痛みを感じても苦痛に一人で耐え続けるしかない」「死ぬ覚悟も生きる覚悟も簡単にはできない」

と拓人が言っていたが、『僕いた』の後の約6年間は息苦しい呼吸器をつけながらのような、ギリギリの状態でやっと生きていたのだろうな。

彼が去った後に観るドラマはどれも、台詞の一つひとつに「彼はどんな思いでこの言葉を言ったのだろう?」と、つい考えてしまうのだが、『僕いた』は、命について語る言葉がたくさん溢《あふ》れていて胸に詰まる。

ううう>_<となったのは79社の就活に疲れ果て自死した同級生の坂下君に

「死ぬ時怖くなかったのかな?」

と赤いチェックのマフラーの拓人が一点を見つめて言った言葉で、あの夏の日、

「あなたは怖くなかったのでしょうか?」

と想ってしまった。

やり残したことはもうないと思えたのかしら? 考えても仕方ないことだけれど、これで楽になれると信じて旅立てたらいいと祈る。

母への想い

第3話。拓人23歳の冬。できのいい弟にだけ関心を持つ母(原田美枝子さん)が、実は拓人の好物なのに弟が好きだと勘違いして作り続ける唐揚げのシーンは切ない。

「俺はずっと母さんに認めてもらいたかった。一人っきりで怖くてたまんないって、何で気づいてくれなかったの?」

「母さん助けて」と泣くシーンも哀しい。

勉強を教えていた女の子とのやりとり。

「寂しい? お母さんにあまりみてもらえなくて。さみしーよなあ。でも絶対嫌いになれなくて。それどころか、いつかちゃんと自分のことを見てくれるんじゃないかって、期待しちゃって」「先生も子どもの頃、そうだったの?」「今も、かな」…これって、早くに芸能界に入り、大人の中で頑張って仕事してきた彼と同じ気持ちかもね。

お母さんとは、絶縁のまま旅立ってしまったけど、〝絶対嫌いになれなくて〟〝つい期待してしまう〟母を遺して逝《い》くことが申し訳なさすぎて、遺書さえ書けなかったのかもしれない。

……《4年前、彼は携帯電話の番号を変えています。理由を聞くと、『親と縁

を切るため』と。親には番号を伝えないよう釘を刺されました。それまで彼は実母、そして実母の再婚相手である継父との関係は悪くなかったのですが、2人が金銭トラブルを起こしたり、三浦さんのプライベートに過度な介入をしたりしたため、連絡を絶ったようです」（2020・7・31NEWSポストセブン）》

恋人とのことを巡って疎遠になる前は、お母さんのことが大好きで、3・11の時も電話の声を聞いてすごく安心したとか、お母さんの好きな郷ひろみさんの歌をデュエットしてあげた息子の死がどれだけ母にショックを与えてしまうかは、絶対考えたはず。

お母様にはお身体を大事に、みんなに愛された息子さんを誇って、いつか彼が心を込めて演じた作品たちを〝ああ、こんなに頑張っていたのね〟と観られるようになるといいなと願っている。今はまだ、辛くて観られないようだから。

拓人が、初めてお母さんに肩揉みをしていて、ぎこちなく、慣れてなかったが温かなシーンだった。

「僕たちの命は父さん、母さんから始まりました。親孝行できなくてごめんなさい。迷惑ばかりかけてごめんなさい。いつまでも元気でいてください」は拓人の言葉だが、遺書はなかったけれど、三浦さんがお母さんへ遺した思いと、きっと同じだと思う。

拓人という名前は〈人生を切り拓く人〉。春馬には「天空を元気に駆け上がっていく駿馬」の願いが込められている。お空に駆け上がる悲しいイメージではなく、お母さんが願った通りの明るい姿をみんなが思い描けるようになったらいいね。

死にたいわけじゃない。生きるのが怖いんだ

ドラマ撮影時、三浦さんは24歳直前の23歳。先輩役の斎藤工さんは32歳。親友の風間俊介さんは30歳。撮影は2013年の12月から14年の3月だから、あの日の6年半前。私が一番印象的だった拓人のセリフは、「死にたいわけじゃない。生きるのが怖いんだ」だった。三浦さんも、なんとか生きようとして熱く夢を語り、人を勇気づける前向きの言葉をいつも発していた。

ALSは筋肉全てが動かなくなっても皮膚感覚や、嗅覚、聴覚は残るから、恵は言った。「私がいる。私の声はずっと聞こえるでしょ？ 抱きしめれば温もりだって感じることができるでしょう？」…。

こんな温かな愛に出会えた拓人は幸せな人だ。

拓人の講演の、要約は以下。

「目標も自分もなく本音を隠しキャラクターを演じてる自分が好きじゃなかった。

たくさんのことを病気に奪われ、怖くて今、できることに目を向けるしかなく、目標を見つけては奪われることの繰り返しだが、気持ちだけは病気には奪えない。

今後全ての目標を失ったとしても、目標に向かって頑張った事実は奪われない。

病気は苦しみや絶望だけを与えたわけではない。愛情を信じられるようになり自分のことがちょっと好きになれた。（略）死ぬ覚悟も生きる覚悟も簡単にはできない。

人は生きていてくれさえしたらいいと言うが、意思を伝えられない状態で、生き続けられることができるか？

愛とぬくもりだけで生きる意味を感じられるのか？　排泄《はいせつ》、入浴…生きているだけで手がかかるのに、それでも生きていていいんだろうか？

ただ生きていることで、生きる意味を社会に問いかけ続けるんじゃないか？　僕が僕であり続けるためにはどうすればいいか？　そうなった時に僕を支えてくれるのは、それまで生きた時間…〝僕のいた時間〟なんじゃないか。

僕は覚悟を決めました。生きる覚悟です。いつか、〝その時が来た〟時のために今を全力で生きていきたいと思います。

これからも、今日のように自分の想いを伝えていきたいと思います」

その日の拓人の日記には「今も社会と繋がっている」とあった。

そしてあの夏〝その時が来た〟三浦さんに今もファンが繋がっているのは、拓人と同じに三浦さん自身もそれまでの人生を全力で生ききったからだ。だから、天に行っても尚、彼は生き続け、その想いを伝え「今も私たちと繋がっていられる」のだと感じられる。

〝春馬君のいた時間〟が思い出という宝物

春友さんを今、支えているのはまさに、《三浦春馬さんがいた時間》

その人がいた。その人が笑い、歌い、踊り、演技し、話し、走り、食べ、歌詞を間違えてぺろっと舌を出し。「ホントに」を連呼し。そうやって、〝彼のいた時間〟と、皆さんは共に生きてきて、これからも生きていく。

彼の生き様を、みなさんは受け取ってきた。それはまさに、〈春馬君のいた時間〉として誰にも奪われない、死さえそれを奪うことはできない、美しく大切な思い出という宝物。

「拓人へ、私の隣にいてくれてありがとう」のメッセージと同じに、拓人も「俺の隣にいてくれてありがとう」と書いていたが、三浦さんもずっと皆さんの隣にいてくれたのだろう。

笑顔の裏に抱えていた劣等感

２０２０・７・21の文春オンライン《自分はなんて駄目なんだろう　三浦春馬さんが語っていた〝劣等感〟と〝将来像〟》……門間雄介さんの記事は、温かな想いが伝わるので紹介したい。

《〝14歳の母〟〝キャッチアウェーブ〟で、一躍脚光を浴びた時、彼は不安や戸惑いを覚えていたという。

「ただ、愛想笑いばかりしてる時期。不安でした。（略）そういう、ぐじぐじした感じは20才になるまで引きずっていた。人懐っこいようで、全然人懐っこくなかったんです。

〝恋空〟〝君に届け〟のヒット作に次々に、主演するようになった後もなかなか満足感を得られなかった。「気持ち的に弱かったんです」

そんな彼が俳優として大きく飛躍したのが、ＡＬＳに侵された主人公に扮し、役作りのため約7キロの減量に挑んだ２０１４年のドラマ『僕のいた時間』だ。

彼はこの時、命の限り懸命に生きる青年の姿を全身全霊で演じてみせた。

「筋肉が萎縮していって、徐々に体の自由が失われていく恐怖って計り知れないと思うんです。それでも生きていかなきゃいけないんだということを僕は演じたかったし、内在的な自分の闘いみたいなものを切り取りたかったんですね、あの作品を通じて」

　ちなみに彼はALSについて、あるいは筋ジストロフィーについて学んだことを、付け焼刃ではなく、血肉化した知識として話すことができた。彼はふたつの疾患の違いをわかりやすく説明した。

「ALSは筋肉がやせ細っていく症状ですけど、筋ジストロフィーは違っていて、筋繊維がどんどん消滅していってしまうんです。ALSは運動ニューロンの欠乏なんですよね」と。それくらい彼は勉強熱心でひたむきだった。（略）

　2018年の取材の際に、彼にこう問いかけた。今、正直に生きていますかと。これは『こんな夜更けにバナナかよ』において、彼の役柄が「お前は正直に生きているのか」と問いかけられるのに応じた質問だった。彼は答えた。

「今は本当に正直に生きています。僕は思ったことをわりと抱え込んでしまうタイプだけど、何も溜め込むことなく、すごく健全に、いい仕事、いい生活ができている。これから先も溜め込まなくていい仕事、溜め込まなくていい人生を送れるような仲間やパートナーと一緒にいられたらいいなと思います」

「自分でハードルを上げているような気がしますね、最近生きていて（笑）。いろいろな方にそうやっていい言葉をいただくと本当に思う。何でしょうね……見栄っ張りではないと思うんですけど。別に知ったかぶりでもないし、知ったかぶりはやめたし。だけどそういったきれいな言葉を抱えてしまうと、本当に駄目な部分や悪い部分を見せたくないと思ってしまうんです。それがよくないんですよね。それが人間だともちろん思うし、ちゃんとガス抜きしていかないとなって。折に触れてお酒を飲んで、弾《はじ》けて（笑）」

　この頃、彼は空き時間を利用して英語の勉強に取りくんでいた。2017年にイギリスに短期留学して以降、海外作品に出演する機会が訪れた時のために備えておかなければと思うようになったからだ（略）。彼がなぜあのような決断をしてしまったのかわからないし、ここに書いたことは僕が目の当たりにしたごく断片的な事実でしかない。けれども確かに、2018年11月の彼は将来の自分像を思い描き、みずからの人生を正直に生きようとしていた。》

　……この取材は、あの日のわずか2年前。必死に明るく振る舞っていても、彼の心は悲鳴をあげていたのだろう。こんなふうに彼をリスペクトし寄り添ってくれている記事を読むと、本当に彼は皆に愛された美しい魂の人なんだと思う。オンラインの記事は、『創』の読者さんの中にはネットが苦手で読んでない方も多いかもしれないので改めてここに載せた。

私たちは花に寄り添う木漏れ日

メグが拓人に言う。

「病気は別れる理由にならない。他の人じゃ、ダメなの。私は拓人じゃなくちゃダメなの」

「誰かの役に立つこともできないし何もしてやれない。生きてるだけで精一杯なんだよ。生きるために生きてるみたいな」

「一緒にいてくれるだけでいい」

「そんなの綺麗事だよ」

「拓人だってそうじゃん？　全部一人でじっと耐えて抱え込んで迷惑かからないようにして、それで今を生きてるなんて言える？　拓人は病気にいろんなものを奪われたけど、拓人の気持ちはどーなの？　気持ちは拓人のモノでしょ？　ホントの気持ちを隠して言いたいことも言えないで、それで生きてるなんて綺麗事言わないで」

　三浦さんにも支えてくれる人が、こんなふうに近くにいてくれたらよかったのにと心から想ってしまうが、ドラマの中でドクターが「周りの人たちと一緒に生きていくことを考えてみましょう」と言っていた。三浦さんの周りにも、演劇界の〝師〟として慕う親交が深い俳優・佐藤浩市さんが「春馬、自分には嘘をつくなよ」と本気で向かい合ってくれていたように、彼を心配し想ってくれていた人たちもいたのだから、もっと人を頼って心を開き、弱さや本音を曝け出すことって、生きていく上で大事だったと思う。

《困った時は『助けて』と周囲に言えるようになったし、ダメな自分を許したことで、すごくオープンな性格になったと思います》（『MORE』2019年10月号）と言葉では言っていたけど、こういう時は躁鬱《そううつ》の、元気の躁の時なのでしょうね。

　でも彼が去った後、社会は、少し変わってきた。LGBTの人を受け入れてきたり、休養を取る芸能人も増え、あの日は世の中の人の意識を変えるきっかけになったように思う。「あんなに輝いているように見える人も、心の中には、深い葛藤や秘めた哀しみがあったなんて」と知ったことで、人を見かけで判断するのではなく抱えてる暗闇を理解しようと思った人は多かったと思うから。

　恵の母からの手紙に「拓人君に出会い恵は笑顔が増えました。恵は強くなりました」とあったが、春友さんたちも三浦さんに出会い、笑顔が増えて強くなったことでしょう。

「けして暗いだけの作品じゃなくて〝闇の中でどう希望を見出していくのか〟という物語のテーマが皆さんの心に深く刺さるような芝居をしたい」と語った三浦さんのこの言葉を今読むと、〝僕の不在という闇の中〟で皆さんがどう希望を見出していくのか？を空から見守っているに違いないと思う。

　最終回。ドクターに人工呼吸器をつける決心を伝える2人。窓の外、彼のシンボルの桜が満開の中に流れるメロディ…。

♫季節外れの桜の花に
寄り添うように
差し込んだ木漏れ日♫

　そう。私たちは三浦さんという花に寄り添うように差し込む木漏れ日でありたい。

空羽《くう》ファティマ

［初出：『創』2023年10月号］

“彼の遺したメッセージ”

大切なことはすべて春馬君が教えてくれた

ジャニーズの件をきっかけに、他の闇にも光が当たりますように。

空《く》羽《う》ファティマ
［絵本作家］

性的虐待だけではなく児童虐待

今まで書かないできたが……本当は私は、7／18の理由は『僕いた』の無理な減量によってメンタル、心を壊しただけではない、と想ってもいる。もちろん真実は本人のみ知るから、これは私の勝手な妄想だと流し読みしてほしい。

ここに個人名を挙げることはできないが「ずっとどうしてもある人の目が気になる」とだけ言っておこう。彼と交流のあったその人の目は、人の温かな血が流れてるようにはどうしても感じられなくて。あれだけ天下を取っていたジャニーズの深い闇も明かされてきたように、これを機に、今までは誰も触れられなかった他の闇にも光が当てられていくのではないかと期待し（まさにアミューズの広告「人間に戻ろう」で）、最終的に「正義は勝つ」と願う。

三浦さんはスターだが、オフの彼は人間的な弱さや、いい加減さを持っていたと知ったし、感じたので、理想化はしてないが、その魂がどれだけ純粋で正義感にあふれ真っ直ぐだったかは、伝わってくる。ここまで不器用なほどに真っ直ぐだと、芸能界で生き抜くのはさぞ辛かっただろう。

理不尽なことや、ありえない要求や、耐え難いものを多く見てきただろうし、それを変えることができない自分の力のなさに絶望したとも思う。

また24歳直前『僕いた』減量で実際にメンタルと体調を崩したことは、彼の生きにくさに、より拍車をかけたのではないか。なのに、その後7年近くも、よく頑張り続けたと思う。自らを鼓舞し続け、高いプロ意識を持って質の高い仕事を成し遂げてきたことは、ただ、ただすごい。30年しか生きなかったのではなく、30年もよく頑張ってくれた。

大竹しのぶさんなどは役になりきっても自分に戻れるが、憑依《ひょうい》体質の彼は役と同化し、それはエネルギーを多く消費させただろう。

遺した作品のセリフや歌詞には亡くなった後のファンのためのようにその全てにメッセージが宿っている。彼の持つ大きな影響力を、時代を変える一つの力として天は使おうとし、彼もまたそのバトンを受け取ったように思える。私は宗教は持たないし、スピリチュアル系を目指しているわけでもなく、自らをヒーラーと呼ぶこともないが、言葉で表現するのは難しいのだが、見えないものが見えることがあり、それをできる限り噛《か》み砕いて、文章や言葉として表現していくことが私の今世の使命だと思われる。人は皆それぞれに、使命を持って生きている。本人が自覚してもしてなくても。

〝実はずっと気になっていたこと〟に今回触れられたのは……やっと芸能界の闇に光が当たってきたからだ。長年続いたジャニー喜多川氏の性的児童虐待を見て見ぬふりしてきた会社側が謝罪したことは、本当にすごいことだ。忖度がはびこり、臭い物に蓋をする日本社会全体にとって、ものすごく大きな一歩だ。

ただ、かなりナイーブなことだし、被害者によっても、受けた傷とトラウマの深さも、意見も価値観もそれぞれ違う。また、ずっとジャニーズを応援してきたファンの方の複雑で辛いお気持ちもあるだろうから、このことを語るのは簡単なことではない。まして所属タレントには罪はなく、とても気の毒だが、もうここまで来たら膿《うみ》を出しきり、日本の大きな転機になって欲しい。

異例の4時間を超えた初会見では新社長の東山紀之さんは、父のように慕った人を喜多川氏と呼び「エンタメは人を幸せにするものなのに、彼は誰も幸せにしなかった」「やってることは鬼畜の所業。もう愛情というのはまったくなくなりました」と答えた。半世紀近くの長き間、数百人?数千人?のその行為の意味さえ知らぬ幼い少年たちをも、性欲を満たすために、弱みにつけ込み力で服従させた。信頼して我が子を託した親はどんなに衝撃だっただろう。

9月7日文春オンラインで「小学2年から100回の被害」「恐怖しかなかった」と作曲家服部良一氏の息子が証言している。いつ襲われるか恐怖に震え、眠れぬ幾つもの夜の闇。その屈辱を孤独に一人で抱え込み、もがき苦しんだ涙と、一生消えないトラウマを負わせた罪はただ、ただ大きい。これは〈性的虐待〉だけではなく、かつてない規模の長期にわたる悪質な〈児童虐待事件〉だ。

なのに犯人の名が社名に使われ続けるならば世界的倫理観からみても異様で「ヒットラー株式会社なんてない」と的を射たとえを出されても、東山さんは

「おっしゃるとおりだが、イメージを払拭するよう頑張る」と答えた。「人類史上最も愚かな事件」と言うならば、相応の対処をしてくださらないと。

『朝イチ』で温かな人柄を知った井ノ原快彦さんは「なんてことをしてくれたんだ」と憤りをあらわにし、今回も世間から「イノッチだけが株を上げた」と言われているが、「忖度《そんたく》は日本にはびこっているからそれをなくすのは、本当に大変なので皆さんの問題でもある。一緒に考えていく問題なのでご協力お願いします」と、記者さんたちに伝えていた。その通りだと思う。

今聞くと胸に響くメッセージ

戸田恵梨香さんと三浦春馬さんW主演の12年前の月9ドラマ『大切なことはすべて君が教えてくれた』について書こう。

800人から選ばれた17歳の武井咲さん。まだほっぺがぷっくりの菅田将暉さんに16歳の中島健人さん。剛力彩芽さん。広瀬アリスさん。伊藤沙莉さん。能年玲奈さん、と若き日の原石メンバーたちの初々しい豪華な出演。

『君に届け』の高校1年15歳風早翔太役と『大切な…』いずれも三浦さん20歳の撮影だが、25歳生物教師、柏木修二役の10歳の歳の違いを見事に演じ分けている。

放送は2011年1月17日から3月28日で、あの地獄のような東日本大震災中。3／11当日放送予定の9話は1週間遅れ、震災特別番組に代わった（三浦さん自身は、その日は『君に届け』のドラマ撮影中）。

あの震災時は日本中が大きな悲しみと不安に押しつぶされそうになっていたから、地震直後の第9話で柏木先生が教師を辞める時、生徒に伝えた力強い言葉に救われた人は多かったと思う。これは今、不安の中にいるジャニーズのタレントさんへの新しい一歩を踏み出すエールにもとれるのではないか？

「ほとんどの生物が元々備わった本能で行動します。誰かに教わらなくても、どう生きれば良いか知っていて、迷わない。でも人間は迷う。だから人は学習する。真似をするんです。

例えば、目の前に切り立った岩壁があったら、僕たちは先に行った人のやり方を見て、それを真似《まね》て、登ろうとします。（略）その紙（進路希望調査）に僕が書いたことは、何の役にも立ちません。破り捨ててもらって構いません。希望の大学に入ったからといって、未来が約束されるわけじゃない。君たちの未来は実際、厳しいと思う。大体、僕だってこの先どうなるかわからない。はっきり言って不安だらけです。でも、さっきの壁の話を思い出してください。

君たちがいざ、登り始めたら、先に行っていた奴が、目の前で失敗して落ちてしまったとします。怖くなるよね？　自分もあんな風になるんじゃないか？　戻れなくなるかもしれないって、一歩も動けなくなると思う。

……でも。その失敗した奴が…実はどっかにしがみついていて…傷は残っているけど、意外にしぶとく別のルートに挑戦してて…。それで、そこそこまっとうに生きてるとわかったら…君たちは少し勇気が持てるんじゃないかな？〝あいつも意外と大丈夫だったし！〟って。〝じゃあ、行ってみるかな！〟って、次の一歩を踏み出せるんじゃないかと、思うんです。

だから僕は。必ずどこかで生きていようと思います。仕事をして。お金をもらって。ご飯を食べて。ちゃんと（真っ直ぐに生徒を見つめ涙目で）ちゃんと、生きていきますっ!!

（口をギュッと結んで）みんなも元気で。（笑顔）さようなら」

と、やりきった顔で笑うそのシーンは、胸にジンと来て、ＦＯＤで何回も巻き戻して観た。

その後、西村雅彦さん演じる味のある温かな中西先生が「なんだか前より良く見えますよ！　困るなあ！　これ以上イイ男になられちゃあ」と言ってくれたが、試練を超えた者だけが持つ形のない勲章を心に付けたのかも。

……今も三浦さんはどこかで生きていて、芸能界で受けた傷やトラウマは残ってはいても、別の場所（やりたがっていた農業とか？）で元気に生きていてほしいと信じたくなる。

ひかりが、最終回で「私たちって面倒くさいね」と笑ったが「面倒でまじめで臆病で気の弱い所や、もろさもある不器用な修二像」に三浦さん自身が重なる。言い訳せず、誰も責めず過ちもなかったことにはしない修二の清さは三浦さんぽい。

このドラマは、悪人はいないのが良かったが、いるとストーリー的には描きやすい。善人ばかりの脚本は、その分人間の深い真実を、たとえその弱さを通してでも、直球で人の心に届く勢いで描かないと、観ている人は共感できなくなり物語が薄っぺらくなるリスクがある。が、修二の迷いのないストレートさがかえって薄っぺらな作品にすることを許さなかった、とも言える。それは…7／18のことがこの最終回の後に続いたことの重さも加わるが。

〝修二が教えてくれた〟ことは…人から見たらバカみたいに損や非常識に見えることでも、自分でも情けなくなるくらいダメなことや要領悪いことでも、「それしかできない」「もうこうするしか生きられない」と、真摯《しんし》に覚悟を決めて、自分という人生の舞台から降りない生き方を突き通すことで、それは独自の美しさみたいな光を発して、周りの人も呆れつつそこに頷いてくれたりする。そこが人生の不思議で素敵なところだ。

失敗を恐れず生きていい

還暦すぎの私には「バカでノロマなカメ」のスチュワーデス物語>_>;のイメージが強い風間杜夫さん演じる鶴岡校長だが、今回は器の大きな人格者で、学校を去る柏木先生に「その人にとって本当に失敗だったかどうかなんて、本当に時間が経ってみないとわからないんですよ」と言ったが、三浦さんがくだしたあの夏の選択もそうなのだと思う。

自ら退任した方がキャリアに傷がつかないと勧められても「体裁よく辞めてはいけない」と、自ら解雇処分を望んだシーンで、校長が「失敗が人間を創る。（生徒の失敗を責めてばかりいると）子どもたちは怖くて失敗ができなくなる」と言うシーンがある。

私も生徒に講演する時に「君たちは、チャレンジしてたくさん失敗していいのよ。それが経験になり〝生きる力〟になるんだから。人目を気にして、恥かくことや失敗を恐れていたら、自分がやりたいことが何もできないまま10代が終わってしまうからね」と話をする。生徒からは「びっくりしました。失敗はしてはいけないと教わってきたし、そう信じてきました」と言われる。

「いつなら失敗していいと思うの？　大人になっても、人間なんて失敗ばかりする生き物なのよ」と言うと、安心したように涙する彼らをみて〝この子たちはどんなに緊張して、正しいことだけを求められる日々を必死に頑張っているのだろう〟と気の毒になった。三浦さんもきっとそうすべきだと思っていたのだろうな。

夏美の女心を読み解く

たいていの女ってもんは、怒りつつも男の過ちを許してしまいたい生き物なのかもしれない。謝り続けられても許せない女の機嫌を根気よく取ってほしいのだ。「もういいかげんにしろよっ！」とか、「どーせ俺が悪いんだから、もういいよ」とか、投げず諦めず。

夏美の怒り・その1。「なんで結婚をやめるのも許すのも私が決めないといけないの!?　修二の答えを聞かせてよ！」

↓《〝どうしても君と結婚したいんだ！〟って、言い切ってよっ！》

その2。「なんとでも言って逃げりゃいいじゃん。最低！　修二。なんで許してくれって言わないの？　それでも結婚したいって」

↓《言い訳する男は女々しくてムカつくけど、許して欲しいと言わないのは、私に振られてもいいってことなの!?》

その3。「バッカじゃないの！　たった一度の罪なんか私が許すっつうの！」

↓《バカ！　何があっても別れたくないのが本心なのよ！》

その4。「修二はやっぱり修二。犯した罪をなかったことにできないくそ真面目な男」

↓《その正直さが好きなのに、ムカつきもする》

……そして。自身では覚えなくても罪を認め学校に報告すると言う修二に、ブチ切れる。

「私が忘れる。それでいいじゃない!?」

「俺は、教師だから。許されないよ」

「いい加減にしてよっ！　なんでそうやっていつも、自分だけ正しい選択しようとするの？　いいじゃない！　自分の幸せのために生徒を犠牲にする最低の教師のまま生きていけばいいじゃない!?　私はどうすればいいの？」

「忘れなくてもいい。一生責め続けてもいい。俺には夏美が必要なんだ」

「そんなの無理よ。修二、私のためにずるい男になってよ。……なれないよね。」

修二は、ずるい男にはなれない。でも、私もムリ！　みんなに知られて全部を受け入れて生きていくなんてできないよ。

私は修二が思ってるほど強くない。もう疲れた」

↓《私のために最低な人間に成り下がっ

てよ！　言い訳しないジェントルマンより、がむしゃらに私を求める男に》……「ムリに忘れようとするからいろんなものが壊れちゃったんじゃない？」と、ひかりが母に言うように、無理やり元の鞘《さや》に収まっても、不信感はきっとずっと消えずに彼女の中に種火として残り、何かの時に勃発し怒りになる。たいていのシリアスな夫婦喧嘩は過去の不信感が原因。

だけど修二は誰のことも傷つけたくないし、言い訳もしたくない、まっすぐすぎる男。妊娠を知ると「責任をとる」「またそうやっていい人になろうとする。周りからがっかりされるのが怖いのね、いつも正解を出してきたから。丸く収めることばっかり考えちゃだめよ。ここまでぐちゃぐちゃにしたんだから、最後まで貫こうよ。求められるのを察してそのとおりやるのは簡単よ」と言われた。これって、三浦さん自身の心にも刺さった言葉だったのではないかな？

最終回。可愛く健気《けなげ》なひかりと別れ、夏美と高い壁を超え（ドラマ内では）ハッピーエンドで終われたのは夏美の強さ。頑固な修二の美学を無理に捨てさせず、綺麗事《きれいごと》に思えることも彼のやりたいように通させて、周りから彼を守りつづけ、彼との子どもを一人で育てようと覚悟を決めた潔さ。それには、何も敵《かな》わなかったのだ。

「大切なことはすべて夏美が教えてくれた」

（追伸。このドラマを観てホッとしたのは「はなちゃんのパパ」だけでなく、赤ちゃんの幸せなパパになれててよかった。

あと余談だけど、エンディングで夏美と戯《たわむ》れる白いシーツを纏《まと》った三浦さんは美しかった。白シャツの着こなし№1だもんね）

ここにいなくても

寝台車の窓を叩き、真っ赤な目でひかりが先生に「行ってきます！」と言ったように、人は何回も何回も違う目的地を目指す。その度に私たちは、今までの自分に感謝して別れを告げて言うのだ。

「行ってきます！」

生物の教科書を処分する引越し片付けシーンに流れる心の声。「大事なものをたくさん持っていると思っていた。それを守るために必死だった。でも本当は大して大事なものなんてなくて、捨てようと思えば捨てられるものばかりだった。本当は何も持っていなかったんだ。そう気づいたら意外と穏やかな気分になれた」

あの朝、携帯などの私物を捨ててから逝った三浦さんの心も、穏やかだったらいいな。

魂として生き続けるという意味だとしても「僕は必ずどこかで生きていようと思います」と柏木先生を台詞《せりふ》を借りてしっかりした目で言った三浦さんの姿がこのドラマにはあり、「ここにいなくてもみんなどこかで、元気にやってるんだ」と言った中西先生の言葉が蘇る。

空羽《くう》ファティマ

［初出：『創』2023年11月号］

京都への旅

彼が憧れた日本人の原点が根付く1200年の古都へ

三浦春馬さんの持つ侘び寂び的な奥ゆかしい美しさ、人の心の在り方を追及する文化と歴史

空羽《くう》ファティマ【絵本作家】／海扉《カイト》アラジン【切り絵作家】

彼の愛した古都へ

三浦春馬さんの写真集『ふれる』や映画『天外者』『太陽の子』の撮影が行われたり、JUJUさんに送ったかんざし店もあり、彼との繋がりを強く感じる文化と芸術の古都、京都から昨夜帰ってきました。

原稿用紙17枚の原稿締切が明日なので京都のお力をお借りしてスマホに向かって記事を今、書き始めています。物事は「なんとかなる」ではなく「なんとかする」ものなのだ。そう覚悟を決めると天が味方をしてくれるから。

1200年の歴史の力とその街が持つエネルギーと、世界中から訪れる人々が手を合わせて心から祈りを捧げるその〈想いの力〉が、願わくば私のこの人差し指に宿り、皆さんへ届ける文になってほしい。

多くの人が「一度は住んでみたい」と願う魅力あふれる街、京都を通じて私なりに感じたいろんな角度から、三浦春馬さんに「ふれる」文を今回、次回と書いてみたいと思いますので、お付き合いくださいね。

三浦春馬さんの持つ、侘《わ》び寂《さ》び的な秘めた奥ゆかしさや美しさ。ひとの心の深き在り方を追求する文化と歴史。日本人としての原点が今も根付いている、この古都は、彼の憧れていたもの、習得したかった学びと知識、そして、すでに彼自

身が身につけていた品の良さを感じるので、彼と京都のコラボ特集として、秋も深まるこの季節に静かにお届けしたいと思いました。

その死を嘆くより彼がやりたかったその先を

嗅覚は五感の中で一番敏感なので、もしお家にお香がありましたらそれを焚《た》き、場を浄化し、さらに丁寧に点《た》てたお抹茶を頂きながらこれを読んでくださると、よりリアルに京都を体感できると思います。日本文化への彼の追求心は強く、そういう一手間をかけることを、三浦さんは惜しまなかった気がするので。

ただ本を読むだけではなく、香に包まれお抹茶を頂く行為を加えることで、言葉に対する感覚はより繊細に深くなるからです。

そういうことは小さなことみたいだけど、それをできる人と、できない人では、大きな違いが出るかもしれない。

それが「あの人素敵ね」と言われる人と「年齢の割に老《ふ》けてるね」と言われる人の、違いになるのでは？　アンチエイジングに精を出し、高い美容クリームを使う必要はないのです。

そして、この『創』の読者には「私なんて」「もう歳だから」という自らを卑下するネガティブな言葉は、使ってほしくないと常に願ってます。その年齢になったからこそ、感じられることや学べることへの、大いなる可能性を一瞬で否定してしまう真っ黒の悪魔の言葉を、年齢のせいにして自信が持てないことへの言い訳にすることで、風貌も考え方も、年寄り臭くなっていく一番の原因だと思います。自らが発する言葉が、人生を与える影響はとてつもなく大きいから。

無理して若いふりすることはないし、年齢を重ねると体の不調も出てきて見かけも変わってくるけれど、歳を取ることはけして悪いことばかりではありません。世の中のどんなことにも、全て必ず良いことと悪いことがコインの裏表のようにあることは、いつも忘れたくないです。

私が残念なのは、三浦さんは10代より20代、30代の方が、ずっとカッコよく、セクシーになってきたから、40代、50…80代と、ダンディな、イケオジになっていく彼を見たかった。

30代はさわりしか生きてなかったけど、舞台でちょい髭をはやしてワイルドな感じの彼はものすごい味がある大人の男に見えたから、その続きを見たかった。彼の命の先の景色を。どんな考え方をして、どんな顔つきになり、辛いことも含めていろんな経験をして、それを消化して吸収して、肥やしにして歳を重ねていく様を、私たちに見せてほしかった。

だから、彼の代わりに私たちは、生きていきましょう。海外進出を夢みて努力を続けた彼が学ぼうとしていた日本文化や歴史に目を向け、そこに生きる自分の可能性を諦めず、食を、旅を、エンタメを楽しみ、〝経年劣化を味にできる魂の乗り物の体〟を愛し慈《いつく》しみましょう。

それこそが春馬さんファンが、〝彼のためにやるべきこと〟だと思うのです。そういうことこそが、お墓にお花を持っていくことより、立派なお墓が建つことを望むよりも、彼が喜んでくれることだと私には思えるのです。彼の死を嘆くより、彼が生きたかったその先を私たちが進むのです。

断ち切りたい想いを切り、なりたい自分になる神社

多くの人が知っているだろう有名な百人一首。〈瀬を早み岩にせかるる滝川のわれても末にあはむとぞ思ふ〉

この歌を詠んだのは崇徳天皇。金比羅神社の神だが、ものすごく不遇な人だったらしく、白河法皇が、息子（鳥羽上皇）のお嫁さんを孕《はら》ませてしまったことでできた子供だとか。うーん、まるで韓ドラのような重い出生の秘密。

望まれない命として産まれた彼は父親に疎《うと》まれ、天皇の地位から退位させられ保元の乱で異父兄弟の後白河天皇と権力争いに敗れ、讃岐へ島流しに。権力欲を捨て京都に戻りたい想いや、愛してくれない父への悲しみと恨みの気持ちを、仏教を心の拠り所に五部大乗経といわれる五つのお経を書き写し、乱の犠牲者の供養と反省に「この写本を京の都に収めてほしい」と自らの血で書いて後白河天皇に頼んだが「呪いがこめられてるかも」と拒絶され、絶望で怒り自暴自棄になり髪も伸ばしっぱなしにしながら、配流から8年後に亡くなった。

そしてその後天皇家に災難が立て続けに起こったので「これは崇徳天皇の怨念に違いない」とされ〈史上最悪の怨霊〉としてずっと恐れられていたというのが崇徳天皇怨霊伝説。また、日本三大怨霊として怨霊や祟《たた》りのモチーフとして使われている一方で、四国全体の守り神であるという伝説もあるのが興味深く、正負の法則というか闇が深いと情けも深いのだろうか。

なわけで…讃岐の金比羅神社に一切の欲を断ち切りこもったことから…別れられない夫や彼氏、妻や彼女、姑《しゅうとめ》と舅《しゅうと》、嫌いな上司などの、自分にとって〝悪縁〟と思われる縁の他に性格。ギャンブルやアルコール依存。変えたくても変えられない今置かれてる環境や、辛い病気など、【どんなものでも自分を悩ますものを、断ち切れる場所】となった、らしいです！　すげえ。

私自身は…人間を護ってくださるであろう宇宙や天の大きな力は信じているけれど、特定の宗教は持たず、大河ドラマを見てもよくわからないくらい日本史に弱いし、神社や寺に特に関心もなく、旅で訪れた時に雰囲気ある神社を観光として訪れる程度なので、信仰が厚いとは言い難い人間で神頼みをするタイプではないのですが……。

金比羅神社が、少しでも心の整理に背中を押してくれる〝きっかけ〟だけにでもなってくれるならば…誰もが悩みを持ち苦しみながら生きている私たち人間にとって、なんだかものすごいありがたく頼りたくなる場所のように思えたのです。

最後に崇徳天皇の歌の意訳を春友さん向けにさらに意訳してみました⬅　いかがでしょうか?

百人一首77番

瀬を早み　岩にせかるる　滝川の　われても末に　あはむとぞ思ふ

【意訳】川の流れは岩にぶつかりふたつに分かれても再び合流するように、現世

では、高い壁に立ちはだかれ、哀しくも結ばれなかった恋人たちも来世では再び出会えて結ばれることでしょう。

【意訳の意訳】

大好きだった春馬くんの愛しいその姿はこの世ではもう見ることはできないけれど、思い出の中や、心の中では私たちはいつでも会えて、その歌やダンスに「ふれる」ことができるのよ。

海扉アラジンの告白。金比羅神社の力

以下、実際に金比羅さまの力を体験した切り絵作家・海扉アラジンが心の奥に押し込めていた想いをさらけだした文。

ここに公に書くことで6年の心の闇をリセットしたいという。金比羅神社の切り絵を改めてよーく見てから以下を読んでくださったら良いと思います。

【縁切り&縁結びの神様金比羅さんへの道。by海扉アラジン】

《三浦春馬さんの写真集『ふれる』の撮影で使われた京都高台寺を訪ねた10月中旬。紅葉にはまだ早くシャツと軽いジャケットで動ける。桜も紅葉もないため、観光客は少なく、去年は桜で人が溢れていたがまた違う京都と出合えた。

〝空《く》〟羽《う》ファティマ、〝海《カイ》〟扉《ト》アラジンの頭文字を取ると〝空海〟になり、狙ってその名前を付けたわけではないが、それに気づいてからは、心の奥で空海という人を意識して活動してきた。

令和5年（2023年）はその弘法大師空海さまがご誕生されて1250年の記念の年。ということで、お留守番組のキャメルンスタッフとファティマのオットに、わんこたちのお世話を託して、京都へスタッフ5人で行った。

もっことディアニは仕事のため先に帰り、私とファティマとファティマの娘で訪れた高台寺は清水寺の直ぐ近くで、両脇に木の生い茂る石畳の階段には厳《おごそ》かな空気が流れていた。

石段を登り、門をくぐり、春馬さんの撮影場所を確認し写真におさめた。お堂は、長い年月を経た貫禄《かんろく》と趣きが感じられ、緑は柔らかく、紅葉はほんの少し黄色や赤に色づき始めていた。温暖化が加速し来年頃から日本は春と秋がなくなり、紅葉が見られなくなるとも言われているが、それは寂しすぎる。木々や池が美しく建物を彩り景色に調和し春馬さんが撮影した回廊と竹林に「ここからどんな景色をみていたのかしら」と想いを馳《は》せる。五重塔を背景に彼が歩いたスポットも同じポーズで写真を撮る。

その帰り道のことだった。同行してくれたファティマの娘さんが、たまたま通りかかった神社を「縁切りと縁結びの神様だよ」と教えてくれ、強い執着を抱えていた私は飛び込んだ。それが金比羅神社だった。

隠していた想いは、この旅で急に自覚してきたのだが、膿《うみ》を出すきっかけになったのは東寺のお経。普段は外から覗き見ることさえできぬ東寺の五重の塔の中に特別に入れて、空間に流れている神聖な空気感はそこに一歩入っただけで身が引き締まる想いがした。真ん中の柱が大日如来で周りを囲む壁には空海さま。その後、隣のお堂で密教のお経と勢い良い太鼓に重い心の扉を叩かれたのか、溢れ

る涙を止められなくなった。

それは、10年間共に暮らした女性スタッフへの想い。キャメルングループ活動を始めた頃から暮らし始め、私が切り絵作りで収入がないときは長きにわたって経済的に支えてくれご飯を一緒に作り他愛もない話をし、共に笑い泣き、わんこ、ルイナも一緒に育ててきた。

今は結婚出産したが結婚が決まった時〝スタッフからの結婚祝い〟で依頼された切り絵をずっと作らなかった。作りたくなくて忙しさを口実に先に延ばし続けその原因に向き合うことを避けてきた。一人では向き合えなかった悶々《もんもん》とした黒い気持ちを京都に向かう道中、スタッフたちに話すことで、少しずつ家庭を築いたことが悲しかったと自覚した。どれだけ彼女のことが好きで生活が楽しかったかを話すと涙が止まらなくなり「6年経って、そこまで泣くのは失恋みたい」と言われ、毎日泣く異様な自分の様子を見ると、恋愛、いやそれ以上で夫婦として子供ルイナを育てたから彼女に出て行かれたのはまさに離婚だったと知るが、表面上の理解は〈友人との共同生活の終わり〉だったから「悲しくないし一人の方が気楽」とごまかし、長い時が経ち積もった想いは埃《ほこり》を被り、弱い自分を見せたい情けないヤツになっていて、過ぎ去った生活を懐かしみ嫉妬する未練たらたらの〝元彼〟になっていた。

そして「今私にはルイナと、スタッフの養子で不登校をきっかけにウチにホームステイしている中学生の〝息子〟がいるのに。2人とも、とっても可愛い私の本当にいい子たちで愛おしい存在。去った人の幻影に取り憑《つ》かれている暇はない！」と思えた後も、未練を引きずる自分がことあるごとに出てくる出来事が続いた。

そんな自分が嫌で、もうどうしようもなくどうしたらいいかわからなくなってしまい、ほとほと疲れ果ててしまった迷路の中に迷い込んだ、まさにその時だったのだ。その縁切りの神社が目の前にお出まししたのは！　藁《わら》をもすがるしかないっ！

縁切りと縁結びの儀式はこうだ。

〈表紙の切り絵に載せた形代《かたしろ》という身代わりのお札に「断ち切りたい縁」（人、病気、タバコ、想いなど、人間関係だけではなく環境や健康に関することなど何でもOK）と「結びたい縁」を書く。名前などは書いても書かなくてもよい。

その札を手に持ち、断ち切りたい縁を心に想いながら直径50センチほどの穴が空いた大きな岩をくぐり抜けて、向こう側に出る。その後は、結びたい縁を思ってまた、向こう側からこちら側に穴をくぐって戻ってくる。最後に、お札を今くぐった大きな岩にノリで貼り付ける〉という手順。

岩の表面には人々がすがる思いで貼り付けたお札がビッシリと付いていて、真っ白でいびつな〝雪見だいふく〟になってとても威力のありそうなすごい風貌。人々が新しき自分に生まれ変わるために列をなしていた。

私は切るべきものを切り、結ぶべきものを結ぶために穴をくぐり抜け、札を岩の中腹に貼り付けた。

す、すると!!　急に肩が楽で嘘のよう

に体が軽くなったではないかっ⁉　ついうっかり走り回って、はしゃいでしまった。本当にこれには驚いた。ファティマは〝世の中に奉仕できるご縁を下さい〟と願い穴をくぐると、やはり背中が軽くなったと驚いていた。

　その後、ファティマはブラジルからきた夫婦にそのやり方を丁寧に教えていた。2人は飛行機で24時間かけ、休みもせずに神社に駆けつけたそうで、ここがいかに世界中で有名であるかを知らされた。

　私もスペイン男性に仕方を教えたが、世界中から心の重荷を断ち切るためにやってきていた。お志の金額も「100円程度」と書いてくださったり「一枚に複数の願いを書いてもいい」「穴への行列が長い時はお札を貼るだけでもご利益はある」とか、とても優しい神社。

　断ち切れない想いがある人は試してみてはいかがだろうか？　24時間いつでも休みなく終日参拝できる神社となっているので、暗くなっても次々と人々が来て切実な想いを抱え、真夜中に断ち切りたいとやってくる方もいるのだろう。そんな人々の強い念が集まって、さらに大きく背中を押す力が働くのかもしれない。

　生活の中に神社仏閣が並び、毎日数多の人々が祈りを捧げる京都という町の、目に見えない力を体感したできごとの一つとなった。

　心の整理に書きましたが、春友さんたちに読んでもらいたい気持ちもあったので客観的に言葉にできました。私の体験が何かの参考になれば嬉しいです。読んで下さりありがとうございました》

　以上がアラジンからのメッセージだが、人間は悩むからこそ人間であり、弱さに向かい合う勇気を持てた時、それは生きる強さにもなる。

　悩んで泣いて、のたうち回って、絶望して。もうダメだと倒れ込み、天を仰いだその手を、優しく取ってくれる存在が、この古都には居るのかもしれない…そんなことを感じた日。

　今も、あの7月18日の衝撃が重く心にのしかかり「あんなに頑張っていたのに自死するしかなかった可哀想な春馬さん」の暗く悲しいイメージを断ち、「今は天国で幸せに暮らしてる春馬さん」と新たに想いたいけど、できない方はまだ大勢いるので、そんな方はぶらり一人旅しながらこの神社に行くのも良いかもしれないと思い、ご紹介しました。

いよいよ、次回はファン再版待望の本『ふれる』に触れます

　さて、今回は三浦さんとの縁ある京都を書きましたが、次回は絶版になった三浦春馬さんのエッセイ&写真集で、ファンの皆さんが再版を熱く望んでいる『ふれる』について書いてみたいと思います。また、『ふれる』の撮影地の他に、『太陽の子』の裕之さんの家で撮った写真や、『天外者』の撮影地の写真もお見せしたいと思います。

　2023年、今年ももう終わりで月日が経つのはあっという間。1年間ご愛読ありがとうございました。来年もよろしくお願いします。

空羽ファティマ&海扉アラジン
2023/10/23 紅葉の季節❀

［初出：『創』2023年12月号］

三浦春馬さんを想う

〝幻の本〟『ふれる』にふれる その1

三浦春馬さん23～25歳の揺れる心と姿の軌跡を綴ったエッセイ＆写真集

空羽《くう》ファティマ［絵本作家］

〈自国の文化に触れることは自分の内面に触れることでもあった。

触れる。振れる……。

振り子のように〝ふれた〟僕の感情〉（ラストページより）

ネットでは2万円～5万円の高値がつき、ファンが再版を望み喉《のど》から手が出るほど欲しい特別な一冊。

〈あの頃の僕は、夢を追いかける本当の意味さえ見失っていた。そして今、本当の武器を手に入れたんだ。

人気ドラマ、大作映画、そして舞台とさまざまな役に挑戦し、確かな評価を得てきた三浦春馬がついに語り出す。悩み、葛藤し、そして見つけた答えとは……。

２０１３年から２０１５年。2年間に及び、彼が叫びたかった真実。

２０１３年ドラマ『ラスト♡シンデレラ』、２０１４年ドラマ『僕のいた時間』。映画『真夜中の五分前』。２０１５年映画『進撃の巨人』（2部作）公開

もっと強くなるために、ふれたいものがある〉（帯より）

けれど。もし〝本当の武器〟を手に入れていたならば、あの夏の日は訪れなかったのではないか？

そもそも「本当の武器」って？　武器とは「戦うための道具」「有力な手段」。

彼にとって〝芸能界で生きる〟とは常に緊張し、人と自分と〝戦う〟ことで、そのために強い武器が必要だったのか？

《気づかなかったわけではない。ただ気づかないふりをしていただけ。自暴自棄

になっていた。
夢を追いかける本当の意味さえ見失っていたんじゃないかな?・》（本文より）

「三浦さん」改め「春馬さん」と

明けましておめでとうございます。新春号の発売日は12月ですが、7／18からのにわかファンの私ながら、記事を書いて3年経ったので、今年から「三浦さん」改め「春馬さん」と呼ばせてもらおうと思います。

『ふれる』の撮影地・高台寺にて（空羽ファティマ）

人間は誰でも生きている限り、悩み迷い続けていくものなのに、あの時の彼は深いドロドロの沼から早く抜け出そうと「武器も答えも見つけたから、もう自分は大丈夫」と思い込まないと、やってられなかったのだろう。

そう信じ込むしかなかった、その深い苦しみに。私たちがこの本を通して、ほんの少しでも歩み寄れたらと願い、今年の始まりの号で、ついにこの本に触れることにしました。内容が濃くて今月号だけでは書ききれなかったので次回、続きを取り上げます。

《2015年　希望に満ち溢れていたはずの〝あなた〟がなぜあんなに荒涼とした場所にうずくまっていたの?・》(本文より)

ドラマ『僕のいた時間』が、彼の心身に与えた大きな影響については私も今までに書いてきたが、彼自身も次のように書いている。弱音や泣き言を言わない、頑張り屋の彼がここまで言うのはよほどのことだったのだろう。

〈ALSの筋肉が弱まるリアリティを出したくて、11キロ体重を落としました。通常のダイエットと異なり、筋肉をつけずに減量しなくてはならなくて専門のトレーナーにアドバイスもらいながら食事制限をしたのですが、役に入り込んでいたのも大きく、無理ある減量だったため撮影が終わりに近づくにつれて精神的にも肉体的にもどんどん追い込まれていきました。

食べないとセリフが頭に入ってこないので、人前でスピーチする長いセリフのシーンの時だけは魚を食べました。撮影が終わった時は感謝の気持ちの一方で、無責任かもしれないけど、解放されたという思い……実を言うとよく覚えてないのです。ただただ、ほっとしていたような気がします。

身も心も完全にのめり込んでいたこのドラマの後に、限られた時間の中で次の作品へ向かうエネルギーを充電するのは至難のわざでした。情けないことに自分のキャパシティーを越えてしまっていたのです。

そして気持ちの切り替えをうまくできないまま転がる石のようになってしまいました〉

歩くことさえままならなかった放心、極限状態の最悪なコンディションに鞭打ち、なんとか撮影した映画が『進撃の巨人』。大人気だった原作と異なる脚本に、熱心なファンが動揺し、かなりの酷評を受けた。主役の彼にとってどんなにかきつかったと察するが、『ふれる』には〈主役にふさわしい立ち振る舞いができなかったことを反省してる〉〈自分のことだけで、精一杯になってしまい理想とは程遠かった悔しさ、が残ってる〉

と、自らの反省が謙虚に綴られている。

また、この時の彼のピンチに、昔からずっと見守っていた往年のファンたちは気づいていた。『僕いた』が終わってから、しばらくの間、芸能界から全く消息を絶ったので心配していたという。

この時、心を覆った深い闇は、その後も彼を苦しめ、あっちの世界の扉を開いてしまった鬱《うつ》の始まりになった。

けれど、それを知らなかったファンも多く、「いつも笑顔で前向きに夢を語る春馬くんが、自らなんてことは絶対ない！」と思うのも無理はない。

セリフも覚えられない状況を本の中で告白しても、その後にはまたいつもの優等生に戻り、模範解答的な文章で、こうまとめて終わっていた。

〈いい役者になる以前にやるべきことは、いい人間になること。これまで武器を持つことにずっと、こだわっていたけれども一番大切なのは「どう生きるか」という武器であることに、ようやく気づくことができたのです。これからも迷ったり悩んだり過去を悔やむこともあるだろうけど、急がずにその都度立ち止まって考えればいい。役者である前にひとりの人間として人生を大切にしたい。

そして楽しい人生を送れることに、日々感謝して生きていきたい。そうすれば役者として歩むべき道も自ずと見えていく気がしてます〉

春馬さん。その通りです。そうやって自分の弱さも許せたなら、あなたは今も笑っていただろう。〈〉_〈〉今、私がこんなことを書く無意味さ！ よーくわかってる。でも、それでも「たられば」を書き続けていこう。

そうしたら、それを読んでくれる人が、〝生きられないほどの辛いことが起きた時〟に、「自分に優しくする大切さ」を心の隅に少しでも残してくれ、ほんの一瞬、立ち止まってくれるかもだから。

（本の中にはたびたび〝役者としての武器を持ちたい〟の言葉が出てきて、本当にずっと緊張の中で、戦ってきたのだろうな。だから武器をこんなに求めざるを得なかったのだろうな、と切なくなる）

【生き様という一番大切な武器が欠けていた】（本文より）

叫びたかった真実とは？

『太陽の子』『天外者』の撮影地など彼の足跡を追った京都の取材が終わって『ふ

『ふれる』のロケ地・高台寺にて

れる』を読み返したら、今までとは違う温度で彼の遺した言葉が伝わってきた。『ふれる』は絶版になってしまい、読みたくてたまらない人がたくさんいるだろうから、感想を正直に書いていいものか悩むが、再版はかなり難しそうなので書くことにする。

　春馬さんの良いところでもあり、それが彼を追い込んだのは一言で言うならば「真面目さ」だろう。「真面目だから」こそ、役者としてもダンサー、歌い手、日本文化の語り部としても、英語や殺陣《たて》などなどの学びと習得と完璧な仕事ができた。

　でも「真面目すぎる」から厳しすぎて、自分を追い込みまくり、自信を持つことを許さずメンタルを壊していった。

　それはスター三浦春馬の「諸刃の剣」になっていた。

　真面目さ、完璧主義……、それが、プライベートではゆるい面も持つ背中を律し押してくれた反面、いつも目を光らし厳しすぎる教官として常に彼自身を監視し、大きなストレスになったに違いない。

　帯に「叫びたかった真実」とあるが、スターが語った正直な弱音をそのまま本に載せるわけはない。迷い痛みに満ちた言葉は〝みんなが愛するクシャッとした笑顔のイメージ〟を壊すから。

　たった一度でも…心に秘めた真実の想いを…。本当の悲しみや孤独や…。世の中における三浦春馬という商品の扱い方や、その価値……。

　世間が抱いてる理想のイメージと、本当の自分とのギャップの大きさを、辛さをお酒で誤魔化して、のたうちまわった眠れぬその夜に……。

　心の内を語れる機会が許されていたなら。事務所だけが、悪いのではなく、それを許す社会であったならば……。

　夢の世界宝塚の裏側で、生きていけなくなった人がいたこと。羽生結弦さんの離婚も、有名人だからと、そこまで個人の自由を奪い取るこの社会の在り方を真剣にみんなで考え直したいと思うし、彼と同じ孤独色の闇の中に佇《たたず》んでる人がいたとしたら、こうして文字にして伝えることは必要なことだと思う。

追求できぬ違和感を抱えて

　以下は、読んでいて胸が苦しくなったこの本の中で一番〝洞察力を持って私たちが受け取るべきと思う言葉〟。23歳の苦悩していた彼の想いを本文より抜粋……

〈今思うと、その始まりは些細な違和感でした。

　漠然と何かがおかしいと感じたのだけど、その原因を追求することもできず、ただ目の前の物事に必死になっていました。

　その違和感が自分の中でだんだん大きくなっていくのも、見て見ぬふりをしてしまったのです。

　そして気づいたら、身動きが取れなくなってしまっている自分がいました。

　このままじゃいけないということを僕自身が誰よりもわかっていたのに、気づかないふりをしたツケが回ってきたのかもしれません。

　そこから這い上がるまでの道のりは、思いのほか長く、どこへ進んだらよいのかわからなくなることもありました。

　過去の言動に自己嫌悪を感じたり、今の自分に自信をなくしてしまったり、目標を見失いかけたり……。

　再び歩き出せるようになるまで、ずいぶん時間がかかってしまったし、すべてが解決したわけではないけれども、今は不思議なくらいとても冷静で穏やかな気持ちでいます。

　この本にはそんな僕の2年半の姿と心の軌跡を綴っています。（略）23歳から24歳にかけての三浦春馬というひとりの俳優、ひとりの人間としての通過点として読んでいただけたら嬉しいです〉

　……これは、すごく意味深な告白である。〝追求できぬままいた違和感〟とは何なのだろうか？　それは、彼個人の内的な悩みで、そこに向き合う勇気を持たなかったことなのか？　それとも何か引っ掛かることが周りに起きていたがそこにふれることは許されず、見て見ぬふりをするしかなかったのか？　そのどっちにも取れる。

　……今回『ふれる』について調べていたら、「この本を再版できない理由が、読めばわかってしまうから」とのコメントもあったから《原因を追求できない違和感》を彼の言葉で書いてほしかったが、そこは書けないだろうな。もしかしたら今やっと明るみに出されたジャニー氏の性加害のこと？

『ラスト♡シンデレラ』の成功の後「違和感」を吹っ切るためか、アイドルとはかけ離れたドラマ『僕いた』を自ら提案した。

　大きな商品価値だった〝イケメン〟のイメージを覆し、事務所の望む形ではない無謀とも言える挑戦だった。

　体の力が入らない難病の役。閉じられない口からはヨダレが流れ、20代の彼がなりふり構わず排泄の失敗までも演じきった。

　何か特別大きな覚悟や決心がないと、あそこまで突き抜けた役はそうはできまい。キラキラアイドルを抜けようとしたからこそ、やり抜けたといえる。

　表には出せないことは世の中にはたくさん溢《あふ》れているが、正義感が強い彼は何かを知って苦しんだのかもしれない。公にできない自分を責めたのかもしれない。いろんなことを考えたり悩んだりしたのかもしれない。これはあくまで推測だけど。

　その続きのページには、俯《うつむ》いた写真にまた温和な良い子に戻り〈大切なのは感謝すること。そしてその気持ちを持ち続けること〉とあった。

武器ばかり求めた日々

〈小さい時から俳優の仕事をやってきて迷い、立ち止まることは何度かあったけれども2014年は特別な一年でした。

この本の制作がスタートしたのは2013年夏。初めての本格的な海外での映画撮影が始まり意気込んでいました。自分が未熟だとわかっていたから補うために学びたい欲求が強かったので「武器を増やす」という言葉をよく使ってました。何かを身につければ、役者としての武器、つまりは個性になって自信につながる、と考え興味を持ったのは当たり前に過ごしてきた自分の国のことでした。

海外での仕事が決まったものの、日本の伝統や文化を知らなかったことに気づき日本舞踊と茶道を学ぶことになりました〉

法観寺八坂の塔をバックに歩く（海扉アラジン）

〝武器〟について彼は何回も他のページでも語っている。

〈自分の悩みや迷いを曝《さら》け出すのは美しいことではないかもしれないけれども、また前を向いて歩き始めるためにも包み隠さず打ち明けたいと思います。

あるテレビ局に出演していた時、目標を聞かれて「同世代の役者の中で一番になりたいんです」と、かつての僕は答え、今となってはとても恥ずかしく思えるのです。一番なんて誰が決めるんだ？ 少なくても俳優という職業において、一番は誰のものでもないのだから。軽々しく答えていた過去の自分を今ならこんなふうにたしなめるでしょう。厳しい言い方をするなら、あの時の僕は驕《おご》っていたと思います。関わっている作品については二の次で、自分をどう見せるかということの方に気を取られ、俳優の役割をはき違えていたのです。

俳優としての武器を増やすこと。この本が動き出した頃こだわっていたのも「一番」になる手段でした。日本舞踊、茶道、弓道、乗馬……を身につければ〝手っ取り早く〟成長できる気がしていたのです。

（略）しかし、それぞれの奥深い世界に触れるほどに技術以前の哲学がなければダメだと気がついたのです。

こうした変化が生まれたのは2014年に経験した一連の出来事も大きく影響していると思います。俳優として悩み、進む道を見失いそうになりもがいた一年でした〉

〈自分がどんな人間なのかを知り、手探りではあるけれどようやく前に進めそうな気がしている。

もしもまた道を踏み外しそうになったら真摯《しんし》に正していけばいい。何度も何度も軌道修正すればいい〉

これは、サインも一緒に考え一番信頼し幼い頃から14歳まで「〃父親みたいに頼もしかった〃マネージャー村木勲さんが亡くなる直前に、病院でか細い声で言ってくれた、〃絶対に焦っちゃダメだぞ〃の言葉。「ことあるごとに思い出す」と書いてある。今は天国で仲良くしてるね。「おい！　春馬！　なんでこんなに早く会いにきてるんだよ！」って、頭を叩かれたろうけど。

「もう今の僕は大丈夫」と、その後も繰り返しインタビューのたびに言っていた。

「やっと弱音を曝け出せるようになった」とも。なのに一度も本当の弱音は言わず、全然大丈夫じゃなかったのだ。

〈人の痛みに敏感になること。真剣に経験すること。初めての感情を忘れずに脳裏に焼き付けておくこと。

道理を重んじること。僕が思う、表現者に必要なこと。

この先続く道のりは、輝くため。何かを愛するため。強く大地を踏みしめて歩んでいこう〉

その後の写真は、法観寺八坂の塔をバックにポケットを手を入れて歩いている姿（春馬さんのこの写真をここに載せることは許されないので、代わりに同じポーズで私が同じ場所を歩いたものをカラーグラビアに載せてます）。

〃絶えることなくずっと〃…そう。彼は死を超えて生きる人

大きな蒼い空に鷹か鷲が気持ちよさそうに飛んでいる写真には「今はまだ旅の途中」とあって。今の彼の……魂の姿に見えた。

日本舞踊の渡辺先生が語っていた。

〈現代人には体は物理的なものだが古代人にとっては、体はイメージで「無」。体は「殻」と「だ」でできていて「殻」は空っぽの器、「だ」は中身。「殻」の中に「実」が入っている身体観。この2つは簡単に分離できる〉

〃古代人は一年ごとに殻を更新し、秋になると殻が死に、春に「実」が芽吹き夏に成長するから、殻は重要ではなく実の部分、心をどう表現するかが重要としたのが日本舞踊だ〃と。

春馬さんは「その都度、無になってゼロから作るという昔の人の身体観」はとても参考になる、と言っていて、全てをやり直したくなり「簡単に分離できる」という殻である体を脱ぎ、心だけの世界に行きたくなったのだろうか。

そしてね、ラストページの直前にはこうあるのよ。

〈これから先、ずっとずっと。
絶えることなく、ずっと〉

そう……。だって彼は〃死を超えて生きる人〃

空羽《くう》ファティマ

［初出：『創』2024年1月号］

恋するファン　極上リスト
世界は
三浦春馬に
あふれてる

「世界はほしいモノにあふれてる」のイメージ（海扉アラジン・作）

三浦春馬さんを想う

三浦春馬〝幻の本〟『ふれる』にふれる2

彼が見ていた世界。求めた世界。その手を伸ばした先には…

空羽《くう》ファティマ［絵本作家］

前回は絶版になっている三浦春馬さんの幻のエッセイ&写真集としてファンが喉《のど》から手が出るほど求めていた『ふれる』を特集した。今回はその2。次回のその3に続く。

海外でも積極的に仕事したいと望む春馬さんが、

「そのために日本の伝統的な踊りの知識や文化を知らない自分のままではダメだ。和の心を学ぶことが役者の自信になり、演じる役の幅も違ってくる」と日本舞踊の渡辺保先生に学ぶ。

先生曰《いわ》く、

《実は日本は独自のものは一つもない。寿司は東南アジアがルーツ、着物も中国や韓国からきたもの。固有のものがないのは極東の島国故でいろんなものがここに流れつき溜まり、発酵し時間と共に変化した日本は海外からの原料を加工してまた外へ売る加工の国。日本舞踊もそうやって発酵させたもので「芸」の概念があることが特徴。何かの役を演じている時は「私は何々に扮しています」と観客に知らせるのが芸。この点は自己を消して演じる現代劇とは正反対》。

これを聞いた春馬さんは衝撃を受け、「寿司や天ぷら、着物や桜は日本のオリジナルと思っていたが、加工、発酵させてどのように誇れるものになっていったか?に関心を持つ」と答える。

また、日本舞踊は腰をバネにして上半身を自由にしないと〝舞うことでキャラクターが変化する変身〟ができないと聞

『ふれる』の撮影場所、高台寺台所門

き、「腰という字は月に要と書くじゃないですか。踊りに限らず何か行動を起こす時は腰が一番大切だと常々思っているんです。腰を使えなかったら人間は動くことさえできない。生きるために腰は絶対必要」。

「渡辺保先生から日本舞踊の話をお聞きした時、お茶の話になって、腰のきちんと入ってない人がたてたお茶はおいしくないとおっしゃっていました。

それがすごく面白いなと思って。同じ人のたてたお茶は毎日飲んでいると、その人の日々の健康状態がわかるようになるとおっしゃっていました。

おいしいお茶をたてるには体の動きはもちろんだけど、心の持って行き方が大事なのだそうです。つまりそれは無心になることらしいのだけど、『こんなふうにやったら、うまく見えるんだろう』などと思っているうちはダメだと聞いて、演技と共通している部分が多い気がして、ぜひ体験してみたいと思ったんです」

……と「腰が何より大切！」と春馬さんは語っていたから、彼のファンは腰痛予防のためにも腰のトレーニングをしよう！　それにしても、この本を読むと理論家で物事を深く考え、真面目で勉強家なんだなあ、と改めて感じる。それが彼という人であるが、そのシリアスさが彼を追い込め、また成長もさせたのだろうが、「こんなふうにやったらうまく見えるだろうな」と、ついつい思ってしまう自分に嫌悪したのだろう。

茶道の深さ

（京都で実際にお茶をたてた体験をしてみて）「お茶室という空間にまずとても惹《ひ》かれました。あの狭い空間に足を踏み込めるとそれだけで心が静まるんです。季節を感じさせるお花や掛け軸も演出として素晴らしくてまるで一つの舞台のようでした。茶道にも独特の所作がありますけど、手元まで美しく見せるという意味では、踊りと共通する部分が多い気がします。柄杓《ひしゃく》を扱う手一つとっても芸術的で本当に長い年月をかけて磨かれている作法なのが伝わってくるんです。佐山宗準先生から作法を習いながらたてたのですが、やっぱり見るのと、やるので大違いでした。茶筅《せん》を使ってお抹茶を混ぜる時、円を描くのではなく、手首を縦に動かすよう教えられたのですが、手首に余計な力が入ってしまうんです。僕のたてたお茶と先生のたてたお茶を飲み比べてみたら、同じ抹茶を使って同じ手順を踏んでいるのに味が全く違っていました。先生のたてたお茶は泡がきめ細かくて口に運ぶと甘くて、優しい味がするんですね。一方で、僕のたてたお茶は泡が立たなくて見た目も美しくなかったし、味が重いというか苦さの方が立っていた。舌触りもざらざらしてこんなに違うのかと驚きました」

と語っているが、繊細な「違いのわかる男」だからこそ、普通の人が感じないことにも心を配り、踊りも歌も演技も、どんどん技を磨いていったのだろう。

芸術家とは、些細《ささい》なことを自分なりに感じてそこをより極めていく人のことをいうのだろうけど、その点で春馬さんは芸術家以上に芸術家だったのだと思う。このまま40、50、60歳と歳を重ねていったらどれだけ魅力的な人になったかと、想像するだけでワクワクする。きっと、ダンディで味のある実力派俳優&歌い手&日本文学に精通したアーティストになっていたと確信する。

本人的にはまだまだだったのだろうけれど、美しい細い指の春馬さんが心を込めて柄杓を扱う手つきも、きっとすっごく綺麗な風景だったろうな、とイメージする。

そんなふうに彼の手や心が生み出す空気感を素敵だろうと想像できるのは、映像に手がアップで映ることはないのにもかかわらず『真夜中の五分前』で、時計職人の手を作るために日々ずっとその手に工具を持ち続け、タコを作るほど職人の手を追求した彼だからだ。そこまでこだわる、春馬さんが心を込めてお茶をたてるその手つきが美しくないはずがない。

（「あれ？〝春馬さん〟と呼んでる？」と思われる方もいるかもですね。ハイ。3年間彼について書いてきたので2024新春号からは、そろそろ、にわかファンを卒業させて頂いてもいいかなと思いまして、春馬さんと呼ばせていただいております）

世の中の要求と違う本当に作りたかったもの

春馬さんは「最近日本のドラマも映画もわかりやすいもの、感じるよりも観て楽しむものが増えてきているように思います。それが悪いことだとは思いませんが想像力を試されるような作品はやっぱりそれなりの評価を得ることができるし、日本の作品の本当の良さはそういうところにあるはず」と語っていた。

確かに……

今、生方美久さんの脚本のドラマ『いちばんすきな花』が放送されていて、彼女が脚本を書いて評判が良かった『サイレント』より視聴率が取れなかったのは「心の内面を重視している内容のため、気楽に見れるものではなかった」ゆえらしいが、それが私には興味深かったし、確かに世の中は春馬さんが『ふれる』で言っているように、真剣に考えるものより「気楽さ」を求める傾向にある。

そして、世の中からの要望と、自分が求めるもののギャップに苦しみ、本当に心が求める作品を作りたいと葛藤《かっとう》している、心ある作り手は春馬さんだけではない。

私の人生№1ドラマ『それでも、生きてゆく』の脚本家、坂元裕二さんもその一人のようだ。

（以下、2018年のNHK『プロフェッショナル 仕事の流儀』より）

《1991年最高視聴率32％の『東京ラブストーリー』の脚本家として23歳の彼は大成功したが「こうやればウケるんだから数字さえ取ればそれでいいんだよ、

みたいな。そういうことに対してはね、僕はやっぱりすごく、強い嫌悪感があったから漠然と俺が書きたいのは、僕が作りたいのは、こういうものじゃないんだっていう気持ちがずっと常にあって。本当に、逃げ出すことをすごく考えていたし。自分は、何がしたくて、この仕事をしているのか」と悩み27歳で一度テレビ業界を去る》

春馬さんも、こんなふうに、心の休養のために、休みを取れたらよかったのに……。息苦しくなった時、その場から逃げて、違う場所で深呼吸して、それから再チャレンジできただろうに。

社会から求められる姿と、自分がなりたい姿……〈見た目より演技そのものを見てほしい〉と望むギャップに苦しんでいたことを、春馬さんは『ふれる』にこう書いている。

《俳優は言ってみれば人気稼業なので注目されることはありがたいですし悪い気もしません。だけど、決して浮かれちゃいけないなとはいつも思っています。俳優三浦春馬はどういう存在なのか、昔よりも1歩引いた目で見ようとしている自分もいます。今の僕が大切だと思っているのは嘘のない真摯《しんし》な態度を示すこと。例えば僕がファッションイベントに招待されて、ランウェイを歩く時、どうしてここにいるんだろうと不思議な気持ちになったりもします。一方で貴重な体験をさせてもらえることをありがたいと思っているのも正直な気持ちです。僕が出ることによって出られなくなる人も当然いるわけだから不満に思ってる人ももしかしたらいるかもしれない。そこで僕のできること、やるべきことは感謝の気持ちを言葉や態度できちんと示すことに尽きると最近強く思うようになりました。

かっこつける時代はもう終わったのかなって。かっこいいねと言われるのはありがたいけど、役者として本当に欲しい評価は、そこではないんですよね。

こんなこと言うのもなんだけど、役者は面倒くさい生き物で、うまいねとか器用だね、なんて褒め言葉も時と場合によって嫌味に聞こえてしまうこともあるんです。僕はそういう褒め言葉を割と素直に受け止められるタイプだと思っているけど、それでも斜めから見てしまうような時もある》

そうやって27歳でテレビ界を去った坂元裕二さんは、32歳で自宅に籠《こ》もり3年間小説に挑んでみたが完成できなかったという。

書きたいものが見えないまま苦しい8年が過ぎ、転機が来たのは娘が生まれた35歳。そこで子育ての大変さを体験した彼は、大ヒット作となる『mother』を描いた。

人生は、なにがきっかけで新しい扉が開けるかわからないものである。もうだめだと思って八方塞《ふさ》がりになった時も、今までと違う場所に身を置き、新たな体験をすることで、それまで触れなかった感性やアイディアが湧き出すのだ。それは、順調に成功してきた人より、より深い宝をゲットできたことになり、大きな自信と自己肯定感をあげるエネルギーになってくれると思う。

「視聴率は取れず暗いと言われても、ていねいに生きづらさを抱える人たちのことを描き、一人でも、救われる人がいればそれでいい」

　坂元さんが迷い続けた16年。書きたかったものを産み出せる自分にようやく出会えたのだろう。

「プロフェッショナルとは?」

「才能とかそんなのってあんまり当てにならないし、何かひらめくっていうことも当てにならないし……。そういう時に本当に書かせてくれるのは、その人が普段生活してる中から出てくる美意識とか、自分が、世界とちゃんと触れ合っていないと生まれないかとか。やっぱり、パソコンに向かってるだけとか、飲んでるだけとか、そういうことじゃ、生まれないと思います」

　……坂元さんのこういう真面目なところ、春馬さんに似てるなと思った。

　二人とも普段の生活の中の美意識を大切にしてるところや、細かいところにもおこだわりさんのところとか、周りに褒められても「このままでいいのか?」って自問自答していくストイックな姿とかが重なる。

『mother』で脚光を浴びた後、坂元さんは2018年、再び仕事を離れているが、どんな人もずっとうまくいくわけではないから、その場を離れて気分転換することは大切なんだと思う。

　ただ19歳からその世界に入った坂元さんと違い、子役から芸能界しか知らなかった春馬さんは、他に生きる世界があるとイメージできなかったのもしれない。

蜘蛛の糸を離して逃げない道を

　でも、そんな春馬さんが一度だけ芸能界を辞め土とお日様と共に生きようと思ったことは、ファンのみなさんはご存知だと思うが、その時のことが以下だ。

【2月5日放送の『ホンネ日和』(TBS系)で、三浦春馬は兄のように慕う寺脇康文さんと対談し、役者として自信を無くし苦悩した日々について語った……。

　2009年10月から12月まで放映されたドラマ『サムライ・ハイスクール』(日本テレビ系)、翌年2010年1月から3月まで放映されたドラマ『ブラッディ・マンデイ Season2』(TBS系)と、若手俳優としては異例である2クール続けての主演となった三浦。この2つのドラマの厳しい日程での撮影が、彼を精神的に追い詰め、失意のどん底に陥れたようだ。

　『サムライ・ハイスクール』撮影時、今までに感じたことの無い疲労感に襲われたそうだ。主演としてずっと出ずっぱりのドラマで、あまりの忙しさに「自分の許容範囲を超えてしまった」と語る。

　そしてある日、ドラマの撮影が休憩に入り楽屋に戻った時、突然に三浦は携帯で〝農業学校〟の検索を始めたという。「役者をやめて俺は農業の道に行こう」。その時の精神状態は自分でも説明がつかないだろう。「とにかく今の状態から逃げ出したい、故郷(茨城)へ戻りたい」。この一心だったのだ。この時は母親に説得され思い止まったものの、すっかり俳優として自信が無くなってしまったらしい。

　続いての『ブラッディ・マンデイ Season2』の撮影では、全く台詞《せりふ》を覚えられずに現場に入ったことがあった。すると

監督から「おまえ座長（主役）なんだからさ」とこっぴどく怒られたそうだ（エキサイトニュース2012年2月6日より）】

きっとその時が、最初で最後の芸能界から離れて別の世界に行けるチャンスの〝蜘蛛の糸〟だったのだと思う。

農業を諦めて、〝もうこの芸能界の世界で生きていくしかない〟と、腹をくくった彼が、なんとか必死に「役者で居続けるための武器」を持とうと、もがいたが、〈ああ、知識の武器を持ってもダメだったんだ。生き様という武器がないと〉と、また悩み、そしてそれでもなんとかして這いあがろうとしている姿を映した本が、この本だ。軽く微笑む姿はあるが、明るい笑顔の写真はなく、痛々しくなるほど真剣に真剣に、努力しまくっている。「もういいんだよ。そこまでしなくていいんだからね！　こんなに頑張り過ぎていると、30歳になる時にあなたは、命の舞台を降りなくてはならなくなってしまうんだから」と、本の中の彼に話しかける。シリアス顔して遠くを見つめ、真面目に日本文化を学ぶ彼の写真。

この本が再版されなくて、残念がっている方は多いが、再版されたらこの思い詰めた顔を見たら、辛くなる人も多いと思うから、こうやって、こういう特集として彼が語った言葉を垣間見ているくらいがいいのかもしれない、とも思ったりする。

まだ、辛くて彼のDVDを見られない春馬ママにも『天外者』や『ブレイブ』などの、生き生きとした姿はそのうちぜひ観られるようになってほしいけど、この本は観ない方がいいのではないか?と思う。「母として息子の全てを知りたい」と思えるくらい心が回復したならば別だけど。

心がまだ、生傷で血を吹き出している時には痛すぎるし、みんなが望むキラキラ春馬クンの本ではない。

なんとか必死に〈三浦春馬というピカピカのカッコいい車〉を乗りこなそうとした素朴な心を持った青年の…人にちやほやされるより、日本文化の侘《わ》び寂《さ》びに惹かれ休みの日は大自然の中で波に乗り、家では一人ぬか漬をつける地味で静かな生活を望んだ人の本音が書いてあるという本だからどうしても読みたかったし、いつか取り上げようと思っていたが、それまでに3年もかかった。それは三浦さんとしか呼んではいけないと思う私自身の心の準備もあって。

……やっと春馬さんと呼べるようになったから書けたと思う。

が、「そこまでのことがこの本に書いてある?」と思う人もいるかもしれない。

正直言って、もちろんアイドルとしての立ち位置の彼だから、言葉のカットもされただろうし、許される範囲があったのだと察するが、それを含んで読まないとならないと思いながら読むと、書けるギリギリの言葉で書いたことは伝わる。

前回詳しく書いたが、

〈彼が感じた「些細な違和感」から始まった葛藤。でもその原因を追求できずに目の前のことに必死になるしかなくて。でもその違和感はどんどん大きくなっていっても、見てみぬふりして身動き取れないなっていったこと。

このままじゃいけないと誰よりもわか

っていたのに気づかないフリをしていた……〉『ふれる』に書かれたその告白は、私たちの目の前から急に彼が姿を消した後に〝遺言〟のように現れたあの歌、ナイトダイバー（日没後に海に潜る人）の歌詞そのもののように思えるのは私だけだろうか?

（このことについては次回改めて書きたい）

彼がこんなにもがいた姿は、裏から見たらこんなにも生きたいと努力してくれていた、ということだ。23歳のここから30歳に行く7年間の道のりは死に向かっていたわけではないから。それは〈生きるための叫びであり、生きたかった彼の本気の姿〉だったと、どうか皆さんも思ってあげてほしいと願う。

そう思えないと皆さんもお辛いだろうし、負けず嫌いの彼はそんなふうに同情されるのは望んでないと思うから。

……逃げ出すことができなかった…ううん。〈逃げ出さない道〉を選んだ…三浦春馬という唯一無二の俳優の…不器用で、真面目で真摯に必死な姿が、私たちはなんだかんだ言っても結局すごく…好きなのだと思う。

今はこの地上にいない彼に、「逃げられればよかったのに」と思いつつ、見えない敵に死に物狂いで挑み、そして本当に死んでしまった……全く、全く本当に、辛かっただろう…の、彼の…そんなどうしようもない、ところも、イエ、そんな彼だからこそ好きなのだと…正直想う。

だから…春馬さん。どんな結果でもそれは貴方の選んだ道だから。貴方の人生だから。いいのだよね? これでよかったんだよね?

「がんばったね。ありがとうね」と、それだけ私たちは言えばいいんだよね?

みんなのために、こんなにこんなにこんなにピカピカの三浦春馬として生きようと頑張ってくれて。

本当に。心から。ありがとうございます。

だから。今は笑っていてください。今貴方がいるその場所で。

何も努力せず、ただリラックスしてだらーっとしていてほしい。それが今の私たちの望みです。クシュっとした笑顔も、三日月の目ももう望みません。貴方が笑いたいように笑いたい時に、笑って。キープスマイリングしなくていいから。

〈みえない龍〉というミロコミチコさんの原画展に行ったよ。２０２４年は龍の年だよ。空を見上げれば、その背に乗って笑ってる貴方がきっといるね。

追伸。ＮＨＫの『プロフェッショナル』に春馬さんにも出て欲しかったな。「プロフェッショナルとは?」の番組の最後をしめる、いつものあの問いに 俳優三浦春馬さんはなんて答えたのだろうか?と想像してみる。

「僕自身が、人としても役者としてもホントッに精一杯務めさせていただき、しっかりと演じ切った作品を、いつも応援して下さってる皆さんが喜んでくれること」とかって真っ直ぐな目をして言ったのかなぁ……。

空羽《くう》ファティマ

［初出：『創』２０２４年２月号］

全身全霊を込めて圧倒的な表現力と歌唱力を注ぎ込んだローラ（海扉アラジン・作）

『ふれる』その3

三浦春馬さんの最初で最後のSOS

その心の悲鳴に故イ・ソンギュンさんを重ねる

空羽《くう》ファティマ
［絵本作家］

　2024年元日から東日本大震災を思い起こさせる大地震と津波が能登に起き、翌日には飛行機事故で、「明けましておめでとう」を言えない年明け。

　元日という日本人にとって一番特別な日に里帰りで帰っていた子どもさん、お孫さんとの新年会の準備を整えて、さあこれからの時に大地震が起きてしまった。自然現象はどうにもできないが、せめて元日は避け、家が壊れる前に家族で最後の新年会を過ごさせてほしかった。マスクで顔半分の付き合いしかできないコロナがようやく落ち着いてきた新しい年の始まりに、被害にあわれた方には心からお見舞い申し上げます。

気づかなかったわけではなく
気づかないふりをしていただけ

「もう後の祭りだけど」とある春馬ファンは語り出した。「彼が休養を発表したら古参ファンは受け入れた。彼の心の問題を以前から心配していたから、むしろ安心したと思う。亡くなった時、〝いつかいなくなるのではと心配していた…〟」と言っていた。

　彼自身、病を自覚していただろうが、精神の不安定さや弱さと捉えたかったのかもしれない。どうにもならぬ状況が度々あったはずなのに自身を鼓舞し、現実を見ないように蓋《ふた》をし、やり過ごしていたのでしょう。

　躁うつは、やる気満々の時期もあるから〝僕はまだ行ける！　大丈夫だ！〟の繰り返しだったのでは。でもこの本『ふれる』では心の問題も表面化している。本の編集には事務所ももちろん関わっていただろうから、フォローがなかったのが無念すぎる。イメージを守るため病院に行きたくないと彼が言っても、ここまで酷《ひど》いなら周りが引きずってでも治療に行くべきだった。失踪したのも、この写真集の作成前でしょ⁉ なら、なおさら。『ふれる』は2015年3月に第一刷しか発行されず売れなかったから、そーゆー数字面でも自分の位置が見えちゃって焦り悩んだろうし……。

古参ファンが〝病み本〟と呼んでましたが、確かに病みSOSが出ている。それから「2020年7月18日までの7年間の長い間、一人でどうしようもない辛さを抱えて、本当によく頑張ったよ、春馬くん！」と言っていましたが、同じ想いの方がいることでしょう。

そして「お母さんが病院に連れていけばよかったのに」という声もあるので、それについて少しだけ書きます。お母さんは、心を病んでしまっている〝春ちゃん〟を知ってたけど、拒否されてて何もできない自分に後悔や悔しさ、悲しさ、やりきれなさを常に持って生活して、そばで見ている人も辛かったそうです。この本は当時も今も読んでないです。

春馬さんと親しい人も「『ふれる』は、パンドラの箱を開けるようで、心が苦しくなり読んでない」と言ってます。

以下『ふれる』より。

《演技以外の場で思いを伝えることの大切さも感じるようになりました。演技が全てなのだから、作品について自分の口であれこれ語る必要はないという意見もわかる。だけど僕は作品に対する思いを自分の言葉で伝えることも役者の大切な仕事の1つだと思っています。

例えば「永遠《えいえん》の0《ゼロ》」という映画を僕はより多くの人に見てもらいたかったたし、作品を通して伝えたい思いも明確にあったから、ハードなプロモーション活動も苦にならなかった。肉体的には当然疲れるけど、精神的には平気というかもっと伝えたい思いでいっぱいだったんです。自分の気持ちが強すぎて言いたいことをうまく伝えられないと悔しいし、反対にこちらの熱意が伝わった時は本当に嬉しい。しかも勝手なことにそういう時に言われる「かっこいいね」という言葉は素直に受け止められるんです。

言葉って相手がどう思って発しているのかということより、自分の心の持ち方で響き方が変わってくるものなんですね。自分に満足できていない時ほど歪《ゆが》んだ見方をしてしまうし、反対にあれこれ考えている時は、どんな言葉もプラスに受け止められるのかもしれない。

人に何かを伝えるのは本当に難しいですよね。（略）僕は演技を通して人に何を伝えることができるのか。そもそも僕は本当に演技ができているのだろうか…。子どもの頃からこの世界で生きてきましたが、最近そんなことよく考えます。》

また、瑞峯院《ずいほういん》の前田昌道住職から茶道の精神を聞いて、こう言っている。「深く刺さったのは〝求めるところは自分の心にしかない〟という言葉。（略）達磨大師のように何度倒されても起き上がってひとつの場所に向かっていけばいい、しかもその頂上は自分の心にあるのだと聞き、目から鱗《うろこ》が落ちました。僕らみたいな仕事はどうしても周りの目を気にしてしまうし色んな意見に左右されてしまいがちじゃないですか。そういう意見に耳を傾け過ぎると時々やっぱり疲れてしまう」

「人の意見を取り入れることは、大切だけれども本当になりたい姿はやっぱり自分の心に聞くしかない」

韓国俳優 イ・ソンギュンさんの死

海外で力を試したい彼に2013年、上海での映画撮影と、ソウル、台北に行く機会が訪れる。

「韓国は、日本より国土が小さいけれど、街や人々にとても熱を感じます。（略）韓国のミュージカルスターの実力には驚愕《きょうがく》したのを覚えています。（略）韓国の映画は好きですよ。シリアスなヒューマンドラマに出てみたい」

やはりそう思ってたのね？　年齢を重ね、私の好きな韓ドラNo.1の『マイ・ディア・ミスター』のおじさん……深い孤独と、重荷を背負うイ・ソンギュンさん演じるドンフンのような役がみたかった。

苦しんだ帯状疱疹《たいじょうほうしん》からちょうど1年経つ2023年12月27日。衝撃のニュースに言葉を失った。イ・ソンギュンさんが、19時間の厳しい徹夜の取り調べの後、自死したというではないか。

彼は180㎝の長身で演技力の高さ、紳士的な風貌、低音の美声で人気の俳優。春馬さんのように、穏やかで誠実な人柄のトップスターで好感度のあるタレントとしてCMにも数多く出演。2023年10月24日に麻薬容疑で起訴されたが、本人は一貫して潔白を主張。国立科学捜査研究院で尿、頭髪、体毛などを複数回、精密鑑定した薬物検査の結果は、全て陰性。だが容疑はそのまま。

容疑の証拠はソウルの遊興店の麻薬常習犯で、3回の有罪判決を受けた女性の供述のみ。彼女はK-POPのG-DRAGONの麻薬使用も供述したが、作り話と判明。知り合いの詐欺犯の女性と脅迫・恐喝し計3億5000万ウォン（約3860万円）を奪い取る。払ったのが悪いと言われてもいるが、「韓国TVドラマ103号」に〝ドンフンとの共通点〟は「家長としての責任と家族の大切さ」と言っていた2人の息子のお父さんだから、一度イメージが落ちたら終わりという韓国の厳しい芸能界で愛する家族を守るために、どうしようもなく取った手段だったのではないか？

「死の前日、捜査への不信を訴え〝嘘発見器の導入〟まで求める意見書を提出」

（文春オンライン1月12日参照）

連日のSNSの中傷と厳しい捜査を受け続けたら、潔白でもメンタルをやられるだろうし、自殺の多い国だし最悪の結果も予想できたはず。春馬さんもコロナ時に舞台を開けてかなり叩かれたよね。

（私のインスタ@coofatimaにも書いたが、人それぞれいろんな意見があっていいが、説得したり責めたりする必要はなく、匿名のSNSで正義を振りかざし人を追い詰めるのは犯罪だ。

「一番好きな台詞は〝なんてことない〟」と言っていたのに〝もうこうするしかない〟

と、遺書を遺して旅立った。それほどまでに「八方塞《ふさ》がり」に追い込まれ、一人寂しく消えていくしかなかったなんて)

……だが、『マイ・ディア・ミスター』の8話でエンジニアのドンフンが建物の設計に例えて「〈人生も外から加わる力とそれに対抗する内力の戦いで、内力が強ければ何事も耐えられる〉と言うセリフが印象的だった」と言ってたのを知ると…家族のために最大限の内力を使ったということか? 〝こうするしかない〟とは、心が折れたゆえの死ではなく、死ぬことで〝家族をこうして守るしかない〟という家長の選択だったのか?

最期の場所を、家族が発見すると衝撃を与える自宅や、捜索に苦労する海中などではなく、遺体もきれいのままで、すぐ発見できるソウルの公的な駐車場で車の中で逝ったのは、彼の気配りだったのだろう。

私は〈エネルギーとしての〝命〟は死しても消えない〉と信じていたが、〈温かな体こそが、生きている証〉だと思ってもいた。でも、春馬さんの記事を3年以上書いているうちに、人は体が無くても生きて大きな影響を世の中に与えられる人もいると思えてきた。私の人生のベストドラマは『マイ・ディア・ミスター』と『それでも、生きてゆく』で、深い豊かな愛と赦《ゆる》しと希望の物語だが、内容が重く気軽に観られるものではなく、特に16話ある韓ドラは私が熱く勧めても敷居《しきい》が高く、すぐに観る人は限られていた。

が、彼が亡くなったという投稿をしたとたん、何人もの人が「おすすめの『マイ・ディア』、ついに見ます」と言い、その1人はこうメッセージをくれた。

〈ニュースを見て、真っ先にファティマさんの事を考えました。春馬さんを失った3年前の私と同じかもしれない、と。

当時はニュースやネットを見ても何もわからず毎日泣いた。『創』を知り、寄り添ってくださるファティマさんたちがいてくださる事だけでありがたかった事を私はずっと忘れません。私には、ファティマさんのような人を癒す力はなく、もどかしいけれど貴女の事を想っています。

ファティマさんに勧められなかったら見なかったけれどインスタでファティマさんが「一番好きなドラマ」って言うなら見てみよう!と「マイ・ディア・ミスター」と「それでも、生きてゆく」のDVDを買い特別大切なコーナーに揃えました。役者さんは作品の中でずっと生き続けると思うんです。

「ローマの休日」のヘップバーンも、「スタンド・バイ・ミー」のリヴァー・フェニックスも。春馬くんも。イ・ソンギュンさんも。次の世代の人にも見てもらいたい。そのために、まず私が見て繋いで行きますね。

今は平和な温かい場所にいらっしゃいますように。

ファティマさん、いっぱい泣いてさしあげてください〉

……泣けた。ああ、彼は亡くなることで、その力を大きくしたのだ、と。その命は姿を変え、羽ばたくのだ。

……私がお礼文を送ると〈心の赴くままにDVDを購入したことが、何よりもファティマさんに寄り添え、大切な方を幸せにできたことが、嬉しかった。なんか、自分自身を愛しく感じ、とても大切に思えました〉と、言われた。

……自身を愛しく大切に思えた、の言葉がすごく嬉しい。自分が誰かに何かをしてもらったり褒められるよりも、感動した作品や、話した言葉や、書いた本で、その人自身を好きになってくれることこそが、嬉しい。

しかも、その中の3人K、Y、Mさんは帯状疱疹のときに助けてくれた方だったので、ドラマを勧めたことが恩返しのような気になった。

以下、『マイ・ディア・ミスター』のコメント欄より

《♡♡♡韓ドラ人生で最高のドラマ!!
人の温かさ、優しさ、切なさ、弱さと強さが、こんなに繊細に美しく描かれている作品に出会えたことに感謝しかありません。

あまりに登場人物が大好きになりすぎて、IU演じるジアンとドンフンが物語の中の人とは思えず、今も2人が一緒にご飯食べたり、笑顔で話してる姿を絵本作家の私は、つい想像してほっこりしていました。

だから……12月27日の哀しいニュースには心が凍りつきました。きっと彼は「なんてことない」と最後まで自分に言い聞かせて頑張っただろうに、どうしてもダメなほど、追い詰められてしまったのでしょう。けれどこの死はドラマへの関心を再び高め「死を超えて生きる人」として、ドンフンは作品の中で生き続けると信じます。日本では元日から大地震が起き、世界でも痛いニュースがあふれてるこの世界に、ドラマの優しさが広まればみんなが温かな気持ちになると願っています。素敵な作品を心からありがとうございました。

話せなくても深いラブを伝えるジアンのおばあちゃんと天国でゆっくりお茶でも飲んでくださいね。

ずっと戦ってきたドンフン、もう、〝ファイティン〟しなくていいから。あなたの背中に、にじむ孤独と染みるような優しい声が好きでした。

2024年1月5日》

ドラマに感動した人の言葉に共感したいと、このコメントを見つけて、「わっ! この人、私と同じこと考えてる!」って喜んで読んでたら、ん?? え? 絵本作家? オイオイ、これ、私やん!? (^_^;)。私ってなんておバカ! そりゃ、共感するはずだわっ。

……3話まで、かなり暗い内容ですが、ドーゾ私を信じて挫折せず見続けて! 大丈夫! 4話から展開変わり必ずハマります! 後悔は決して、させません。

キャメルンシリーズの本も、みんなの心を温めるために描いてるけど、このドラマを広めることが私の平和活動とも言える。

「自分が書いたのにこの人に会いたいと思った私はバカ」とアラジンに話したら、「それって、ファティマが、世界中探してた〝ずっと会いたかった人〟にやっと出会えたってことだよ! その人は自分だったのね!? 〝青い鳥〟みたいに身近すぎて気づかなかったのね。おめでとう! よかったね!」と言ってくれて、それを今、書きながらしみじみと、だん

だん、嬉しくなってきている。

そうかもしれない。

三浦さんやイ・ソンギュンさんを通して彼らの命の行方を追うことで、不思議な国のアリスみたいな心の旅をさせてもらっていた気がする。

ジョン・レノンの平和活動

そのことで「原点に還ると、見える世界がある」とジョン・レノンのことを思い出した。ジョンが熱心な平和活動を全てやめて、息子の育児に専念した時、その理由を尋ねた記者に彼は答えた。

【いくら平和活動しても世界は変わらないことに怒りが沸き、〝平和を求める僕の心〟自身が、平和でなくなり本末転倒だと気付いたからだよ。

イマジン、想像して。もし、君の子どもが戦争に行くと考えたら？　〝絶対戦争なんてするまい〟と思うだろう？

だから僕は、まずはこの尊い息子の命に向かい合うことにしたんだ】

この話は、高校時代に好きだった先輩から聞いて、ずっと心にあった話で、うろ覚えのところもあるのですが、日本の侘び寂びも深く理解していたジョン・レノン。皆に愛されるのはこういうところなんだと知った10代の私だった。

全ての物事には必ず両面があるから正義を振りかざすことは暴力になりうるということを忘れずにいたい。

2年前までは、韓ドラに全く興味なかった私が、娘に『トッケビ』を勧められこんなに温かく深いドラマを生み出す国は素晴らしいと尊敬した。韓国と日本はかつて争い、今も互いに心に痛いことが残っていてもそれでも音楽やドラマなどの芸術的分野では私たちは、心を通わせあえているということが嬉しいのです。

イ・ソンギュンさんのことも、韓国政府や警察を責めたいのではなく、この悲しい死を通して、私たちが何を学びどう進んでいけるかをみんなで考えるきっかけにしたいと願ってます。

複雑な事件なので書くのも勇気がいりますが、世界平和を心に読んでくれたら嬉しいです。

私が20代でアメリカ・オレゴンに留学してる時、宗教は平和のためにあるべきなのに、信者獲得のために牧師同士のいがみ合いをホームステイ先のお母さんが嘆いていたことを思い出す。本当の平和とはを論理的に語ったり政治が入ると複雑になるが、ジョン・レノンのように、まずは目の前の子どもたちの笑顔を守ろう。

「悩みや迷いを曝《さら》け出すのは美しいことではないかもしれないけれど、また前を向いて歩き出すためにも包み隠さず打ち明けたいと思います」と、膿《うみ》を出し進むために出版した本のラスト2ページには「絶えることなく、ずっと」と、挑戦的な眼差しでこっちをみている春馬さんの写真。

〝もう、なにものとも戦わず安らかに〟と願っていたが、なんだか彼は今も、挑戦し続けているような気もしてきた。

悩み迷い、そして歩き続ける私たちと一緒にね。

そんな思いになった1冊。

空羽《くう》ファティマ

［初出：『創』２０２４年３月号］

あの日から3年半

なぜいまだに三浦春馬さんなのですか？

批判も中傷も風とともに去った今……。

空羽《くう》ファティマ［絵本作家］

「なぜまだ、三浦春馬さんを表紙に使ってるんですか?」という声があるらしい。あの夏の日から3年半経ち、めまぐるしい世の中だから、人気俳優と言ってもそう思う方がいてもおかしくはない。

でも彼がいないことに心を痛めてる人がたとえ少人数になっても「できる限り寄り添う」と決めて続けているのは、世の少数派や社会的弱者の立場に寄り添ってきた半世紀の歴史を持つ稀有《けう》な月刊誌『創』の編集長の篠田さんが篠田さんで在り続ける理由であり素晴らしいところであると思ったりもする。

〝元からのファン〟たちと、あの日、急に何かに惹きつけられるように自分でも驚くほど彼に心を奪われた〝後からファン〟のグリーフケアとして私の記事と海扉アラジンの切り絵を送り続けてきて、3年半。

初めは「死人に口無しだから書けるのか?」「人の死でビジネスするな」とか「売名行為」とか攻撃する人もいたが、今となっては、春馬さんを卒業する人も多くなり、時間とともに批判も影口も〝風とともに去りぬ〟。

だが、確かに本人不在の中、正直、彼だけのことを書くのは、皆さんもお察しの通り、少し無理がある。

思い出や実績を絶賛したり、過去の作品の感想だけ書くなら書けるけど、それだとわざとらしいし、無理やり春馬ネタを探して書くのは品がない。

だから、私は「今、起きてることをど

う私が感じているか」を描き、そこに三浦春馬さん的なものを感じた分だけ書き入れて…友だちに話すみたいに、思いつくままにいろんなネタ入れながらゆるーく書いてみたい。

春馬さんのファンの方でも、ファンでない方でも、『創』の読者は年齢高めな方が多いから、月日が経つのが早くなっているように感じているのではないか？

それは、歳をとるとその人にとっての1年が、若い時の1年より短く感じるからだという。なぜなら、10歳の1年はその子の10分の1の長さだが、60歳の1年は60分の1しかないから、あっという間に感じるらしい〈転生を描いたブラッシュアップライフより〉。なるほど。確かにそうかもしれない。1日が経つのが恐ろしく早く、ついこの前、年が明けたと思ったらもう2月が終わる。

自分っていいな、と思えることが生きる力になる

何度も言いたいイチオシドラマ『マイ・ディア・ミスター』の脚本家パク・ヘヨンさんは〝普通の人々〟の心情を描くが『私の解放日誌』では「不幸が一つもなくても幸せだと感じられない理由」を深掘りし、「宝くじや出世で登場人物がパワーを得るのは嘘くさくて面白くない。人が本当に活力を得るのは自分の根源でそれを持ち続けることが力になる」と語る。そのドラマの中でお金に苦労してきた弟のチャンヒが『リターン・トゥ・パラダイス』という映画を友人に語るシーン。

「旅で出会った男3人が数日後に別れ1人は現地に残ったが数年後に2人を訪ねてきた弁護士。かつて3人で吸った大麻罪で残った1人が死刑になろうとしてるが、もし2人も吸ったと証言すれば量刑が3等分され死刑は免れるが、皆3年間服役になるという。

『死なせるわけにいかない』と現地に戻った男は、刑務所の劣悪な環境を見て逃げ出したが、もう1人は葛藤後、自首し服役。が不条理にも死刑が執行される日がきてしまう。刑務所広場の絞首台で震えている男に、檻の中の小さな窓から外に向かい『俺はここにいるぞ！　お前とともにいる！』と叫んだんだ。きっと俺も。その死刑までの5分のために刑務所に入るだろう。たとえ、そいつが友だちでなくても」

その後、チャンヒは人生がかかった大事な商談に向かう途中に、なぜか思い立ち立ち寄った病院で、元カノの彼というたいして縁もない人が危篤になったことを知る。身内に誰にも連絡つかない。迷った末にチャンヒはまさに映画の男のように言った。

「俺といよう。君が逝くまで俺がそばにいるよ。きっと、これは、俺の運命なんだ。祖父に祖母に母……俺1人で看取《みと》ってきた。なぜそこに居合わせるか不思議だけど、寂しく1人で逝かせずによかったと思った。

そして、なぜか今日も病院に足が向いた。3人看取ったからわかるが、逝く時はすごく楽になるよ。みんなそういう顔してた。だから、怖がらずに安らかに逝って。（手を握る）そばにいるから」

儲け話を台なしにした理由は誰にも打

ち明けず、「俺の貧乏人生がやっと今、報われるのかと思ったが、それを手放した俺は…本当に…カッコいい」と呟く。

「今まではなんでも口に出してきたが、これは言いたくない。人としての重みと俺だけが知る俺の価値。口にすればその代わり重みを失う気がするんだ。永遠に俺だけの秘密だ。言葉をグッと押し込んだ瞬間、人は大人になるんだ。

　それができた俺は、やっと自分に惚れることができた」

「こいつぅ。うっとうしいオトコになったな」。茶化す友人たち。

　雪が舞ってくる。白い満月の中を雪が静かに舞う。

「最高だ」。呟くチャンヒ。

　世の中の成功と呼ばれるものを得ても、人は幸せになれるわけではない。誰かにほめられたからではなく、自分で自分を「いいなコイツ」と思えた時、人は輝く。

　春馬さんも、まさに自分を必要以上に大きく見せない人だった。最後まで遺書も残さず、まさに飛ぶ鳥跡を濁さず、は彼の優しさでありその美学を通した。

ナイトダイバーに秘めた想い

だが、私は彼が最後の最後に遺した歌であり、死後にみんなが聴くことを知って旅立った歌「ナイトダイバー」こそが彼の秘めたる本心であり、遺書だった気が実はしている。

　寒そうな雨の中で祈禱《きとう》を捧げるように一心不乱に踊るダンス。肌に張り付く濡れた白いシャツ。けちらす水たまり。シャーマニズムを感じる静けさの中の冷たさと熱さ。あれはまさに彼の心そのものだった気がする。王子様的な三日月の目で笑うハルマ君ではない、秘めた情熱と叫びと怒りが、その歌詞と画面一杯にほとばしる。痛々しいのに神々しい。その頬を伝うのは雨か涙か?

【この胸に突き刺さる棘の痛みを笑顔の下に隠して、知らんふりして見ないようにしてたら、もう戻れなくなって毎晩同じこと考えて一人眠れぬ夜を過ごした。

　誰も知らないこの想いは渦を巻いてLoop Loopして声にして吐き出そうしたけど、どうしてもできなかったんだ。

　あの頃に戻れても、多分何も変わらなくてきっと今の僕には変えられないことだったんだ。

　ずっとこのままでよいわけなんてあるはずもないと、思いつつ弱音吐いた長い夜。

　こんな情けない僕だけど、どうか誰か生きる理由を教えてほしいよ。

　このままの君で、生きてていいよと肩を抱いてほしいよ。

　記憶の中の若かった僕はくだらないプライド掲げて、知ったふりして適当に過ごしたことに、自分で呆れてしまう。

　そんな自分が情けなくて、それを隠すためについ嘘をつき、数え切れないほどの言い訳を積み重ね、本当に大事なものを失ってしまったんだね。

　流れた涙とともに（命は）夜の底に音もなく堕ちていった。】

　……これを読んで辛くなってしまうかもだけど、あえて書いたのは、あの日の絶望から、私たちは目を背《そむ》けてはいけないしそこから何を学びどう、進んでいくかなのだから。

何をやってもうまくいかない人に おすすめのドラマ

チャンヒの話をもう少ししよう。間違って入った講座は「葬礼指導士」の講習会。講師は言う。「人は自分の誕生日は知っているが命日は知らない。本人も遺族も準備ができてなくて途方に暮れる。その時に故人が安らかに美しく逝け、遺族がしっかりと見送れるようにともにいてあげる人が、この仕事。結婚式が新たな門出を祝うイベントのように、葬儀はその人生の終止符を打つためのイベントだ」と聞き、この仕事こそ、まさに自分の使命だと気づく。

……人生はほとんどが、予定通りにはすすまない。よかれと思って動いたことが壁にぶち当たったり頭を抱えることの方が多い。

それでも。腐らず〝世間の〟真実ではなく〝自分〟の真実を胸に歩いて行くしかない。そうやっていくうちに、想像以上の光の中に導かれることもある。

チャンヒの姉の話も味がある。難しい関係だが優しい恋人が彼女の好物の卵パンの袋に花のついてない枝だけを入れて夜、届けにきた。「これはなんですか?」と尋ねると「僕の気持ちです!」と言われ?と思っていると足元に、赤い薔薇の花首を発見し、枝にはこの花がついていたと知る。

「悩みつつもなんとか彼を受け止めようとしてる私が、首の折れた薔薇を拾い、水を入れた醤油皿に寝かせました。花瓶に美しく挿されたバラではなく、醤油皿に置かれた花はあなたと私のようで、ちゃんと見守ってないとすぐ枯れそうで目が離せません」

スムーズにいかない恋愛関係を〝醤油皿に横たわる花首〟に象徴する、さすがの演出。こういう発想って日本のドラマにはないのでは?

このドラマは、「人生にとことん疲れた人。人間不信になってる人。なにをやってもうまく行かず実らない人。自分はなんでこんなにダメな人間なんだろうと落ち込んでる人」のためのものだ。

私は一回目に視聴したときは、いいドラマとは思ったが、今回ほど深くは、響かなかった。でも今、壁にぶつかってる私が観ると「こんなに深いところに沁みる言葉たちが溢れている、優しさに満ちた話だったのか」と驚く。「全てのことには時がある」と高校時代、キリスト教系の学校の礼拝の時にウトウトしながら聞いた聖句が頭の中に蘇《よみがえ》る。本当にそうだった。そして天は一番必要な時に必要な助けをくださるのだと信じてもいいと思えた。

ローラの笑顔は 如来レベル

春馬さんはもう、上の世界には慣れたかしら? 三浦春馬という服で得た名声や、成し遂げたことを、味がなくなったガムを噛みつづけるようにしがみつくのではない、新たな域にきっともう入ってるだろう。

今までは、彼にチューニングを合わせると重い感じもしてたけど、今はなんか違う。3年半経って何かが、解放されたのだと思う。彼が安らぎを得ることをずっと祈ってきたみんなの愛がそうさせたのか。

形あるものより形ないものが大きな力を持つ。

「愛」なんて、まさにそれ。

私たちの体は愛でできている。だから誰かを憎んだりすると、体と心が悲鳴をあげて病気になってしまう。

なんかのきっかけで〝ボタンの掛け違い〟が起きると、だんだん全てがずれていってしまうことがある。そういうことって誰にでも起こり得るから、そんなときは、自分の中に絶対ぶれない何かを持ち、そこを芯にする。

情熱的に人生を生きたいと願い努力しまくったローラの、あんなに輝いてやり切った顔、できる人ってそうはいない。

謎大きな魅力的な人。太宰研究家がたくさんいて今も語り続けているけれど、春馬さんという人も文学的な研究の的になれる人だと思う。『人間失格』は、若い人にはいいけど、現実世界で辛いことは十分やってきたから、あんな暗い本は要らない。

春馬さんもシリアスで、理屈っぽく太宰的なところあるんだけど、彼の卓越してすごいところを一つ挙げれば〝他の誰にもできない、仏の中でも最高位の〈如来レベルのローラの笑顔〉〟!! ストーリーや舞台の華やかさを超えて、あの笑顔の波動の高さに人は魅了されたのです。

その彼を今も昔も想い続けてくれる一人がマッケンだ。映画『ブレイブ』撮影後の家康との熱い抱擁が忘れられない新田真剣佑さんが18日放送フジ系『だれかtoなかい』で「三浦春馬さんが俳優を志すきっかけとなった」と変わらぬ春馬さんリスペクトトークしてくれた。

マッケン、サンクス・ア・ロット!

当たり前にある幸せの価値

2月3日、人生初のサイン会に行った。地獄のような東日本大震災の年に放送された『それでも、生きていく』が放送から12年経ちシナリオ本が発売された坂元裕二さんのサイン会。あっという間に完売したチケットをゲットできて奇跡だった。まさか出版されるとは思わずに自分用に作った手書きのシナリオ本を坂元さんに手渡し「ここまで人を動かす力のある本を生んで下さったお礼」を伝えられて幸せ。

坂元さんが「僕は脚本家というより、〝瑛太と満島ひかりさんが言うセリフを書く仕事〟の人です」とか言っていたが、私も『ローラ』と『マイ・ディア・ミスター』と、『それでも、生きていく』と、自作の「キャメルンシリーズ」へのラブを語ることが生きがいとも言える。

それとは別に、娘の幸せと世界平和は心からの願いだが『今日誰のために生きる?――アフリカの小さな村が教えてくれた幸せが続く30の物語』という本にこんな質問があったので貴方も考えてみてほしい。

〈今の日々の暮らしの中で当たり前にあることはなんですか?〉

例えば……「目が見える」「耳が聞こえる」「歩ける」のような身体的なことや「家族や友だちがいる」とか「温かな

布団で寝られる」「空気が吸える」などだ。

そのあと〈あなたの一番の願いが叶うとしたら何ですか?〉にはなんて答える? ある人は「1000億円ほしい」とか「海の見えるリッチな別荘」とか「死なない体」とか「世界で一番優しいイケメンとの結婚」とか、ありえないような夢を語るだろう。

「では、当たり前にある幸せ3つを差し出したら、その最高の夢が叶えられるならどうしますか?」と聞かれると、大抵の人は…差し出せない。だってどんなにお金があっても、リッチな豪邸があっても「五感がない、友だちのいない暮らし」は、さみしいから。「空気吸えなければ」生きていけないから。だから、つまり。人間って「何何があれば、幸せになれるのに」って、つい思いがちだけど、「今、現在すでにすごい幸せ」なんだって気づきさえすれば、その瞬間に人は幸せになれるってことよね（それを心に持ちつつ、これから私は視聴覚障害者のための盲導犬の絵本を書く）。

私の記事をずっと読み続けてくれている方たちは、「もう春馬さんに縛られないでファティマさんが感じることを記事に書いてくれていいと思いますし、私たちはそれを読みたいです」と言ってくれる人も増えてきた。

だからこんなふうに「人生のチカラ」になりそうな話を、ドラマや、本や、日々のできごとから感じて書いていこうと思う。それもまた三浦春馬さんが望んだことだと思う。彼は「エンタメ」がもっと人々に広まることを願ってコロナ禍での最後の舞台でもこう語っていた。

「僕たちが演劇を信じること……僕はこの産業は、とても血の通った仕事だと自負しています。この血の通った仕事がいつか、皆さんの気持ちを高めてくれるんじゃないかなと信じて、もっともっと、皆さんがエンターテインメントに触れる時に、そのエンタメがもっと質の高いエンタメとして皆さんのもとに届けられるように、僕たちは一生懸命にその日まで色んなスキルを身につけて皆さんに感動をお届けできればいいなと強く思います。なので、また会える日を願って、皆さんの健康を、これからの健康を願って、お別れの言葉とさせていただきます」

「お別れの言葉」が痛いが、今もエンタメの中に彼の想いは生きていると思うし、演劇を、芸術やアートや文化という高尚なものに扱わず「産業」にたとえたのは、『日本製』で職人さんをリスペクトした彼ならではの言葉選びで、そこに強い意思を観る。

私たちは彼の愛した演劇、映画、ドラマ、本からの言葉や、ダンスや歌のエネルギーに心を震わせそれが人間であるが故の力の源になる。

この記事があなたの生きる力に、少しでもなれたら嬉しい。

もうすぐ彼のシンボルマークの桜❀咲く春だね。

空羽《くう》ファティマ

［初出：『創』2024年4月号］

3／11から学んだこと

増える群発地震&子どもの自殺

——正論を超えて観るべきこと

空羽《くう》ファティマ
［絵本作家］

彼の闇を観ていた人

一瞬で、日本全国を深く哀しい黒い渦に飲み込んだ２０１１年の東日本大震災から13年が経った。あの日の学びのバトンをしっかりと受け取ることは残された私たちの使命であり、望んではなかったであろうが結果的に多くの犠牲の上に大いなる教訓を与えてくれたことに対しての敬意と追悼でもある。そして「この大変な時代を生き抜く私たちの生きる力」にもなると信じる。

もちろん他の災害も大変な傷だろうが、１０００年に1度という大地震と黒い悪魔が一瞬で街を飲み呑んだ大津波。そして群馬県で暮らしていた私も子どもを放射能から守るため引っ越しを真剣に考えざるえなかった恐ろしい原発事故まで加わり、私にとって、あの災害はそれまで生きてきた全ての人生観を根こそぎ変える大転機になり、今も震える忘れられぬ日だった。

ボランティアで宮城県の気仙沼に行った春馬さんについて、馬場国昭さん(75)が「謙虚な好青年。当時21歳と思えないくらい大人びていた。いろんな経験をしてきたんだと思う」と語った三陸新報社の記事を読み、大石茜記者と、馬場さんのお2人と直接やりとりした私は、もう少し突っ込んだことを聞かせて頂き『創』２０２２年5月号に書いた。それを13年経った3／11の今日、加筆修正しました。

大石記者と私のやりとり。以下全て本人の了解を得ています。

「馬場さんは7／18の彼の死について、三浦さんの大人びていた性格から腑《ふ》に落ちた様子。当時三浦さんは20歳ほどだったにも関わらず、同年代に比べ全てを俯《ふ》瞰《かん》しているような落ち着いた優しいお人柄だったようで〝20年ほどの人生でつらいことや悲しいことを人一倍経験して周りの変化に気付きやすい人だった〟から自死に至ったのも理解できると言ってました。また『死を選択した彼は強い』とも話していた気がします。その心中はわかりませんが……」

Coo　「死を選択した彼は強い」とは、いろいろ考えられる深い言葉ですね。

大石さん　その言葉がとても心に残っています。

Coo　75歳の〝あれだけ大きな震災を体験した方の言葉〟ということが重く響き、これを記事に書くリスクもあると感じつつ、お2人にご迷惑かからない形で私なりに表現させて頂きたいです。

そして私は馬場さんに「その意味をもし可能ならばご自身のお言葉で聞かせて頂けますか？」と尋ねると、

「私も現世の辛苦から何度逃れようと苦《く》悶《もん》したか。されど人間の欲がまさって思い停まったか、人は生きて悟りを開けないとか、生きて修業の道程とそれを達観して初めて仏への道へと彼は生きて悟りを開かれて、自ら泉下に旅発つ勇気を持ったことは彼の天命であり、讃辞の心を持って彼の冥福をと……」

と、お返事を頂いた。

私も以前ものすごく辛かった時期に〝生きたい〟〝死ぬのは怖い〟と実感するために、死ぬつもりはないけど、手首にカミソリを当てたことがある。刃を押し付けるだけで怖くてそれを引くことはできなくて、恐怖に爪が青くなったことを思い出し、一線を越えるのはこんなに怖いものだと思い知った。

〝三浦さんに関する情報を知りたい〟と会ったこともない私に言われたら、警戒するのは当然なのに、心を込めてお願いし何回かやりとりすると信頼してくださり、心の奥を語り「貴女様の感性のままに記述して構いません」と任せて頂けて本当に感謝。

正直、ご遺族という立場の方や、命のギリギリを見てきた人たちとのやりとりは緊張するし、リスクもあるけど本気で向かい合いその方の想いをこうして届けることが私にできることだと信じている。

いろんな考えの人がいるから記事を書くのはいつも怖いし、まして協力してくださった方にご迷惑がかかるのは避けたかったのでお名前は伏せて書いたら、大石さんから「馬場さんは強い信念をお持ちなのでお名前を載せても大丈夫だと思います」とお聞きし、そういう誇りある方ならば、かえってお名前を隠すのは失礼かと思い、了解を取って載せた。

今まで世には出ていなかったこの馬場さんの言葉は、人によっては目を背《そむ》けたい鋭利な刃物かもしれない。だがそれを拒絶すると〝三浦さんの情報をもっと知っている人〟がもしいても、表に出しづらくなり、彼の生きた証しや足跡が闇に葬られていくのではないだろうか？

〝私たちの知らない彼〟を少しでも知り

たくて調べていたら、今まで表にでていなかった言葉をこうして聞くことができたので〈誠意を持って三浦さんと接した方が感じたこと〉ならばそれを伝えるべきだと思った。

馬場さんが「震災で生きたくても生きられない人がいたのだから、自ら死に逃げてはいけない」という正論を言わなかったのは、馬場さんが〈死にたかったのに死ねない経験〉をして〝その線を越えるほどのよほどの重荷〟をその時の彼に見て、闇を持つ者同士がわかりあえたのかもしれない。

天と地が切り裂かれるような災害の渦中にいた馬場さんだから見えた1人の若者が隠し持っていた深い闇。その闇は7／18、彼を覆い連れ去っていった。まるで津波のように。

地震、津波、台風などの災害や温暖化、戦争。世界中のどこもが被災地になりうる、出口のないトンネルのような今の時代に私たちはやっと生かされている。その世の憂いをひとごとではないのだと感じ始めた時、三浦さんが望んだ平和な世の中が始まる気がする。

春馬さんは震災支援に対しても繊細な感性で「〝いいこと〟って言っちゃうと、なんだか違う気がするんですよね。みなさんが本来持っているやさしさを生かせる場ができるというだけのことですから」と言っていたという。〝自らの正しさ〟を押し付けて誹謗《ひぼう》中傷で人を傷つけるSNSが普及する時代に、その違いをわかる人はどれだけいるのだろうか。

明日が当たり前に来ると思っていた

「あの日はいつもと変わらない普通の日だった」と、東日本大震災の3／11で74人の子どもたちが犠牲になった大川小学校の佐藤敏郎さんが言っていた。あの朝、お母さんとケンカしたまま出かけた子どもたちがたくさんいたが、学校から帰ってきたら、お母さんのあったかいご飯を食べながら、なんとなく仲直りすればいいと出かけていったのだろう。

でも…次に会った時にはお母さんは、泥だらけで冷たくなっていた。

どんなに「ごめんなさい」とあやまっても答えてはくれない。口の中には黒い泥がたくさん詰まっていて、

「ハイハイ。もういいから、早くご飯を食べなさいね」

といつものようには、もう言ってくれなかった。

ゆすっても、叫んでもお母さんは二度と動かず、話しても笑ってもくれなかった。冷たく硬くなったお母さんの腕は、もう、我が子を抱きしめることはできなかった。お母さんに抱きしめられたのはいつが最後だっただろう。照れて「やめろよ」と言ってしまった自分を責めた。

そんな後悔を背負った子どもたちがたくさんいる。母親が亡くなったこと以上に、最後に冷たい言葉をかけてしまったことが、彼らを苦しめ続ける。その後悔はどんな後悔より痛い。

本当に気の毒だけれど、人生は良くも悪くもいつ何が起こるかわからない。だから、私は学校に講演に行くと反抗期の彼らに言う。

「今朝、お母さんにムカついて家を出て

きた人がいるでしょう? 密かに心の中だけでいいから手を挙げてみてよ。

(ニヤニヤと笑う子どもたち)

反抗期ってさ、脳とホルモンの暴走だからイライラしちゃうよね。言い過ぎているなあ、ってわかっていても止まらないよね。うんうん。わかるよ。

でもね、3/11のあの日、覚えてる? 東日本大震災。あの時もみんなと同じように、朝お母さんにイラついてお弁当をわざと持っていかなかったり、バン!と乱暴に玄関を閉めたり、「いってらっしゃい」の声も無視して反抗したまま家を出てきてしまった子がいて、その後お母さんもろとも家が津波の濁流に流されたの。後悔して泣いても謝っても、もう手遅れになってしまったと悔やんでいるみんなと、同じ年くらいの子どもたちがたくさんいるって知ってる?

命があることって奇跡なの。こうしてみんなや家族、友達が「生きてること」は当たり前ではないの。

親には注意されてばかりでムカつくし、いちいちうるさいだろうけど、〝お母さんやお父さんが元気でいる〟って幸せなことと知ってほしい。

どんな命もいつか終わる。

でも、それがいつかは誰にもわからない。失って初めてわかることは多い。でも、失う前にその価値を気づくことはできる。

あの3/11の日。

2時46分の後もこの日常が続くと誰もが思っていたけれど。海水をかぶった時計の針はそれ以上進まないまま今も止まっている。

亡くなった人、わんこやにゃんこ。流れていった家族と暮らした家、大切にしていた思い出にあふれた写真やスマホや、ぬいぐるみ。

昨日まで普通にそこにあったものが、あっという間に波にさらわれてしまった。だから、今ある幸せに感謝して。

ムカついてもいいけど、出かける前はよしたほうがいい。その後悔はもしかしたら、永遠に続いてしまうから。

いつもいい子でいなさいなんて言わないよ。反抗してもケンカしてもいい。

でも、〈日々の尊さ〉を知ってる人と、知らない人では怒っても言葉の選び方が違ってくる。そして、その生き方も違ってくる。

当たり前の日々なんて1日もないの。全てが二度とないかけがえのない日なの。それを知っていてほしい。

あの日はそれを大きな犠牲を払って私たちに伝えられた日です。その悲しみを今も抱えてる人たちがいることを忘れないで。

『あなたをママと呼びたくて、天から舞い降りた命』の本は、悲しみの中にも温かな想いがたくさん詰まった〝生きる力〟が湧いてくる本です。東日本大震災で亡くなった佐藤愛梨ちゃんのママから依頼されて描いた、「命の大切さと日々の尊さ」を伝える全額寄付の震災支援絵本は、NHKニュースウォッチで紹介されて全国から寄付が集まり制作しました。

本には朗読CDがついていて、物語に寄り添ったオリジナルの曲の演奏と、ダンスと作者の私の朗読によるこの本の朗読コンサートは学校やカフェなどで大好

評で、朗読を聞いた子どもたちからは、
「この本を読んでもらい、死にたいと思ってたけど、生きる気持ちに変わった」
「お母さんに産んでくれてありがとうと、言いたくなった」
「イジメをしていたけど、今日でやめます」
「お家が流されずにあることやご飯を食べられることが当たり前ではないと知った」
などの感想文が届いている。
道徳の授業で「命を大切に」と教えるより、ストレートに心に届くようだ。

誰のことも信じられず、死にたいと思っていた女の子が私に書いてくれた感想文には「『絶対泣くもんか！』って思って講演を聞き始めたけれど、初めて私の気持ちを理解してくれるファティマさんに出会えて、心から泣きました」とあった。それは、私自身が理解してくれる大人がいない子どもだったから、「その頃の自分が会いたかった大人になりたい」と思いながら心を込めて話をしているからだと思う。

反抗期の彼らも、本気で向かい合えば心を開いて受け止めてもらえることを知ることで、寂しくて、哀しくて、たくさん泣いて悩んだ私の過去も癒されている気がする。

13年目の3／11の夜が明けていく。私の人生の大きな転機になったあの日。

「この本を書くために生まれてきた」と、思える一冊を描かせてくれて心から感謝です。想いのこもった子どもたちからの感想文を読んでいると、「これからもコツコツと朗読コンサート続けていきたい」と力をもらう。

自身が会いたかった大人に

だからお願いしたい。皆さん一人一人が自身が反抗期に会いたかった大人として、彼らに接してほしい。電車やバスの中でも、声をかけたり微笑んだり、「みてるよ」「あなたは一人じゃないよ」っていうメッセージを送ってあげて欲しい。

表面的にはチャラチャラしてるように見えても、彼らは友達さえ信じられず、人間不信で孤独で不安でヒリヒリしているのだから。

中学や高校へ講演に行くと「命の大切さと日々の尊さ」というタイトルを見た反抗期の彼らは「なんだ、そのくせえタイトル！　もう今日はオレ寝るから！」と意思表示するために初めから腕組みして目をつぶっている。私は「寝てないで、ちゃんと聞いて！」などと注意はせず、勝手に話し始める。

「くだらないと思われる覚悟で頼むけどさ、グーチョキパーしてみて」と、語りかける。当然、彼ら半数ぐらいは無視してる。

「うぜえ。ふざけんなよ、と、思ったでしょ？　でもね、ちょっとだけ想像してみてくれない？　もしもよ、今日の帰宅時、交通事故にあって指や腕を無くしたら……。『さっき空羽ファティマの前でグーチョキパーできる指があったことは奇跡のように幸せだった。あの時に戻してくれ！』と思うよね？　失ってみないと、わからないことってたくさんあるんだよ」

「その年頃って、いろいろムカつくこと

ばかりで、いらつくのも、わかる。大人はえらそーだしね。私もそう思ってたよ」とか、そういう話をしていくと、信じられないだろうが、彼らは泣くのだ。反抗期の男の子が泣くのだ。

　クールな子どももなんていないのだと、こっちも泣きながら私も話す。チーンと私が鼻かんで、「ティッシュあるから取りにおいで」というと、壇上に素直に取るに来る姿はとてもかわいい。大人が彼らに届く言葉を使って、歩み寄らないとだめだ。「近頃の子どもは」とか、「こうすべき」という上から目線で威張ってるうちはだめなのだ。

小中学生自殺過去最多のSOSにどう応えるか

毎日新聞の【田原総一朗　日本の教育問題は何だ!?】で、田原さんは「一生かけてやるほど好きなことを子どもたちが見つけるようにするのが教育だ」と言う。

　悩みを抱える子どもの無料相談を24時間受ける「あなたのいばしょ」の大空幸星さんは家庭崩壊や不登校を経験してきた。彼は「本来はそうだが、今の子どもたちは好きなことが見つけられない教育の仕組みの中にいて、その言葉は不登校の子どもには響かない。30万人の子どもが家から一歩出るのもしんどい状況にいる。心が満たされて初めて、田原さんのように社会に物を申すとか、情熱を持って生きることができる。〝夢や情熱を持つべき〟と思ってる人には不登校や自殺する子どもの気持ちは理解できない」「〝自分たちは子どものことをよくわかってる〟と錯覚してるから、いじめや自殺対策も支援も的外れになる」と答えた。

　昭和的な美学を手放さない田原さんの熱すぎる教育論に、堂々と反論する勇気に拍手したい。私も「夢を持つことは生きる力になる」と思って生きてきたバブル時代に東京で過ごした人間だから、田原さんの言ってることもわかる。ただ、それが、今の子どもたちの心に響かないのならば言葉掛けや支援の仕方を変えるしかない。「これが正しいからこうしなさい」と説くより、まずは彼らの立場に立ち、相手が理解する言葉で話さないと、理想を語っても空回りで的外れになる。教育委員会のイジメ対策のように。

　同じことが視覚障害者用多目的トイレにも言える。目が見えない方が使うのだから、トイレットペーパーを流すボタンも同じところに付けないとだめなのに統一されてない。そういうところが「当事者」の立場に立っていないと痛感する。

　また、盲導犬の絵本を書く繋がりでサルコイドーシスという10万人に一人の難病の方と知り合ったのだが、臓器、骨、筋肉、神経と全身が侵されるという。視力だけは失いたくないと願っていたのに年内に失明してしまうかもしれないという彼女は、同じ病気の「当事者」が少なすぎて苦しみを分かち合える人がいない孤独な情況の中にいる。

　家族同然の猫たちも亡くし生きる気力を失ったが、なんとか心の支えにしようとしているのが群馬県に「友の会」を作ることだそうで、もしこの病気の方がいたらご連絡ください。

空羽《くう》ファティマ

［初出：『創』2024年5月号］

いよいよラスト2話

今、彼が伝えたいと思っていることは、きっとこんなこと。

――彼を想いながら満開の桜✽を眼下に書きました

空羽《くう》ファティマ［絵本作家］

インスタ@coofatimaで〈あと2回……5/7号、6/7号で2020年11月号から3年8カ月続いた空羽ファティマの連載は終わります〉という投稿を読んだたくさんの方からメッセージやお礼を頂き感謝です。『創』の読者はネットが苦手な方も多いからそのコメントを載せます。春友さんの4年間の想いもつづってあります。

●あの日からとても辛くて毎日毎日泣いて子どもの為にと何とか暮らしていた頃に『創』とファティマさんに出会い、実生活では誰にも言えない辛い時期に本当に寄り添って頂きました。これからもインスタでお元気にされているのを見るのを楽しみにしてます。お会いしたことはありませんが、ファティマさんはとても大切な方です。ファティマさん。本当にありがとうございました。bより」

「たくさんの愛と学びとご縁をありがとう！　ファティマさんが提起した問題や命の大切さは各々の心に芽吹き、成長し枝を伸ばしいつかたくさんの実をつける。ファティマさんの生き様も五代さんや春馬君と同じく〝時代を超えて志は未来に生き続ける〟。また発信し続けて下さい。ありがとう。kより」

「『創』のご卒業、残念でなりません。あの日から一冊も欠かさず買い揃えてきたけどもう注文しなくなるんだろうな。ファティマさんの言葉が安定剤でした。やっぱり昭和の人間には電子書籍より手に取って温もりを感じる本が宝物。

今、彼が伝えたいと思っていることは、きっとこんなこと。

毎月の注文が、習慣だったから寂しい気持ちでいっぱいですがファティマさんと繋がっていられる手段は他にもあるから今は、心よりお疲れ様でしたとありがとうございましたを伝えたい。mより」

●それまで全く知らなかったファティマさんや『創』にどれだけ支えられてきたことか。感謝してます。正直、途中から本屋で手に取って見るだけになってきてました。ごめんなさい。でも、春馬君が誕生を祝われていて何も変わらない、皆が居てくれると。これからも繋がってい て下さい。(tより)

●このお知らせを聞いて残念ですが前に進んでいこうと思います。これまでの長い間、春馬君への思いとファンの方々の思いを繋いで頂きありがとうございました。(wより)

●『天外者』はお客さんもポツポツで時の流れを感じました。もうすぐ4年で思いもそれぞれ変わっていくのは当たり前のことですよね。

ファティマさんも悲しみに暮れている ファンのために書き続けられている中で時間とともに今伝えたいことの変化も自然なことで、今まで取り組まれてきた命の大切さをテーマにされている中で、春馬さんのことをたくさん語ってくださった上の変化だと思います。

うまく言えないのですが、これからはファティマさんが書きたいこと、伝えたいことを自由に書いて欲しいです。

そこに彼の名前は書かなくてもどこかで春馬さんに繋がってると思いますし、春馬さんが困難な状況の日本の子どものために活動していたことを知り、ますますそう思えています。

今まで長い間、私たち春馬さんを想うファンのためにたくさんの言葉を贈ってくださり、ほんとにほんとにありがとうございました。

これからも誰かの光になるような活動を楽しみに、遠くから応援しています。(Mより)

●残念です。ファティマさんにはたくさん救われてきましたし、新しい事を知ることがありました。(kより)

●記念すべき2020年11月号から今まで全く知らなかった『創』が毎月の日常となりました。表紙のローラの切り絵のコピーをオーダーし、今も額に入れて飾り写メを撮ってスマホの待ち受けにもしてます。ローラ＝三浦春馬さんの絶対的存在感は永遠です。だから、この号はファティマさんと出会えたこと。沢山の春友さんとの紙面を通じた想いの共有の始まりの号として大切にします。(mより)

●長い間本当にありがとうございました。これから書くnote無料だと嬉しいです。(mより)

●今日『創』を購入し早速空羽ファティマさんのページをめくった。実を言うと前回〝これからは春馬さんのことだけではなく自分の思うことを書いていきたい〟とあり、ああ〜ファティマさんも離れて行ってしまうのか(T_T)と思い、それでも今まで春馬さんへの思いを言語化してくれて、私たちの思いを整理して下さったことへの感謝は尽きないし……としばらくは、読み続けていこうと手にしました。そしてファティマさんの記事を読んでいるうちに涙が止まらなくなりました。才能もあり努力してたのにもったいない等。でも馬場さんがおっしゃったように春馬さんは強いと思います。私もガス栓と向き合い身悶えしたことがありました。春馬さんは決して安易に選んだのではないから辛いけど受け入れようと思いました。

そしてファティマさんが「生きていることは当たり前じゃない」こと。「若者達の立場に沿って生きていこう」と私達大人に示して下さったことに感謝します。（zより）

●私はファティマさんに出逢えて、キャメルンを知れてこんなに真剣に本気で世の中の不条理や、社会的弱者や命の尊さに向き合う大人がいるなんて、世の中、まだまだ捨てたもんじゃないなぁ！と本気で思ったし、微力ながら自分でも何かしよう、と大きな学びも得た。アフター春馬ならぬ、アフターファティマだわ！だからなんだかんだ言っても、出逢えた『創』にやっぱ感謝だわ！　Yahooニュースで見た2020年の11月号のファティマさんのあの記事、アラジンさんの躍動感あるローラが全ての始まりだったな!!　まずは、沢山のありがとうを、ファティマさんandキャメルンの皆様へ（kより）

などなどメッセージを頂き泣けました。

人生とは、思いがけないことが起きるもの

『創』がご縁で出会えた人たちはこれからも大切な私の宝物です。思い返すと、今まで本当にたくさんの感謝の言葉と贈り物を頂いてきました。ローラのフェルト人形や〝日本製〟の藍染めブックカバー。ローラ付きケーキや馬のクッキー。想いの光、彼に送る俳句など特集号に協力をしてくださった方たちにも感謝です。

彼が旅立ったばかりの頃は、日本各地の春友さんから〝春馬さんが美味しいと言った〟お米、特産物、お菓子が、にわかファンの私に教えてくれるためと、感謝の証にと日々切れ目なく届き、推しを持ったことなかった私は「スゴイ！　ファンっていうものはこういう熱さを持っておられる人なのだなあー」と、初めて知った。

そして、ここまで大好きな存在を失った哀しみの深さを実感しつつ、スタッフたちとありがたく頂いたものだった。

繰り返してしまうが、帯状疱疹の闘病を支えてもらったことはやはり大きい。心配してくださる皆さんの温かな応援と医療者の春友さんからの的確なアドバイス。入浴剤。痛みに効くシール。本。栄養剤など……。

「私たちもファティマさんの記事に救われたからそのお礼です」と言ってくださり泣けたなあ。鶴の恩返しや浦島太郎の亀どころではない身に余るお返しを頂いた。何度も書いたけど、最後にもう一度改めて書かせてほしい！　薬が効かず痛みで気が狂いそうな深い闇の中でうめく夜に、おおげさではなく、皆さんにこの命を救われました。ありがとうございました!!　このご恩は一生忘れません。

あの日までの私は、三浦春馬さんはテレビの中の多くの中の1人の遠いスターだった。が、2020年7／18。ローラに胸を撃ち抜かれたことをきっかけに、

今、彼が伝えたいと思っていることは、きっとこんなこと。

こんなにも彼のファンたちと深くつながれる日々が始まるなんて！　人生とは本当に何が起きるかわからないものだ。

この連載もあと2回だから「ファンが喜ぶ記事を最後に書いてほしい」と篠田さんに言われたが、それはずっとしてきたから「春馬さん自身が喜ぶこと」を書きたいと伝えた。賛否両論が出るかもだけど、最後なので私個人が〝勝手に〟想像した彼の想いを、彼の口調で書かせてもらいたいです。

2020年11月号のことも、本当は更に詳しく書きたいけど、「私も同じ意見です。よくぞ書いてくれました！」と言う方の方が多かったが、泣いて怒った苦情の電話が『創』にきたので、篠田さんにまたご迷惑をかけるのは申し訳ないから、ここでは軽く触れ、noteに詳しく書くので、読みたい人だけそおっと、読んでくだされぱと思います。コメント欄は閉じませんが、クレームした方と口論する気はないです。

〈あの時は、私個人にもクレームメールがきて1人ずつお返事を丁寧に書き、お怒りを収めてくださったが、ここまで反応するほどの「こうあるべきだ」「こうあってほしい」というファンの圧があったから彼は息苦しくなったのではないか?とも思えた。

noteは無料にすると誰でも読めてしまうし、揉めるのはなるべく避けたいから、シビアな話題をぶっちゃけトークするときは、本気で読みたい人にしか、読まれたくないから敷居を高くするために、有料設定にさせてください〉

その11月号はYouTubeに載ったが、すぐに「その部分」はカットされたからなんの話か、わからないという方もいると思うから少し説明すると…亡くなった当時、私もみなさんと同じように、思いつく限りの理由を毎日毎日考えていた末に「あくまでも私なりに」ですが一つの仮説に辿りつきました。それは「もしも」この理由であるならば、とても辛かったにちがいない、と。もちろん本当の理由なんて本人しかわからないけれど、万が一、事実だとしたら??　どんな彼でも受け入れるという世の中でありたいが、そういう社会ではないから、理想化された彼は追い込まれていったのかもしれない。

と、想像したのでした。

当時、毎日新聞にコラムを書いていた私は元々はそこに書いたが、掲載直前にストップがかかり「その部分をカットしてほしい」と言われたので、「ならば全文載せなくて結構です」と答えた後、弱者の立場で社会問題を扱ってきた篠田さんと知り合い、『創』に載せることになったのでした。

彼が天国からインスタライブしたら

それでは。以下は、彼が天国からインスタライブしたら、こんなふうに話すのではないか?という「あくまでも私の想像」で書きました。

ただし、今まで公表されてなかったことだけれど、実は彼はAAA活動としてではなく、ラオスを個人的に訪ね、子どもたちに個人で寄付をしていた事実を踏まえた上で書いています。

「お久しぶりです。三浦春馬です。あの夏、突然みんなの前から姿を消してしまいごめんね。

いつも応援してくださる方々に、とても辛い悲しい想いをさせてしまったこと、ほんとーに、ほんとーに申し訳なく思っています。

でも、あの時の僕はもう、ああするしかなかったんです。見えない高い壁が立ちはだかりあれ以上進むことができなくなってしまったのです。

それまでの僕は人に迷惑をかけないように必死に頑張ってきたから、ドラマの途中で抜けるなんて絶対しなかったから、皆さんも不思議に思い「彼の死は自らではない」と多くの方が思ったのも無理はないです。

でもあの時、体重も減ってフラフラで家に帰ると、明日を迎えることが、とてつもなく遠くに思えました。前からのファンには気づかれていたようですが『僕のいた時間』のときの無理な減量から、鬱っぽくなってしまい、それからの7年間は必死に、本当に必死になんとか自分を鼓舞して、楽しいことをイメージして夢を持ち明るく楽しく生きようとしていました。

でも。7／18あの日の僕は本当にもう、行き止まりに来てしまい、全てを終わりにするしかない気持ちになりました。

その日の夜、ジェシーを演じたコンフィデンスマンJPをみんなが見られることが少しだけ救いでした。

僕がいなくなってから配信されたナイトダイバーの歌詞は、ぶっちゃけかなり僕の本音に近いです。たくさんの動画再生ありがとう。

多くの人たちは明るく笑顔の春馬クンを求めていると思うし、夢に向かって頑張りたい思いも語ったこともけして嘘ではないけれど、みんなが思っているより僕はダメな、だらしない、弱いところがある人間なんです。

でも、それをみんなにうまく伝えられなかった。伝えたらいけない気もしてた。

今さらこんなこと、僕が言うと悲しい気持ちになってしまう人もいるかもだけど、せっかく天国からメッセージが送れることになったので、心の中に秘めていたことを少しだけ話させてくれたら嬉しいです。

あ、今、僕の思いを代筆しているくうさんは、フッーの絵本作家さんで、スゴイ霊能者とかではないです。

ただ、彼女は【命の尊さと日々の大切さ】を伝える活動を長くしていて、震災や指導で亡くなった子の想いを受け取って本を書いたり、イジメや虐待で苦しむ子どもたちの相談を受けているので、言葉ではない世界を理解する感受性が少しだけ強いようです。

ここに来たから見えるものがある

なぜ僕がこういうことを、今、話すかというと、地上から離れてここ、天にいると、僕のように思いを表現できずに苦しんでる人が大人も子どもも、世の中にはたくさんいることが、とてもよく見えるから、少しでもその人たちの力になれたらいいなと思った。

今、はじめて話すことだけど、日本だ

今、彼が伝えたいと思っていることは、きっとこんなこと。

けでなくラオスでも助けが必要な子どもたちの力になりたくて個人的にできることやらせてもらってたんだ。

僕のファンの方は、優しい人が多いから、僕の代わりにこの大変な時代を生きている子どもたちに、手を差し伸べてあげてほしいからなのです。大きなことはしなくても、その意識をもっててくれるだけで違うから。

子どもの頃の僕には村木さんがいてくれたことが救いだったから、彼が僕にくれた温かさをくるみちゃんに渡せていたらいいな。大きくなったくるみちゃんはサーフィンを始め、海に来るたびに僕に話しかけてくれている。

僕も本当はもっと生きたかった。殺陣《たて》や日本舞踊、お茶などの日本文化を習い、日本製の取材でたくさん学んだから、この国の歴史や文化を背負って世界に出たい気持ちは強くあった。何よりも3回目のローラはすっごくやりたかった！　生まれ変わってもローラだけはやりたいと、思っていた。

芸能人でなくても、人はみんな自分の弱さを受け入れたくはないし、明るく楽しい自分として人に見られたいと思ってしまうし、社会もそれを求めてしまう。ネクラ、ネアカという言葉が昔、流行《はや》ったけど、暗い人より明るい人の方がいいと、みんなが思うことで、本当の自分をさらけ出すことが難しくなって、僕のように作り笑顔が外せない仮面になってしまい、子どもたちも、本音を言えないで抱え込み心を病む子が増えてるんだ。

三日月のような目の笑顔を褒められ笑うことが僕の仕事になった。休みたくてもサボりたくても、優等生の春馬くんには、それが似合わないことを知ってるからできなかった。

ゆっくり畑仕事とかして、天を見上げて暮らす日々を送りたかった。自由人になりたかった僕だから、次は大空を飛ぶ鳥になるかもしれない。もし、気持ちよく飛ぶ鳥を見たら、それは僕かもしれないと思って。でも僕は三浦春馬として、みなさんに愛されて幸せだったし感謝している気持ちは本当です。

ローラこそ僕の誇り!!　僕の全て！

なかなか自分に自信持てなくて辛かったけど、『天外者』をやった時は吹っ切れた。そしてそして。ローラを演じられたことが、最高の僕の誇りです。

あの表情を見てくれたら、わかると思うけど、ローラと一体になれたことで、この仕事をやってきて本当に幸せと思えた。ローラの歌、笑顔、言葉、生き方が、神聖で悦びで、言葉にできないほど大きなものだった。

円盤化は難しくてもブロードウェイが、特別に動画を配信してくれたことに感謝している。みんなが何回も何回も繰り返し観てくれてることが嬉しいよ。

7／18以降に僕に関心持ってくれた人が増えたのは、僕のように行き詰まってしまわないように、大人も子どももLGBTの人も男も女もその人を丸ごと受け入れられる温かな心ある社会にするための、宇宙の計画だったんだ。

大好きだった親友のツインズにも弱音

は吐けなかった僕は孤独でもあったけど、それが僕の演技や歌に深さや厚みを与えてもくれた。30年生きてきたこと、そしてさよならしたことも含め、それが僕という俳優の人生なのだと受け入れて許してね。自由人に憧れ最後の最後に自由になれた僕をもう哀しみ、憐れまないでほしい。

一つだけね、お母さんと、疎遠のまま黙って去ったこと。つらい思いさせたことは、とても申し訳なく思っています。だから、今、僕の魂が姿を変えて近くにいることをちゃんとお母さんが気づいてくれて嬉しい。

今、僕はたくさんお母さんに話しかけてます。みなさんの大切な人も、亡くなっても必ず近くにいて皆さんを見ています。体はなくても心と魂はずっとずっと、共にいることも、伝えたかった。これは、怪しいことではなく侘び寂びを愛し、見えないものを慈しむ日本人ならではの古来から持つ感覚のはず。吹く風に、流れる雲に、見上げる天に、せせらぐ川に、目の前に現れた蝶に、香る花に。その人の魂は宿っています。

その人の名を呼んでください。その人のことをずっと変わらず愛し、命の永遠さを信じてください。悲しまないで。嘆かないで。離れないよ。僕たちはずっとずっと愛する者と共にいます。

それをやっと、ここで言えて嬉しいです。この言葉が本当に僕の言葉かどうかは空羽さんを信じるのではなく、あなたの心に聞いてみてください。答えはそこにあります。

最後はやはり、いつものこの言葉を言いたいです。

「キープスマイリング！」

今、僕は、仮面をはずして本当の笑顔で笑えているので、安心してください。

ローラとして世界一幸せだった俳優、三浦春馬より愛と感謝をこめて。

「離れた」のではなく「一体に」なれたから

「新しい情報がない今、春馬さんのことだけを書くのは無理があるから、彼のエネルギーを心に持ちながら私自身が感じたことを書いていきたい」と先月書いたらそれを歓迎してくれる人、残念に思う人がいて「春馬さんから離れていってしまうと思った」と心を打ち明けてくれた。そう思ってしまうのも仕方ないが、それは違うのです。

私の著書『ムーシカの世界』という本では、愛と平和の世界を生きるムーシカは大人になるとしっぽを川につけて、幼いときから使っていた名前を川に流して、個を卒業して宇宙や全体と一つになります。個人の名前を離れて名前を所有する前の「ムーシカ」というみんなと同じ種の名前に戻ることは、個を捨てることではなく個を超えることなのです。だから、にわかファンだった私が、古来のファンに気後れしながらも書いてきた約4年間を過ぎてやっと、春馬さん自身のことを書かずとも春馬さん的なことを感じ受け取れるようになった段階にやっとたどり着いたからこそ言えたことだった。だから春馬さんを「離れる」とは全く逆で、春馬さんと「融合」できたからこそ言えたことでした。彼の名を記事に書かなく

今、彼が伝えたいと思っていることは、きっとこんなこと。

ても今の私が彼と一体化できたのは、もう彼のことを書き切ったと思えたからです。

それは、人に認めてもらえなくてもいいのです。私の想いも文章も自分のものだから。

人目を気にしない一般人の私と違い、スターの春馬さんは、本音をはっきりとは言い切れなかった。それが彼を追い詰めた。優しさと弱さは、同じように見えて実は真逆のものだ。優しさ=強さで、優しさを持ちながら、強くいられることもできたのだ。

今、私たちは皆、彼のいない世界を生きている。彼の痛みや悲しみの先の世界を生きている。だから、彼の痛みを超えなくてはならない。

それが「生きていく」ってことだから。彼は全力で頑張った。あれが限界だったと思う。彼の生き様を、死に様を誰も否定できない。

私たちは受け入れるしか選択肢はない。受け入れるということさえ、おこがましいのかもしれない。彼は彼の生き方をして、逝った。それだけのこと。

私たちも我が道をただ生きていけばいい。

今まで春友さんたちにすごーく歩み寄って文章を書いてきた。

彼がいなくなったことで、心を痛めてる人たちだから、他殺説の方も、なるべく傷つけなくなかったから。

でも、時が経ち皆さんも変わった。変わってないようでも変わっているのだ。だって、彼の後を追わずに日々を生きておられるから。それはすごいことで強いってことだ。そんな自分を誇ってほしい。

こういうことを『創』での連載を終える最後になり伝えられて嬉しい。

友よ。愛する友よ。ここを去る私はもうあなたを春友さんと呼ばない。私にとってあなたはF友になったから。衝撃のあの日から長いような短いような4年近くの時間……

哀しみ、悔やみ、悩み、迷い、戸惑いながらも、私とともに、『創』とともに、生き抜いてくださってありがとうございました。

【次号は、いよいよveryラスト号！ 長かったこの旅の最終話まで、どうぞよろしくお付き合いくださいまし。言いたいことが多すぎて、ありがとうとしか、言えない気がする（泣）】

空《くう》羽ファティマ

【追伸】

ついこの前まで　満開だった❀桜があっという間に散り　風に舞っている。けれど、その枝には　すでにかわいい黄緑色の葉〈葉桜〉が生まれている。花が終わってからも〝桜〟という言葉を遺す日本人。それは、どれだけこの花を愛しているかの証。

散ってもなお、
桜で在り続けるように
【死を超えて生きる人】は
葉桜のように新しいステージを美しく生きていると信じる】

［初出：『創』2024年6月号］

読者の皆さまに感謝をこめて

〝三浦春馬特集〟その終わりと始まり

——涙をふいて　いつも心に6ステップ

空《く》羽《う》ファティマ［絵本作家］

いよいよ今回で3年8カ月続いたこの連載が幕を閉じます。感謝と応援と看病まで…何から何まで大変お世話になり、ありがとうございました。ホントに、毎月毎月、痛さで寝込んでいた時も休まずに書いたなあ。あの日までは私の辞書に三浦春馬の名前はなかったのに、記事を書く予定もない時から調べまくり、ノート3冊に手書きした。「にわかファンのママが〝これは彼へのラブレターです〟なんて書いたらだめだよ!」と娘に注意されて「ファンレターです」と書き換えたなあ。今〈三浦春馬大学〉に猛勉強後受験&卒業する感じです。

アラジンは毎月の表紙の切り絵の構想と制作。これまでに4冊出した特集号『死を超えて生きる人』は毎回キャメルンスタッフみんなで企画を考えた。もっこはマンガ、パソコン作業はアッシュ、アンケートの集計はディアニ。春友さんのお力も借りた。

2022年7月18日の『もしもあの日に戻れるならば』の創作物語の追悼朗読コンサートは日本全国から集まってくださり感動したなあ。

作り手側の篠田さん&キャメルンスタッフと読者。そして春友さん同士の関係の中で、私たちはお互いを思い合い、慈しみ合い、助け合い、励まし合って一番辛かった時期をやっと、なんとか必死に乗り越えてきた。

芸能人の死にここまで落ち込むことは友達や家族にも誰にも言えないだろう人

たちがたくさんいたからこそ、毎月届く『創』は、唯一の救いだったのだろう。

私に連絡してくださりいろいろ教えていただいたのは、「彼のとても身近な方」で、信頼とご好意を裏切ることはしたくないから話していいことと、言えないことがありますが。前からのファンは気づいてた、撮影後失踪して行方がわからなかったことを詳しくここに私が書くのは許されていませんが、その方たちの感じた当時の違和感などは当たってるので、それと週刊誌の記事を〝ご自分の直観を使いパズルのようにつなぎ合わせてできた完成形〟を答えとして信じていいと思います。

なんだか宝の地図の解読のようですが、あの日からずっと心の迷路に迷い込んでいたモヤモヤした黒い??を解放してあげてほしいから。

ラオスの「ラオ・フレンズ小児病院」に心を寄せていた彼はＡＡＡを通さず、なぜか〝個人として〟訪ね、自ら寄付もしていたことは、前回書いた通りです。

真夜中の投稿に託した想い

「遺書」はなくても彼なりに多くのことを伝えて去った。まじめな彼がドラマの撮影途中に、全てを放り出して。しかも、自死というとてつもなくショッキングな方法で。その日が我慢の限界だったのだろうが、去り方こそが、彼の「訴え」で「メッセージ」であったのでは?

「良い人の代名詞、三浦春馬」の決めつけられた〈重すぎる望まぬ勲章〉を本人は、なんとしても最後にぶっ壊したかったのでは? 現に「容姿より演技を見てほしい」や「僕はそんなにいい人ではない」的なことを言っていたし。

温和な彼が一度だけ「僕だって怒るんだ!」と言うように珍しく強い口調で投稿したのはよほど、溜まっていたものがあったのだろう、亡くなる半年前の２０２０年1月29日真夜中の1時33分のつぶやき。

「明るみになる事が清いのか、明るみにならない事が清いのか…どの業界、職種でも、叩くだけ叩き、本人たちの気力を奪っていく。皆んなが間違いを犯さない訳じゃないと思う。国力を高めるために、少しだけ戒める為に憤りだけじゃなく、立ち直る言葉を国民全員で紡ぎ出せないのか…🌸」

かなり批判もされたこの投稿をファティマ流に解釈するならばこんな感じだ。

「間違いを起こした人は世間が裁くべきなのだろうか? 失敗した人を責め立て追い詰めていくが、人間は誰もが間違いをするものだ。僕が『日本製』を作ったのは、日本が心の奥深さが豊かな文化を作ってきた長い歴史を持つ国だから、道を外れてしまった人を責め叩くだけではなく、その人の可能性を信じ再び輝けるように応援できたら、もっと平和で優しい国になると思ったからなんです」

みたいな? そんな風なことをきっと言いたかったのだと思う。

この投稿はきっとすごく考えて悩んで書いたのに叩かれて「もう、本音は言うまい」と思ったのでは? 〝国力〟と書いたのは日本の歴史や文化を尊重し、日本の文化案内本まで作った彼だから選んだ言葉だろうし、シリアスに責めなくてもいいのに……。

彼は今までも困ってる人には舞台の共演者たちにも、道で困ってる人にも優しかった。別に東出さんだけをひいきして庇《かば》ったわけではないし、やったことがいいと言ってるわけでもなく、「人を追い詰めすぎる今の世間のやり方はどうなんだ?」と問題提起しただけだとわかってあげればいいのに（しかもその2カ月後には舞台のコロナ禍開催をめぐり再び批判されたことも、繊細な心を痛めた）。

そして、この春馬さんが伝えた「人には立ち直る機会が必要」を私たちキャメルンスタッフも体験した。それは16年間キャメルンシリーズの本の朗読コンサートを続けてきた一員で「長身の紳士、ロス校長」として知られている彼が心無い行動をして、もうその演奏を素晴らしいと思える気持ちにはなれないと頭を抱えたが、それを可能にしたものは、〝音楽の持つ力〟を受け入れることだった。

豪華客船タイタニックが冷たく暗い海に沈む時、楽団員は逃げず死への恐怖に震える人々のために演奏を続けたが、それは奇跡のような力で人々の心を抱きしめたに違いない。

ロスの演奏はこれで最後かもという『超えるもの』の曲を奏でたのは、校長の彼が学校の倉庫から借りてきた「ずっと放置されていた大したことない楽器」と彼が卑下してた大きなコントラバスだった。

だが、ロス自慢の防音室まで作った3000万円のグランドピアノよりも、地獄に堕ちた彼を救った〝蜘蛛の糸〟は、誰にも見向きもされなかったそのオンボロ楽器だった。

ロスと楽器との絆はキャメルンシリーズの新作『超えるもの』で肉食獣のネンバが初めて誰かを守りたいと思えた、捨てられた孔雀の子どもとの間に流れた奇跡のように見えた。

身長184センチのロスよりまだ高い大きなコントラバスくんと友達が肩を並べるように仲良く立ち、その出合いに感謝し心を込めて演奏したからこそ奏でられた音が心に響いた。

グループ史上ワースト3に入る高い壁を【超えるもの】の演奏を通して【超える】ことをこうして私たちは体験させてもらったことで、人間にはどんなに過酷に見えることも、世の中の全ての試練は災い転じて福となるのだと思えることが、《宇宙への信頼》であり、それを信じられることが、私の一番の生きる力だと思うし、春馬さんが投稿で伝えたかったメッセージも受け取れた気がする。

9月29日「#もしもあの日に戻れるならば」の春馬さんの創作物語の朗読コンサートをしたアメイジンググレイス前橋にて、この「超えるもの」の朗読コンサートをします。心が温かくなる物語をチェロ、尺八、ピアノ、コントラバスなどの豪華な演奏&ダンス&素敵な画のコラボの舞台でお届けします!

二人三脚してきた切り絵と文章

Yさんより。

「春馬くんの連載終了は、どんなことで

も始まったものには終わりがあることはわかっているけれど、心から寂しくて残念です。

7月18日から、どうしてこんなに辛いんだろうと思いながらネットを見て『創』の表紙を見つけ、そこからファティマさんを知りました。毎号、欠かさず読ませていただきファティマさんとアラジンさんをはじめとするキャメルンスタッフの皆さんにほんの少しずつ背中を押してもらい、立ち上がって歩き出せるようになった、と本当に思っています。

悲しみや寂しさは、多分ずっと無くならないと思いますが、時間と共に形が変わり、今では、私が何かしようとする時の背骨みたいなものになってくれています。4年間ずっと寄り添ってくださって心から感謝しています。

今までつらい体験をされた方に全身で寄り添ってこられたファティマさんだから、私の悲しみにも寄り添って、そして悲しみが形を変えるまで一緒にいてくださることができたんだと思います。本当にありがとうございます。これからも、ファティマさんだからこそできることを続けてくださいね。心から応援しています。私も私の場所で、私のやり方で目の前の方に寄り添って力を尽くしていこうと思っています。

これからのファティマさんとキャメルンスタッフさんの活動が、(春馬くんの言ってたように)奇跡を起こしてくれますように」

……と、お世話になったドクターYさんのメールのように皆さんの心の痛みもあの日のままではないと思います。

その悲しみと懸命に共に生きてきた皆さんのお幸せを、これからもずっと祈っています。

……そして、皆さんを楽しませてきたアラジンの毎号の素敵な切り絵だが、眉、目、口の位置、角度、大きさのほんの、ちょっとした違いで、春馬さんの美しいお顔が全く変わっちゃうのが難しい。微妙な調整ができず、ぼかしたりできないので、何回も切り直し位置を決める作業を繰り返す。

我らキャメルンスタッフが誇る天才切り絵作家海扉《カイト》アラジン様さま! 本当にお疲れ様でした! あなたとコンビでなかったら、一人では、にわかファンの私が人気芸能人の記事を書くなんて恐ろしすぎる無謀な挑戦を始めなかったし、絶対にこんなに続かなかったわ。

春馬さんの後追いをせず生き抜けたことに自信を持って。これからも私でお役に立つならば、メッセージをくだされば必ずお返事します。

〈この連載が終わった後も、切り絵メイキング動画はたくさん撮ってあるから、寂しくないようにインスタ@coofatimaに載せますね。ここで知り合った皆さんとは、これからもインスタや、もっと深いことを書くnoteでつながっていけたら嬉しいです〉

連載を通じて、お金以上にいろんな学びももらったし、亡くなってしまった人気俳優さんのことを書くのは緊張して毎回が真剣勝負で「世の中からクレームを受けるということはこういうことなのか」と知ったし、いろいろと、はい。

鍛えられました!

深い感謝と共感。痛い批判と責め。両方貫いました。でもそれは彼を本気で想うゆえの熱さだと思うと、全ては〝彼へのラブレター〟だと受け取れるようになり、作家としての肥やしになりました。

「若くもないが、人生の苦労は買ってでもしろ」か?

祈禱そのものの曲

怖いほどに美しいこの曲については、前にも触れたが、改めて最後のこの回に書かせてほしい。

切り絵：海扉アラジン

そう、彼の忘れ形見のあの曲、「Night Diver」を聴いた時の大きな衝撃は今も忘れられない。鳥肌が立った。あれは、ただの歌ではない。ここまでのものを誰もが簡単に見られていいの?と思ったほどあれは…あれこそは「祈り」そのものだった。彼がこの地上に残した〝最後の告白〟で〝祈禱《きとう》〟で〝遺書〟で、みんなへの〝感謝状〟だった。遺書ではなく想いをこの曲に託した表現者としての卓越した才能とセンス。

あなたは最高の表現者です! どれほどの練習と準備をしたことか。自分がいなくなった後に見る人のために……。それを思うと胸が張り裂けそうになる。

雨に濡れた白いシャツが揺れ、髪の先、爪の先まで神経が行き渡った人間業とは思えない繊細でキレッキレの動き。

沈黙と叫び。慟哭《どうこく》と懇願。愛と無関心。希望と絶望。

そして…そこにはっきりと彼の〈生と死〉の足跡を見たのは私だけではないだろう。しんとした空間を、冷たく、熱くほと走るしぶきの一粒一粒が、自分の使命を持ち、そこで生きていた。

哀しく、切なく、狂おしく愛《いと》おしく、心の奥に潜む感情の温度。肉を剝《は》ぎ取り骨まで見せながら、その瞬間に凍った吐息は雪の結晶になり、もはやその姿はダンサーを超えた〈祈禱師〉。

だから…その叫びのような真摯《しんし》な〝祈り〟を聴いた神様に、彼は言われたのか?

「いいよ、春馬。君は本当に……精一杯この世での使命を果たし人のために尽くし喜ばせ、生き抜いた。

もう、休んでもいいよ。十分だ。さあ、私の元に戻って休むがいい」

と……。

もしも、神という存在が在るのならば…魂をその胸にしっかりと抱いてあげていてください。もう何の不安も孤独も焦りも緊張もなく、その魂が安らかであることを。ただそれだけが、ビフォーファンもアフターファンも、他殺説も自殺説も関係なく、ただただ、彼を慕うファンたちみんなの唯一の願いなのですから。

新しい展開が！

……と。ここまで、原稿を書いた2024年5月15日のことです！

編集長の篠田さんが連載の終わりにあたり、今までのお礼に前橋を訪ね、私とアラジンともっこにランチをご馳走してくださった。普段めったにほめない篠田さんが初めてほめてくれたのは、

「くうさんの、すごいところは、春馬さんの『創』の記事やインスタを通して、周りを巻き込んで、人と人の強い温かなつながりの輪を作ったところ。そして、特集号の絶対不可能と思えた大変な労力のいる企画も、スタッフたちと工夫して、なんとか最後までやり遂げるところがすごいと思いましたよ。天才だと」

と、言ってもらえて、いつも怒られてばかりだったからそんなふうに思ってくださっていたのかと、びっくりした。

それと。先月号で、命日すら待たず「くうさんの記事を、やめなくてはならなくなった」と書いた篠田さんってさ、記事はうまいのに、自分の気持ちを伝えることには不器用な昭和のオトコなんだよねぇ。「私たちはちゃんと毎月買ってるのに」と思われた方もいるでしょうが、本屋さんで、春馬特集だけ立ち読みされる方が多いため購入のご協力をお願いしたくて書いたそうです。

そして、せっかくだからとランチ後に対談したら「今も『創』には7／18の悲しみと苦しみが、全く変わらずにいる人たちからの手紙が届いていてほっておくわけにもいかず何かしなくては」とおっしゃった。それを聞いた私は「このままやめてはやはりダメなのでは?」と思い、「この連載は終わりになるけれど、その〝何か〟として、原稿料なしなら『創』には負担がないでしょうから、無報酬でコラムを書きましょうか?」とインスタライブ中に言っちゃってた（その証拠動画はインスタに載ってます）。

もう最後だと思って書き出したこの原稿でしたが、まさかこんな展開になるとは……☘篠田さんもアラジンも私自身さえも本当に驚いたわあ。

彼の命綱はローラを演じることだった

先日89歳の遠い親戚のおばあちゃんのお見舞いに行くとたくさんの馬の置物があったので、「うわあ！　ファンが見たら喜ぶやつだわあ！」とつぶやいたら、なんとローラを知ってて大絶賛し「あんな素晴らしい人を亡くして残念で仕方ないわ！」と熱く語ってくれて嬉しかった。

その次の日知り合った助産師Fさんは春馬君の大ファンなのだが「ローラの役割だけは全く似合わないし話もつまらない。『春馬×ローラ』に違和感を感じたのは、今まで自分が持っていた彼のイメージと異なるから。青色の彼のイメージの自由・クール・すずしい・天才・変わり者・こだわりがない・公平・平等・礼儀正しい・博愛主義で皆を愛せる・他人に興味がない（束縛しない）・特別な人をつくらない・つくりたいけどつくれない（特別な人がいない）……とは正反対の赤色が極まるローラは『やらされているのかなぁ』『つまらないなぁ』って感じ

た。でもローラ大ファンのくうちゃんから聞いた話で最もビックリしたのは…彼自らオーディション受けたってこと！彼にとってのローラは、憧れの人、なりたい自分…特別な人、だったのかなぁ」と言っていた。周りがローラファンばかりだったけど濃い強いキャラだし、品のいい王子様的な彼のイメージとはかけ離れていたから受け入れたくない人もいたでしょうね。でも、ローラには礼儀正しいイケメンの三浦春馬像を破壊するほどの爆発力があったからこそそこに挑んだし、自分を曲げず堂々と生きるローラは彼の憧れで理想で〝自由の扉〟だった。

なのに「この扮装は歓びです」と言っていたあの真っ赤な衣装を脱ぐと、人目を気にしてファンの理想を壊さないために鬱《うつ》の治療にも行けず苦しんでいた彼に戻った。

私がローラにこんなに強く惹かれた理由は、我が道を生きながらその背中にはいつも孤独が漂っていて、良くも悪くも人に強く反応されるキャラというところが自分と同じだったからかもと、Fさんの話を聞いて初めて思った。ローラ絶賛の声だけ受け取ればいいのに、批判もまともに受けてしまったのだろうな。それでも「生まれ変わってもローラになりたい」は「生きてる間は誰にも取られたくない」と3回目のローラを心の支えにしてきたに違いない。

ローラとして言いたいことを言い、人目を気にせず自由奔放に振る舞うことで魂を解放していたからあんなに輝き、ローラこそが、彼の命綱だったのではないか。亡くなる直前にその下着を捨てたと報道されていたことが事実ならば〈ローラをもう演じられない状況に〉絶望したのか？　もしそうならば、私たちの心の中では、魂の歓びと共に歌い踊り笑う春馬ローラを永遠に生かしてあげたい。

涙をふいて、いつも心に6ステップス

では。この形態の春馬特集は、予定通り今回で終わります。心からありがとうございました。そして新たに始まる企画は春馬さんのことだけを書くのではなく〈ローラの6ステップス〉を通して日々感じたことを書きます。それはトリビュートムービーの中でD・B・Bonds氏が「彼との思い出をいつまでも忘れない最善の方法はキンキーブーツで語られていることを実行することかもしれません。6つのステップを続けることを春馬も願っているでしょう」と話していたからです。

春友さんたちは「ファティマさんには私たちが救われたから、そのお礼です」と言ってくれたので、恩返しの恩返しで無償で書きます。世の中もそんなふうに恩返しをしながら生きていたら世界はもっと平和に優しくなるのだろうな。

春馬さんもボディの使命は終わっても形を変えて違う使命を果たしているように、ローラからのバトンを私流に解釈した【涙を拭いて、いつも心に6steps】で次号お会いできたら幸せです。

♡ローラ&三浦春馬さん、キャメルンスタッフたちの人生に加わってくださりありがとうございました。

春馬さんに語りかけながら、机の上で

私をレイズアップし続けてくれたローラ人形に見守られながら書き続けた3年8カ月は優しく豊かな時間でした。心からのハグと感謝を『創』篠田さんと皆さんに送ります。愛を込めて♡

【追伸　最後に特別プレゼント！　特集号第5弾　発売決定♡】

《命の大切さと日々の尊さを伝える絵本#キャメルンシリーズ　#オーディオブック　#朗読CD》

#キャメルンショップ　#空羽ファティマ　#絵本作家　#絵本　#大人のための絵本　#切り絵　#朗読　#教育　#自己肯定感　#自信　#感動　#子育て　#養子の勧め　#サハラ砂漠　#人間万事塞翁が馬　#明けない夜はない　#トッケビ　コンユ　#マイディアミスター　#それでも生きていく　#帯状疱疹神経痛　体験者　#キンキーブーツ　#ローラ　大好き♡　#三浦春馬　最高の表現者！

おまけ追伸

【ローラへのラブレター】

拝啓　愛しのローラ様。あなたの何がこんなに私たちの年代の女性の心をつかむのか？　ずっと考えてきましたが、記事の提出を終わって思いついたことがあるので最後におまけに書くことにします。

それは…私は今年62歳になりますが、この年代のヒロインナンバーワンはベルサイユのバラの【オスカル様】だったことを思い出しました！　そして、中性的な魅力と正義感あふれるオスカルは、まさにローラそのものだったのですっ!!

2人の共通点ありすぎです。以下…勇敢で凛々《りり》しくて、こうと思ったら突き進み、誰にも媚《こ》びず、堂々としたオーラが輝き、そこにいるだけで人を惹きつける。心優しく心も体も美人で、スタイル良くて、足が長くて、ロングのカールヘアで、優しく思いやりがあり、小さい子に親切で、困った人を見るとほっておけなくて、ちょっと天然で、運動神経抜群で、ダンスがうまくて、女にも男にもモテモテ…ね!?　そっくりでしょ!?

私がオスカルを知ったのは中学生でしたが、その後、推しを持たなかったのは、この憧れの方を超える存在には出会えなかったからだと、やっと今になって気づきました。考えてみると、今まで私が、世の中で「これは違う」ということに戦ったり向き合ったり、誰かを守ったりした背景には、心のどこかにオスカルの影があり、彼女がやりそうなことをやってきた気がします。『長靴下のピッピ』『エースをねらえ』『俺たちの旅』『大草原の小さな家』に影響を受けて育った私が、オスカル魂と共に生きてきた結果、今の私になれたようです。

こう考えるとオスカルは今も私の心に色あせることなく輝いているように、ローラもそうであると信じられます。いつかみんなで真っ赤なドレスを着てローラパーティをしたいですね。それまで皆さんどうかお元気でお過ごしくださいね。少しくらいどこか痛くても、元気さえあればあとはなんとかなりますから！

空羽《くう》ファティマ

[初出：『創』2024年7月号]

編集後記

▼7月18日発売をめざして『三浦春馬　死を超えて生きる人 Part5』を刊行しました。書店発売までは間に合わないと思いますが、本自体は7・18前後に出来上がりそうです。あの衝撃の日からもう4年。この間、いろいろな出来事やドラマがありました。

▼月刊『創《つくる》』が三浦春馬さんの特集を載せ始めたのは2020年11月号。喪失感から抜けだせない多くの春友さんが、こういう思いなのは自分だけではないと知って励まされたと、たくさんの反響をいただきました。電話をかけてきて感極まって泣き出す人もいました。

▼その後、各地の春友さんが互いに連携し、交流する機会も増えました。『創』も2021年7月に「藍染めプロジェクト」として、『天外者』に出てくる藍染めを徳島在住の春友さんが作って全国の春友さんに届けたり、22年7・18にはキャメルングループが朗読コンサートと切り絵展を群馬県で開催。全国から春友さんが集まりました。かんなおさんが投稿した詩に堀内圭三さんが曲をつけて新しい歌「みう・ら・は・る・ま」も生まれました。

▼『創』は4年間、毎号、春馬さん特集を掲載してきましたが、一方で喪失感から回復する人も増え『創』を毎号購入する方も減ってきたため、先頃、春馬さん特集を縮小すると告知しました。でも「残念だ」「続けてほしい」という熱い声が寄せられ、検討の結果、空羽ファティマさんの連載は形を変えて継続。『創』の春馬さん特集も、できるだけ継続することを決めました。いつまで続けられるかは、読者の皆さまのサポートにかかっています。『創』も本書も1冊でも多く売れるように、ぜひ応援をお願いできればと思います。

（篠田）

三浦春馬　死を超えて生きる人 Part5

2024年7月18日　初版第1刷発行

月刊『創』編集部編

編集発行人……篠田博之

発　行　所……㈲創出版

〒160-0004 東京都新宿区四谷2-13-27 KC四谷ビル4F

電話　03-3225-1413　FAX　03-3225-0898

http://www.tsukuru.co.jp

mail@tsukuru.co.jp

印　刷　所……モリモト印刷㈱

切　り　絵……海扉アラジン

ISBN 978-4-904795-81-1

※月刊『創』購読ご希望の方は書店または弊社ホームページから申し込むか、郵便振替で料金を振り込んでください。
定価は1冊につき770円。郵便振替口座00110(1)76277。送料弊社負担で郵送（但し振込手数料や代引手数料は別です）。